V&R Neukirchener Theologie

Klaus-Michael Bull

Bibelkunde des Neuen Testaments

Die kanonischen Schriften und die Apostolischen Väter

Überblicke - Themakapitel - Glossar

Vandenhoeck & Ruprecht

Bibliografische Information der Deutschen Bibliothek:
Die Deutsche Nationalbibliothek verzeichnet diese Publikation in der Deutschen Nationalbibliografie; detaillierte bibliografische Daten sind im Internet über http://dnb.de abrufbar.

8., veränderte Auflage 2019

Druck und Bindung: Hubert & Co. BuchPartner, Göttingen
Printed in the EU

Vandenhoeck & Ruprecht Verlage | www.vandenhoeck-ruprecht-verlage.com

ISBN 978-3-7887-3384-1

Vorwort

Für viele Menschen ist die Bibel zu einem „Buch mit sieben Siegeln“ (Apk 5,1) geworden. Die Vorstellungs- und Lebenswelt der Verfasser der biblischen Schriften erscheint als so fremd, dass der Zugang zu ihrem Inhalt unmöglich bleibt. Zugleich stehen die biblischen Texte in der Gefahr, als Steinbruch für Schlagworte missbraucht zu werden. Einzelne Begriffe und Formulierungen werden aus dem Zusammenhang gerissen, um als wohlfeiles Material für fremde Anliegen zu dienen.

Diese Bibelkunde will mithelfen, einen verstehenden Zugang zu den Büchern des Neuen Testaments zu gewinnen, der dem Anliegen ihrer Verfasser gerecht wird. Dazu werden zu jeder neutestamentlichen Schrift historische und theologische Einleitungen geboten, die die Entstehungssituation erhellen sollen. Der sich anschließende bibelkundliche Aufriss führt dann Inhalt und Struktur des jeweiligen Buches aus. Wichtige Texte werden gesondert hervorgehoben.

Die Apostolischen Väter sind bewusst mit aufgenommen worden. Sie sind eine unverzichtbare Parallelquelle für die Spätphase der neutestamentlichen Zeit. Nicht zufällig ist das Interesse an diesen Schriften in der vergangenen Zeit stetig gestiegen.

In den Themenkapiteln wird versucht weitere theologische und historische Informationen zu geben, die für das Verstehen des Neuen Testaments wichtig sind. Die Literaturhinweise am Ende der einzelnen Kapitel mögen als Anregung zur Weiterarbeit verstanden werden.

Es wird bewusst auf die sonst weithin üblichen Kontrollfragen und Arbeitsaufgaben verzichtet. Diese Bibelkunde setzt vielmehr darauf, dass das Studium des Neuen Testaments zu eigenem Fragen anregt. Ihr Anliegen wäre verfehlt, wenn sie die Lektüre des Neuen Testaments ersetzen würde.

Mit der 8. Auflage wird die Bibelkunde in Anlehnung an ihr alttestamentliches Pendant um Lernübersichten ergänzt, die als zusätzliches Feature ihre Funktionalität als Lehrbuch erhöhen mögen. Für die Erarbeitung der Übersichten gilt mein besonderer Dank Christian Pieritz, der außerdem die nach sieben Auflagen vollkommen verlotterten Basisdateien mühsam in eine wieder handhabbare Gestalt gebracht hat!

Rostock, im Juli 2018 Klaus-Michael Bull

Inhalt

Abbildungsnachweis

Die Abbildung auf S. 49 wurde The New Encyclopedia of Archaeoloical Excavations in the Holy Land (Volume 2, Jerusalem 1993, p. 737) entnommen. Die Rechte für die Landkarten liegen beim Autor. Der Abdruck der übrigen Abbildungen erfolgt mit freundlicher Genehmigung der Deutschen Bibelgesellschaft.

Einleitung

Das **Neue Testament** ist eine **Sammlung von 27 ganz unterschiedlichen Schriften**. Sie lassen sich aufgrund ihres literarischen Charakters in drei Gruppen einteilen. Zur ersten Gruppe gehören die vier Evangelien, die Darstellungen der irdischen Wirksamkeit Jesu Christi bieten, und die Apostelgeschichte des Lukas, die von den ersten Jahrzehnten der Ausbreitung des Christentums in der griechisch-römischen Welt berichtet. Daneben finden sich 21 Briefe und eine Apokalypse (Offenbarung des Johannes).

Bei den Briefen stehen die 14 dem Apostel Paulus zugeschriebenen Briefe voran, die der Länge nach geordnet sind. Eine Ausnahme bildet allein der lange Zeit umstrittene Hebräerbrief, der trotz seines Umfangs am Ende des Corpus Paulinum steht. Die übrigen 7 Briefe werden unter der Sammelbezeichnung Katholische Briefe überliefert. Martin Luther weicht in seiner Übersetzung des Neuen Testaments bei den Briefen von der kanonischen Reihenfolge der Alten Kirche ab und stellt Hebräer- und Jakobusbrief vor den Judasbrief. Diese drei Briefe und die Offenbarung des Johannes waren für ihn aus theologischen Gründen von niederem Rang.

Die Reihenfolge Evangelien – Apostelgeschichte / Briefe – Offenbarung ist Ergebnis des Kanonisierungsprozesses und wird gelegentlich als Spiegel der christlichen Heilsgeschichte (Jesus von Nazaret – Werden und Zeit der Kirche – Endzeitereignisse) gedeutet.

Die Bezeichnung der neutestamentlichen Schriften als **„Neues Testament"** lässt sich erst bei den Kirchenvätern des 3. Jh. nachweisen (Tertullian, Origenes). Die Schriften, die den „Neuen Bund" (vgl. 1Kor 11,25; Lk 22,20) bezeugen, werden zum „Neuen Testament" (Doppelbedeutung von διαθήκη / diathēkē – Bund, Testament). Bei dieser Entwicklung vom theologischen Begriff zur Bezeichnung eines Corpus von Schriften wird eine gewisse Rolle gespielt haben, dass Paulus in 2Kor 3,14 von der „Verlesung des Alten Testamentes" bzw. „(der Schriften) des Alten Bundes" spricht: „Indessen ist ihr [der Söhne Israels KMB] Sinn verstockt worden; denn bis auf den heutigen Tag liegt dieselbe Decke auf der Verlesung (der Schriften) des Alten Bundes, und sie wird nicht abgetan, weil sie nur in Christus weggenommen wird."

Damit beschreibt Paulus zugleich das **hermeneutische Prinzip**, nach dem die frühen Christen ihre Heilige Schrift, die jüdische Bibel (meist in Gestalt der Septuaginta [LXX]), gelesen haben. Sie verstanden die Bibel konsequent vom Christuszeugnis her und auf das Christuszeugnis hin (vgl. Joh 5,39.45–47).

Erst diese Interpretation, die die gängigen Auslegungsmethoden ihrer Zeit nutzt, macht die jüdische Bibel zum Alten Testament. Das beschreibt sowohl eine Kontinuität als auch eine Diskontinuität. Für die Autoren des Neuen Testaments ist der Gott Jesu Christi selbstverständlich derselbe Gott, der an den Vätern und dem Volk Israel gehandelt hat und in der jüdischen Bibel spricht. Sie leben aber zugleich aus der Erfahrung, dass sich dieser Gott in Jesus Christus neu und endgültig offenbart hat (vgl. Joh 1,18; Hebr 1,1). Eben deshalb kann die jüdische Bibel für sie nur recht verstanden werden, wenn sie im Lichte dieser maß-gebenden Offenbarung gelesen und interpretiert wird.

Die Schriften des Neuen Testaments sind auf **Griechisch** abgefasst worden. Die Autoren bedienen sich dabei der Koine (ἡ κοινὴ διάλεκτος / hē koinē dialektos – die gemeinsame Sprache), d. h. der hellenistischen Gemeinsprache, die zu ihrer Zeit im römischen Reich gesprochen wurde. Die einzelnen Schriften unterscheiden sich in ihrer sprachlichen Qualität voneinander. Dabei entsprechen die Verschiedenheiten wohl Unterschieden der ethnischen Herkunft und des Bildungsgrades der Autoren. Auch die je unterschiedliche Traditionstreue dürfte eine Rolle gespielt haben (so lehnt sich Lk bewusst an die Sprache der LXX an). Am sorgfältigsten formulierten die Verfasser des lk Doppelwerkes (Evangelium und Apostelgeschichte) und des Hebräerbriefes. Eine Besonderheit stellt die Offenbarung des Johannes dar, deren Autor vermutlich als Muttersprache Aramäisch sprach und das Griechische nur gelegentlich benutzte.

Der **Kanon** des Neuen Testaments ist in der uns vertrauten Gestalt erstmals im Jahre 367 durch den Bischof Athanasius von Alexandria in seinem 39. Osterfestbrief fixiert worden. Die Anfänge der Kanongeschichte reichen allerdings bis in das 2. Jh. zurück. So scheint bereits der 2Petr eine Sammlung von Paulusbriefen vorauszusetzen (2Petr 3,15f; vgl. IgnEph 12,2). Aber erst der Kirchenvater Justin zitiert in der Mitte des 2. Jh. neutestamentliche Schriften (die Evangelien) als „Schrift“ neben dem Alten Testament. In ihnen hörte er die autoritative Stimme des auferstandenen Herrn.

Den ersten abgeschlossenen Kanon hat Markion (um 160) geschaffen. Er bestand aus einem von allen „jüdischen Spuren“ gereinigten Lukasevangelium und 10 Paulusbriefen. Markion, der die Identität von Schöpfer- und Erlösergott leugnete, wollte so seine Theologie stützen. Die weitere Entwicklung ist von z. T. langwierigen Diskussionen um die kanonische Anerkennung einzelner Schriften geprägt. So wurde der Hebr in der Westkirche erst gegen Ende des 4. Jh. als paulinisch und kanonisch angesehen. In der Ostkirche war die Offenbarung des Johannes lange umstritten.

Einige Quellen zählen Schriften zum Kanon, die heute zu den Apostolischen Vätern gerechnet werden (z. B. Hirt des Hermas, Barnabasbrief). Für die Ostkirche beendete Athanasius diese Unsicherheit. Die Westkirche folgte ihm seit dem Beginn des 5. Jh.

Ein wesentliches Argument in der altkirchlichen Diskussion, ob eine Schrift kanonisch sei oder nicht, war die Frage nach ihrer apostolischen Verfasserschaft. Alle Schriften, die Eingang in den Kanon des Neuen Testaments gefunden haben, werden traditionell Aposteln oder deren Schülern zugeschrieben. Die historisch-kritische Exegese hat nachgewiesen, dass diese Zuschreibung nur für die authentischen Paulusbriefe aufrecht erhalten werden kann. Sieben Schriften des Neuen Testaments sind ursprünglich anonym abgefasst worden (Hebr, 1Joh, Evangelien und die Apostelgeschichte). Die Offenbarung nennt den Autor Johannes (Apk 1,1.4.9). 2Joh und 3Joh sind von einem „Presbyter" (Ältesten) geschrieben worden (2Joh 1,1; 3Joh 1,1), der den Adressaten offensichtlich unter diesem Titel bekannt war. Alle anderen Schriften des Neuen Testaments benutzen fiktive Verfasserangaben, d. h. die Autoren nehmen die Autorität von Aposteln und anderen führenden Personen der frühen Kirche für ihre Werke in Anspruch. Dieses Phänomen wird als Pseudepigraphie bezeichnet.

Die unter dem Namen anerkannter Autoritäten schreibenden Autoren des Neuen Testaments stellen keine Einzelerscheinung in der antiken Literaturgeschichte dar. In der hellenistischen Philosophie gibt es einen breiten Strom pseudepigrapher Werke. Auch die biblische Tradition kennt das Phänomen. So nimmt Dtn bewusst die Autorität des Mose in Anspruch und da Salomo wegen 1Kön 5,9–14 als der Weisheitslehrer schlechthin galt, wurden eine ganze Reihe von Weisheitsschriften unter seinem Namen verfasst (u. a. Prov, SapSal).

Alle pseudepigraphen Schriften des Neuen Testaments sind in einer Zeit des Umbruchs und der Neuorientierung im frühen Christentum entstanden (ca. 60–120). Die Generation der Apostel und ersten Zeugen lebte nicht mehr und damit brach die Frage auf, wie die Kontinuität zu den durch sie gelegten Grundlagen erhalten werden könne. Es kam zu ersten größeren Konflikten mit den lokalen Behörden. In den eigenen Reihen traten verschiedene Lehrmeinungen auf, die jeweils den Anspruch erhoben, rechte Interpretation der Tradition zu sein. Damit war die Frage nach der Identität der christlichen Gemeinden gestellt, die die Bestimmung des Verhältnisses zur heidnischen Umwelt einschloss. Zudem trat immer stärker ins Bewusstsein, dass die Parusie des Herrn auf sich warten ließ, die Gemeinden sich also auf eine längere innerweltliche Existenz einstellen mussten. Die Autoren der pseudepigraphen Schriften bemühten sich in dieser Situation, die Stimme und Autorität der Apostel und ersten Zeugen neu und verbindlich zur Sprache zu bringen. Indem sie im Namen der Autoritäten schrieben, begründeten sie den Anspruch, eine verbindliche Neuinterpretation der Tradition angesichts der neu aufgebrochenen Probleme vorzulegen.

In dieses Anliegen ordnen sich auch die ursprünglich anonymen Schriften des Neuen Testaments ein. Besonders deutlich wird das bei den Evangelien, die versuchen, mittels einer Erzählung des grundlegenden Anfangs in Jesus Christus, dessen Bedeutung für die aktuellen Probleme der Gemeinden aufzuzeigen (vgl. vor allem Lk 1,1–4; Joh 20,30f!).

Die Evangelien

Das griechische Wort τὸ εὐαγγέλιον (to euangelion) bedeutet ursprünglich „Lohn für die Überbringung guter Botschaft“ bzw. die „gute Botschaft“ selbst. Es bezeichnet also keine literarische Gattung. Dieser Sprachgebrauch findet sich auch im Neuen Testament, denn „Evangelium“ bedeutet hier „die (mündliche) Heilsbotschaft“.

Der wichtigste Zeuge dafür ist Paulus. Bei ihm begegnet sowohl die Wendung εὐαγγέλιον τοῦ θεοῦ (euangelion toū theoū / Evangelium Gottes; 1Thess 2,2.8.9; 2Kor 11,7; Röm 1,1; 15,16), die den Ursprung und die Autorität des Evangeliums betont, als auch die Formel εὐαγγέλιον τοῦ Χριστοῦ (euangelion toū Christoū / Evangelium von Christus; 1Thess 3,2; 1Kor 9,12; 2Kor 2,12 u. ö.), die eher den Inhalt der Heilsbotschaft in den Vordergrund stellt.

Im Markusevangelium beginnt ein Bedeutungswandel des Wortes. Im Summarium Mk 1,14f bezeichnet „Evangelium“ die Verkündigung Jesu. Indem er den traditionellen Begriff so füllt, gelingt es dem Verfasser, die Reich-Gottes-Verkündigung Jesu und die Verkündigung von Jesus dem Christus miteinander zu verbinden (vgl. Mk 8,35; 10,29). Inhalt des „Evangeliums“ sind nun auch die im Markusevangelium berichteten Jesusgeschichten (vgl. Mk 14,9). Diese Akzentverschiebung gegenüber der Tradition dürfte in Kombination mit der Überschrift Mk 1,1 zu dem Gebrauch von „Evangelium“ als Bezeichnung der literarischen Gattung geführt haben.

Noch die im 2. Jh. entstandenen Evangelienüberschriften zeigen, dass die ursprüngliche Wortbedeutung bewusst geblieben war. Ihre korrekte Übersetzung lautet nämlich: „Evangelium nach Matthäus“ usw.

Als literaturtheoretischer Begriff bezeichnet „Evangelium“ eine literarische Gattung, die biographische Elemente (Beginn mit Taufe / Geburt Jesu; Ende mit Kreuzigung / Auferstehung; Stationen der Wirksamkeit Jesu) mit der Überlieferung und Deutung der Botschaft Jesu verbindet. In ihr werden weitgehend die Stilmittel der antiken Biographie genutzt (dreigliedrige Gesamtform, literarische Topoi, Interesse an der verborgenen Identität eines exemplarischen Lebens, erzählerische Vergegenwärtigung der Hauptfigur mit dem Ziel der Bereicherung des Lebens der Leser), aber auch Charakteristika frühjüdischer Gattungen (weisheitliche Sammlungen, apokalyptische Literatur, Märtyrerberichte) aufgegriffen. Die Evangelisten sind – Lk bildet hier mit seinen weltgeschichtlichen Synchronismen eine gewisse Ausnahme – nicht an einer chronologisch exakten Biographie Jesu interessiert. Sie wollen Verkündigung sein, bieten also ein Ineinander von erzählendem Text und verkündigender Anrede an die

Gemeinde. Ihnen geht es um die Bedeutung Jesu Christi und seiner Botschaft für die Gemeinde(n), für die sie schreiben.

Die synoptischen Evangelien

Der weitgehend parallele Aufbau der Evangelien nach Matthäus, Markus und Lukas ermöglicht es, sie so aufzuschreiben, dass die sich entsprechenden Abschnitte aus jedem Werk nebeneinander stehen. Eine solche Zusammenstellung heißt „Synopse“ (Zusammenschau). Deshalb bezeichnet man diese drei Evangelien seit dem Ende des 18. Jh. als „synoptische Evangelien“. Das Johannesevangelium bietet dagegen sowohl einen abweichenden Aufriss als auch weitgehend anderes Material. Nur in der Passionsgeschichte (und in wenigen weiteren Passagen) greifen alle 4 Evangelien offensichtlich auf gemeinsame Traditionen zurück.

Alle drei Synoptiker bieten eine parallele Grobgliederung:

1. Vorgeschichte (Abstammung, Geburtsgeschichten)	**nur** Mt 1f; Lk 1f
2. Auftreten des Täufers; Versuchung Jesu; Jesu Wirksamkeit in Galiläa	Mt 3–18; Mk 1–9; Lk 3,1 – 9,50
3. Weg nach Jerusalem	Mt 19f; Mk 10; Lk 9,51 – 19,27
4. Jesu Wirksamkeit in Jerusalem	Mt 21–25; Mk 11–13; Lk 19,28 – 21,38
5. Passion und Auferstehung; Ostererscheinungen	Mt 26–28; Mk 14–16; Lk 22–24

Die synoptischen Evangelien bestehen aus deutlich voneinander abgrenzbaren Einzelepisoden, den Perikopen.

Betrachtet man die Abschnitte der synoptischen Evangelien, die sich entsprechen, finden sich eine ganze Reihe von Passagen, die nahezu wörtlich übereinstimmen. Zugleich fallen aber – gerade wenn man den weitgehend parallelen Aufbau berücksichtig – die Differenzen zwischen den Synoptikern auf. Am Anfang (Kindheitserzählungen, Versuchungsgeschichte) und am Ende (Ostererzählungen) sind Mt und Lk ausführlicher als Mk, stimmen aber im gebotenen Material nur teilweise überein. Differenzen finden sich z.B. im Stammbaum Jesu (Mt 1,2ff; Lk 3,23ff), in der Geburtsgeschichte (Mt 2,1ff; Lk 2,1ff) und bei den Erscheinungen des Auferstandenen (Mt 28; Lk 24).

Daneben finden wir eine ganze Reihe über Mk hinausgehende Stoffkomplexe bei Mt und Lk, in denen sie z. T. fast wörtlich übereinstimmen (z. B. Lk 3,7–9 und Mt 3,7–10). Schließlich enthält jedes Evangelium Material, das keines der anderen bietet (z.B. Mt 25,31–46; Mk 4,26–29; Lk 19,1–10).

Ausgehend von diesem literarischen Befund ergibt sich das sogenannte „synoptische Problem“: Wie erklärt sich die große literarische Verwandtschaft der synoptischen Evangelien untereinander, und worauf lassen sich die trotz der so weitgehenden Übereinstimmung vorhandenen Differenzen zurückführen?

Nachdem das Problem am Ende des 18. Jh. erkannt worden war, hat man verschiedene Theorien zu seiner Lösung aufgestellt. Einen überzeugenden Ansatz bot aber erst die sogenannte **2-Quellen-Theorie**, die in der 2. Hälfte des 19. Jh. entwickelt wurde und sich seitdem weithin durchgesetzt hat. Sie besagt in ihrer klassischen Form, dass:

1.) das Markusevangelium das älteste der drei synoptischen Evangelien ist und von Matthäus und Lukas als Quelle benutzt wurde;
2.) Matthäus und Lukas eine weitere gemeinsame Quelle benutzt haben, die nicht erhalten ist, aber aus den beiden Evangelien noch rekonstruiert werden kann. Diese Quelle bestand hauptsächlich aus Aussprüchen Jesu und wird deshalb Logien-(=Spruch)quelle genannt. In der Fachliteratur wird sie mit Q(=Quelle) abgekürzt.

Da die klassische 2-Quellen-Theorie sowohl das **mk Sondergut** (Mk 2,27; 3,20f; 4,26–29; 7,31–37; 8,22–26; 9,48f; 14,51f; 15,44) als auch die **„minor agreements“**, kleinere wörtliche Übereinstimmungen von Mt und Lk gegen Mk, nicht erklären kann, wird sie heute oft in modifizierter Form vertreten (bzw. von einigen Forschern sogar ganz in Frage gestellt). So rechnen viele Exegeten aufgrund der über den gesamten Evangelienstoff verteilten minor agreements (insgesamt ca. 700) damit, dass die Verfasser von Mt und Lk das Markusevangelium in einer überarbeiteten Fassung benutzt haben (Deuteromarkus) bzw. wir ein überarbeitetes Markusevangelium im Kanon überliefert haben.

Mt und Lk bieten z. T. erhebliche Unterschiede im Wortlaut und der Abfolge des gemeinsamen Logiengutes. Diese Varianten lassen sich zwar häufig mit der redaktionellen Arbeit der Evangelisten begründen, doch bleibt ein relativ umfangreicher Rest, bei dem diese Erklärung versagt. Man wird deshalb davon ausgehen müssen, dass Q den Verfassern von Mt und Lk in verschiedenen Versionen vorlag.

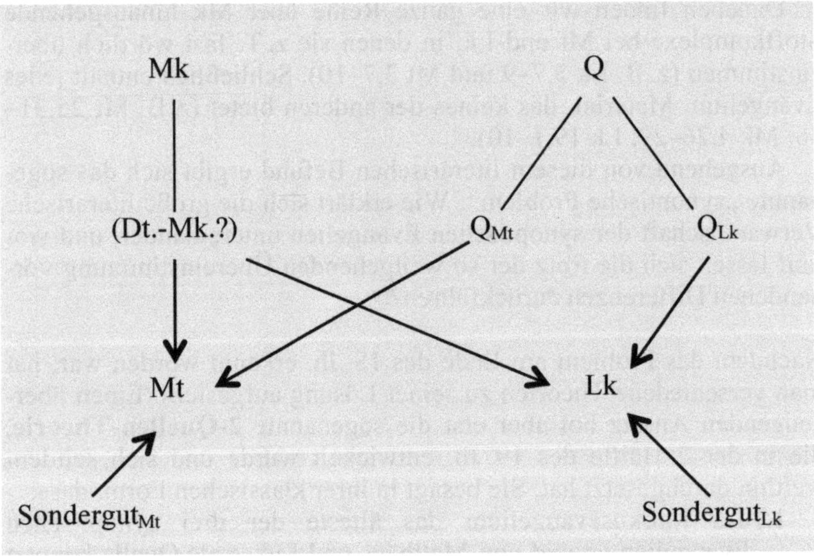

Schema der 2-Quellen-Theorie

Das Matthäusevangelium (Mt)

Die älteste uns erreichbare Verfassertradition, die auf Papias von Hierapolis (ca. 125) zurückgeht, nennt den Jünger Matthäus als den Autor des ersten Evangeliums. Er soll es in hebräischer Sprache abgefasst haben. Der Text des Evangeliums bietet allerdings keine Hinweise darauf, dass es sich um eine Übersetzung handelt. Es ist auch kaum wahrscheinlich, dass ein Augenzeuge (Matthäus) auf ein anderes Evangelium (Mk) als Quelle zurückgegriffen hätte. Die Verfassertradition dürfte auf 9,9 zurückgehen, denn dort wird der Name des in Mk 2,14 Levi genannten Zöllners mit Matthäus angegeben. Diese Namensänderung wurde offenbar als biographischer Hinweis des Verfassers verstanden, entspricht aber einer auch sonst im Mt zu beobachtenden Tendenz, unbekannte Personen mit bekannten zu identifizieren (vgl. 27,56 mit Mk 15,40). Wir müssen also davon ausgehen, dass der Verfasser des Evangeliums ein uns namentlich nicht bekannter Christ war, der erst später mit dem Jünger Matthäus identifiziert worden ist.

Der Evangelist war sehr wahrscheinlich ein christlicher Schriftgelehrter (vgl. 13,52). Darauf deuten sowohl sein Umgang mit dem Alten Testament als auch der kunstvolle Aufbau des Evangeliums hin. Der Autor nutzt Symbolzahlen (z. B. die Sieben, vgl. die sieben Weherufe in Kap. 23) als Gliederungsprinzip, schafft bewusst Dubletten, die bestimmte Abschnitte hervorheben (z. B. 4,23; 9,35), baut Vorverweise ein, die spätere Themen und Ereignisse gleichsam präludieren (vgl. 3,15 als Vorverweis auf das Thema der Bergpredigt), und setzt gezielt theologische Schlüsselbegriffe ein, um das Grundthema für größere Abschnitte zu bezeichnen (z.B. „erfüllen", „Königsherrschaft der Himmel" und „Gerechtigkeit" in 5,17–27).

In der Forschung ist die Frage umstritten, ob das Mt in einem juden- oder heidenchristlichen Milieu entstanden ist. Für beide Einordnungen lassen sich gewichtige Argumente beibringen. Wahrscheinlich beschreibt die Frage aber eine falsche Alternative. Das Mt ist über weite Strecken von judenchristlicher Tradition geprägt. Der Evangelist greift in den „Reflexionszitaten" auf das Alte Testament zurück und bezeichnet das Auftreten Jesu als die Erfüllung der dort überlieferten Verheißungen (vgl. 1,22f; 2,5f.15.17f; 3,3 u.ö.). Die Tora wird grundsätzlich als verbindlich anerkannt (5,17–19) und die Mission Jesu ist auf die „verlorenen Schafe Israels" begrenzt (10,5f.; 15,24). Schließlich ersetzt der Evangelist „Königsherrschaft Gottes" aus dem Mk (fast) konsequent durch „Königsherrschaft der Himmel", vermeidet also nach jüdischer Sitte jede Assoziation des Gottesnamens. Das spricht dafür, dass er selbst Judenchrist war.

Der Evangelist schreibt allem Anschein nach für eine judenchristliche Gemeinde, die den Schritt zur Heidenmission vollzogen hat. Dieser scheint aber nicht unumstritten gewesen zu sein, da sich das Evangelium als ein Plädoyer für die Verbreitung des Evangeliums unter den Völkern lesen lässt. Zugleich ist das Mt auch ein Dokument des frühchristlichen Ablöseprozesses von der Synagogengemeinde. Das Heil gilt selbstverständlich allen Völkern (28,18–20; vgl. 22,1–14). Der Evangelist übernimmt aus Mk die programmatische Diskussion der Unterscheidung von „rein" und „unrein" im kultischen Sinne (15,1–20) und deutet die entsprechenden Worte Jesu dezidiert ethisch (Mk 7,19b fehlt!). Die rituellen Vorschriften für den Sabbat haben ihre Bedeutung verloren (vgl. 12,1–8 mit Hos 6,6 als Zielpunkt). Die Kirche wird als das wahre Israel angesehen (8,11f; 21,33–46; vgl. 22,7–10), während das alte Heilsvolk verworfen ist, weil es den Willen Gottes nicht tut (vgl. 21,43; 5,20; 23). Die deutliche Distanz der Adressaten zur jüdischen Synagogengemeinschaft wird auch durch die Sprache des mt Jesus manifestiert, der von „ihren Schriftgelehrten“ (7,29) und „euren Synagogen“ (23,34) spricht. Die Art der Polemik in Mt 23 u.ö. zeigt aber zugleich, dass diese Distanz begründet werden muss, da die inhaltliche Nähe insbesondere zum pharisäischen Judentum spürbar ist.

Ein grundlegendes Problem der mt Gemeinde besteht aus der Sicht des Evangelisten darin, dass „die Liebe der Vielen erkaltet“ (24,12). Als Ursache nennt er das Auftreten von „Gesetzlosigkeit“. An anderer Stelle wird deutlich, dass er mit diesem Vorwurf auf Leute in der Gemeinde zielt, die zwar das Bekenntnis zu Jesus Christus als dem Herrn sprechen, aber „den Willen des Vaters im Himmel“ nicht tun (7,21). Der Evangelist bemüht sich also, verbindliche christliche Verhaltensnormen zu etablieren.

Versucht man die Gemeinde, für die das Mt geschrieben worden ist, genauer zu lokalisieren, weisen die Indizien nach Syrien (Antiochia?), das in 4,24 ausdrücklich genannt wird. Der Evangelist nennt den See Gennesaret im Anschluss an Mk unbefangen ein „Meer“ (kennt also wohl kein größeres Gewässer) und wenn er von Gebieten „jenseits des Jordan“ spricht, meint er die Gegend westlich des Jordan (19,1; vgl. das Zitat 4,15f in seinem Kontext).

Das Mt setzt die Zerstörung Jerusalems im Jüdischen Krieg bereits voraus (vgl. 21,41; 22,7; 23,38). Auf Verfolgungen der Christen von Seiten der Juden blickt der Evangelist als vergangenes Problem zurück. Dagegen rechnet er mit weltweiten Verfolgungen der Christen und sieht die eigentliche Gefährdung in innergemeindlichen Problemen (24,9–14). Die Entstehung des Evangeliums wird aus diesen Gründen meist in die Zeit zwischen 80 und 90 n. Chr. datiert.

1,1 – 4,22	Vorgeschichte
4,23 – 9,35	Jesus als der Messias des Wortes und der Tat
9,36 – 11,1	Aussendung der Jünger
11,2 – 16,20	Das Entstehen der Gemeinde in der Auseinandersetzung um das Wesen Jesu
16,21 – 20,34	Jüngerbelehrung
21,1 – 25,46	Wirksamkeit Jesu in Jerusalem
26,1 – 27,66	Passionsgeschichte
28	Ostergeschichten (28,18–20 Missionsbefehl)

Grobgliederung des Mt

Matthäus ordnet sein Material noch stärker als seine Vorlage Mk thematisch. So stellt er das Spruchgut zu fünf großen Reden zusammen, die sein Evangelium prägen: **Bergpredigt** (5–7), **Aussendungsrede** (10), **Gleichnisrede** (13), **Gemeinderegel** (18), **Doppelrede gegen die Pharisäer und von den letzten Dingen** (23–25). Diese Reden sind noch besonders dadurch hervorgehoben, dass der Evangelist nach jeder Rede mit einer fast gleichlautenden Wendung fortfährt (7,28; 11,1; 13,53; 19,1; 26,1). Durch die ausgedehnten Reden stellt Matthäus Jesus in seinem Evangelium vor allem als Lehrer dar (vgl. 23,8; 28,19).

1, 1–25	Herkunft Jesu („Urkunde des Ursprungs“)
2, 1–23	Geburtsgeschichten
3, 1–17	Auftreten des Täufers und Taufe Jesu
4, 1–11	Versuchungsgeschichte
4, 12–22	Beginn der Wirksamkeit Jesu

Vorgeschichte

Das Mt wird mit einer ausführlichen Darstellung des „Ursprungs Jesu Christi“ eröffnet (1,1–25). Der Stammbaum Jesu beginnt mit Abraham, dem Stammvater der Juden, und führt über 3mal 14 Geschlechter bis zu Jesus. Durch diese Einteilung wird die Davidssohnschaft Jesu hervorgehoben. Die Schilderung des Traumgesichts des Josef betont die Jungfrauengeburt (1,18.20 – „schwanger durch den Heiligen Geist“; 1,23 mit dem Zitat aus Jes 7,14 LXX) und deutet den Namen Jesu.

Es folgen vier Geburtsgeschichten (2,1–23), die in ihrer Topik vor allem aus der jüdischen Moselegende schöpfen. Der Evangelist nutzt sie, um zentrale Themen seines Werkes anklingen zu lassen. So erscheinen die Magier als Repräsentanten der Fremdvölker, die dem Messias huldigen.

Der Evangelist fasst die Botschaft des Täufers mit denselben Worten zusammen wie die Botschaft Jesu (3,2 / 4,17). Damit charakterisiert er ihn als Vorläufer Jesu, dessen Auftreten er ankündigt. In der Taufe wird Jesus als der geistbegabte Gottessohn offenbar, der gekommen ist, um „alle Gerechtigkeit zu erfüllen“ (3,15; 3,1–17).

Die Versuchungsgeschichte (4,1–11) stellt sicher nicht zufällig die Versuchung der Weltherrschaft an das Ende. Sie bildet damit das negative Gegenstück zu 28,18–20.

4, 23–25	Summarium
5,1 – 7,29	**Bergpredigt**
8,1 – 9,34	Die Taten Jesu als Ausweis seiner Vollmacht
9, 35	Summarium

Jesus als der Messias des Wortes und der Tat

Der 1. Hauptteil des Mt wird durch zwei fast gleichlautende Summarien (4,23 / 9,35) gerahmt. Sie verbinden programmatisch die Verkündigung Jesu mit seinen Krankenheilungen.

Die **Bergpredigt** (5,1–7,29) repräsentiert im Sinne des Evangelisten die Lehre Jesu schlechthin (5,2; vgl. die Reaktion der Hörer in 7,28). Sie wird mit einer Reihe von 9 Seligpreisungen eröffnet, die in die beiden Bildworte vom Salz und vom Licht münden. Die Verheißung des Himmelreichs und das Tun der Gerechtigkeit bestimmen das Wesen christlicher Existenz, sind Licht vor den Menschen (5,16).

5,17–20 bilden den Eingangsrahmen der Rede. Jesus ist gekommen, um die Tora zu „erfüllen“ (5,17). Daraus erwächst die **Forderung der „besseren Gerechtigkeit“** (5,20), die in den sogenannten Antithesen exemplarisch Gestalt gewinnt. Die Tora wird im eigentlichen Sinne des Wortes radikalisiert (Radix [lat.]–Wurzel), so dass am Ende die Forderung steht, „vollkommen“ zu sein wie der himmlische Vater (5,48), der über Böse und Gute die Sonne scheinen lässt.

In 6,1–18 folgt in drei Schritten (Almosengeben, Beten, Fasten) die Warnung vor der Jagd nach irdischer Anerkennung (**6,9–13 Vaterunser**). Wer danach strebt, sucht nach falschen Schätzen, verdunkelt sein inneres Licht und versucht, zwei Herren zu dienen. Dagegen gilt die Zusage, dass, wer nach dem Reich Gottes und Gottes Gerechtigkeit strebt, auch alle täglichen Bedürfnisse von Gott erfüllt bekommt **(6,33)**.

Diese Zusage wird nach der Warnung vor überheblichem Richten in 7,7–11 noch einmal aufgenommen, bevor der Evangelist mit der **„goldenen Regel“** (7,12) die Lehre der Bergpredigt zusammenfasst. Sie bildet das Gegenstück zu 5,17–20. Die abschließende Warnung vor „Pseudopropheten“ und das Doppelgleichnis vom Hausbau schärfen das Tun der Worte Jesu ein.

Die Kap. 8f sind vor allem durch Wundergeschichten geprägt. Dabei fällt auf, dass der Evangelist im Vergleich zu Mk die wunderbaren Züge stark kürzt. Dagegen wird der Glaube der Geheilten hervorgehoben (8,10; 9,22.29).

Die Geschichten dienen zur Illustration der Lehre Jesu und ihrer Konsequenzen. So werden die ersten drei Wundertaten Jesu durch ein Summarium (8,16f mit Zitat Jes 53,4) im Lichte des Gottesknechtsliedes gedeutet. Die Fortsetzung durch die Nachfolgeworte zeigt das ausgeprägte ekklesiologische Interesse des Evangelisten, der auch die Sturmstillung als Nachfolgegeschichte deutet (**Jünger als „Kleingläubige“**).

Das Ende des Abschnitts (9,33f; vgl. 9,10–17) weist mit der kontroversen Reaktion auf die Heilung eines Stummen auf die kommenden Auseinandersetzungen hin, die ab Kap. 11 breiten Raum einnehmen.

9, 36–38	Jesu Erbarmen über das Volk
10, 1	Vollmacht für die Jünger
10, 2–4	Jüngerliste
10,5 – 11,1	Aussendungsrede

Aussendung der Jünger

Die Wirksamkeit der Jünger setzt die Taten und die Lehre Jesu fort (10,5–8); auch ihre Sendung beschränkt sich (zunächst) auf die „verlorenen Schafe Israels“ (10,6). In der **Aussendungsrede** erteilt Jesus Anweisungen für die Mission und sagt Verfolgungen an. Den Jüngern wird angesichts der kommenden Erfahrung gewaltsamer Ablehnung Trost zugesprochen.

Die Rede endet mit dem nachdrücklichen Verweis darauf, dass das Verhalten gegenüber Jesus Konsequenzen im Endgericht hat. Das gilt entsprechend auch für das Verhalten gegenüber den Jüngern. Hier begegnet erstmals die Bezeichnung „die Kleinen“ (οἱ μικροί / hoi mikroi) für die Jünger (10,42).

11, 2–24	Anfrage des Täufers und Antwort Jesu
11, 25–30	Werberede Jesu
12, 1–50	Die Lehre Jesu im Widerstreit
13, 1–52	Gleichnisrede
13,53 – 14,36	Jesus zwischen Ablehnung in der Vaterstadt und Glauben der Jünger
15,1 – 16,12	Auseinandersetzung um die Reinheitsgebote, Wunder und Warnung vor Pharisäern und Sadduzäern
16, 13–20	Petrusbekenntnis in Caesarea Philippi

Das Entstehen der Gemeinde in der Auseinandersetzung um das Wesen Jesu

Im 2. Hauptteil des Mt schildert der Evangelist die sich zuspitzende Auseinandersetzung um Jesus und das Entstehen der Jüngergemeinde. Am Beginn steht die Anfrage des Täufers, ob Jesus der Erwartete sei. Jesus antwortet mit einem Mischzitat aus dem Buch des Propheten Jesaja. Dadurch stellt er seine Wirksamkeit in den Horizont dieser Verheißungen. Die folgende Rede an die Volksmenge macht deren Versagen angesichts der in der Verkündigung Jesu anbrechenden Gottesherrschaft deutlich. Jesu Zeitgenossen verhalten sich wie Kinder, die auf die Aufforderung zum Spiel nicht reagieren (11,16f; 11,2–24). Der Evangelist schließt eine Werberede Jesu (11,25–30) an, die in den **„Heilandsruf"** mündet.

Die folgenden Streitgespräche und Heilungen (12,1–50) erzählen die sich zuspitzende Auseinandersetzung um die Vollmacht Jesu. Die Pharisäer reagieren auf die Taten Jesu mit dem Todesbeschluss (12,14) und dem Beelzebulvorwurf (12,24). Dazwischen stellt der Evangelist gleichsam als Meinung der Glaubenden das Wundersummarium 12,15–21 mit dem Zitat Jes 42,1–4, das Jesus als Gottesknecht und Hoffnung der Heiden bezeichnet. Jesus reagiert auf den Beelzebulvorwurf mit einer Verteidigungsrede, die das Wort der Menschen wie ihre Taten zum Kriterium im Endgericht macht (beachte **12,30**).

Die Zeitgenossen Jesu erhalten nur das Zeichen des Jona. Der Evangelist deutet es in 12,40 auf die Auferstehung Jesu. Wer sich allerdings aufgrund dieses Zeichens nur für den Moment Jesus anschließt, ist trotzdem verloren, denn nur wer den Willen des Vaters im Himmel tut, gehört zur Familie Jesu.

Die **Gleichnisrede** (13,1–52) besteht aus insgesamt sieben Gleichnissen und zwei Gleichnisdeutungen. Daneben stehen grundlegende Reflexionen über Jesu Rede in Gleichnissen. Der erste Teil der Rede (Gleichnisse vom Sämann, Unkraut unter dem Weizen, Senfkorn, Sauerteig) wendet sich an das Volk. Die Reflexion über den Sinn der Rede in Gleichnissen firmiert aber als Jüngerbelehrung. Der zweite Teil der Rede (Gleichnisse vom Schatz, der Perle und dem Fischnetz) ist dann nur noch an die Jünger gerichtet. Die Rede stellt das Verstehen der Jünger (13,11f.16f.51f) und das Nichtverstehen der Anderen (13,13–15) hart gegeneinander. Themen sind das Hören, die jetzt verborgene Größe und Herrlichkeit des Himmelreichs und das Endgericht.

Die folgenden Perikopen zeichnen erneut den Bogen zwischen Ablehnung (in seiner Vaterstadt) und Verfolgung Jesu (potentiell durch Herodes) und dem Glauben der Jünger (13,53–14,36). Wichtig für das Jüngerbild des Evangelisten ist die Verbindung zwischen der nur im Mt erzählten Episode vom sinkenden Petrus und dem Bekenntnis der Jünger zum Sohn Gottes.

In der weiteren Erzählfolge (15,1–16,12) übernimmt der Evangelist weitgehend Mk, setzt dabei aber eigene Akzente. So fehlt in 15,17 der ausdrückliche Hinweis, dass Jesus alle Speisen für rein erklärt habe (vgl. Mk 7,19). In der Darstellung der Jünger finden sich die schon bekannten Züge. Obwohl sie „Kleingläubige" (16,8) sind, verstehen sie letztlich (16,12).

Das Bekenntnis des Petrus bei Caesarea Philippi (16,13–20) bildet den Höhepunkt des 2. Hauptteils, leitet aber zugleich zu der anschließenden Jüngerbelehrung über. Petrus erscheint als der Sprecher der Jünger und wird durch das Felsenwort und die Zusage der Schlüsselgewalt besonders hervorgehoben.

16, 21–28	1. Leidensankündigung und Nachfolgeworte
17, 1–13	Verklärungsgeschichte
17, 14–27	Kraft des Glaubens, 2. Leidensankündigung, Tempelsteuer
18, 1–35	„Gemeinderegel"
19,1 – 20,16	Aufbruch nach Jerusalem, Zugang zum Himmelreich
20, 17–34	3. Leidensankündigung, Abschluss der Jüngerbelehrung

Jüngerbelehrung

Im 3. Hauptteil des Mt rücken Gemeindeprobleme in den Vordergrund. Am Beginn steht programmatisch die Frage der Nachfolge (16,21–28), die als Belehrung über die Leidensnachfolge offensichtlich bewusst nur die Jünger in den Blick nimmt (vgl. Mk 8,34ff). Nach der Verklärungsgeschichte (17,1–13) werden zwei Fragen behandelt, die der mt Gemeinde anscheinend unter den Nägeln brannten (17,14–27): Die Erfahrung der eigenen Glaubensschwäche (mit der Zusage: „Nichts wird euch unmöglich sein."[17,20]) und das Problem, wie mit der eigenen Freiheit umzugehen sei (17,27 – keinen Anstoß erregen).

Der Rangstreit unter den Jüngern bietet den Anlass für die vierte große Rede Jesu, die oft als **„Gemeinderegel"** (18,1–35) bezeichnet wird. Hauptgegenstand der Rede sind „die Kleinen" in der Gemeinde. Im Einzelnen geht es um das vorbehaltlose Annehmen des Himmelreichs, die Warnung vor dem Verführen und Verachten „der Kleinen", den Umgang mit sündigen Gemeindegliedern (**18,18** erkennt die Binde- und Lösegewalt allen Christen zu) und die Mahnung zur Vergebung.

Dem Aufbruch nach Jerusalem folgt das Streitgespräch über die Frage der Ehescheidung, dem die rätselhaften Worte von den Eunuchen angeschlossen sind. Hier rückt bereits die Frage des Zugangs zum Himmelreich ins Blickfeld, die die folgenden Perikopen bestimmt: Segnung der Kinder, Frage von Reichtum und Besitz, Gleichnis von den Arbeitern im Weinberg (19,1–20,16).

Nach der dritten Leidensankündigung bricht durch das Ansinnen der Mutter der Zebedaïden das Problem der Rangfolge unter den Jüngern auf (20,17–34). Jegliche Hierarchie unter ihnen wird abgelehnt (**20,28**).

21, 1–17	Einzug in Jerusalem und Tempelreinigung
21, 18–22	Die Macht des Glaubens
21,23 – 22,14	Frage nach der Vollmacht Jesu
22, 15–46	Jesus als Lehrer im Tempel
23, 1–39	Antipharisäische Rede
24,1 – 25,46	Ankündigung der Zerstörung des Tempels und Rede von den letzten Dingen

Wirksamkeit Jesu in Jerusalem

Der 4. Hauptteil des Mt ist zunächst wiederum von der Auseinandersetzung mit den Gegnern Jesu geprägt. Am Beginn unterstreicht der Evangelist durch die unmittelbare Verbindung von Einzug in Jerusalem und Tempelreinigung den messianischen Anspruch Jesu 21,1–17 (beachte die Häufung der alttestamentlichen Zitate). Den Jüngern gegenüber wird die Macht des Glaubens betont (21,18–22).

Die Repräsentanten des Volkes stellen die Vollmachtsfrage an Jesus (Mt 21,23). Er macht in der Antwort ihr Verhalten gegenüber dem Täufer zum Thema und stellt dann die grundsätzliche Frage nach dem Verhältnis Israels zu dem in seiner Person ergehenden Angebot Gottes (Gleichnis von den bösen Winzern; Gleichnis vom königlichen Hochzeitsmahl). Israel hat dieses Angebot abgelehnt: „Deshalb sage ich euch, dass das Reich Gottes von euch genommen werden wird und einem Volk gegeben werden wird, das seine Früchte bringt.“ (**21,43**). Das bedeutet aber für die Gemeinde zugleich die Warnung, dass, wer beim Festmahl Gottes kein Hochzeitsgewand trägt, in die äußerste Finsternis geworfen wird (21,23–22,14).

Die Streitgespräche im Tempel zeigen Jesus als den überragenden Lehrer. Bei der Frage nach dem höchsten Gebot setzt der Evangelist einen deutlichen Akzent: Das Doppelgebot der Liebe ist der entscheidende Maßstab des Handelns (beachte die Parallele 22,40 / 7,12).

Lehrstuhl eines Rabbis

Die **antipharisäische Rede** (23,1–39) beginnt mit einer Reflexion über das Verhältnis von Reden und Tun, die in eine

Warnung an die Gemeinde(führer) vor Selbstüberhebung mündet. Es folgen 7 Weherufe über die „Schriftgelehrten und Pharisäer", die ihnen heuchlerisches und bösartiges Verhalten vorwerfen. Die abschließenden Gerichtsworte über sie und Jerusalem nutzen die deuteronomistisch geprägte Topik vom gewaltsamen Schicksal der Propheten. Die gesamte Rede dient wohl primär der Mahnung der Gemeinde und nutzt die Lehrautoritäten des Judentums dazu als Negativfolie.

Die sich anschließende **Rede von den letzten Dingen** (24,1–25,46) wird als exklusive Jüngerbelehrung eingeführt (24,3). Sie beginnt mit einer Schilderung der Endereignisse, die vor allem die verfolgte und versuchte Christengemeinde im Blick hat. Der Mittelteil der Rede ist von der Mahnung zur Wachsamkeit in der Zeit der Abwesenheit des Herrn geprägt (24,36.42.44; 25,13). Literarisch bestimmen ihn drei Gleichnisse: Vom treuen und bösen Knecht; von den klugen und törichten Jungfrauen und von den anvertrauten Talenten. Die große Bildrede vom Endgericht schließt die Rede ab (beachte: in den „Kleinen" begegnet Jesus [**25,40.45**]).

26, 1–5	Letzte Leidensankündigung; Todesbeschluss
26, 6–16	Salbung in Betanien; Verrat des Judas Iskariot
26, 17–35	Letztes Mahl Jesu mit den Jüngern; Ansage ihrer Flucht (**26,26–28 Abendmahlsworte)**
26, 36–56	Getsemani Gefangennahme Jesu und Flucht der Jünger
26,57 - 27,2	Verhandlung / Todesurteil des Synedriums
27, 3–10	Reue und Selbstmord des Judas
27, 11–26	Verhandlung vor Pilatus
27, 27–56	Verspottung durch die Soldaten; Kreuzigung
27, 57–61	Grablegung
27, 62–66	Die Wache am Grab

Passionsgeschichte

Im Aufbau der Passionsgeschichte geht das Mt mit den anderen Synoptikern parallel. Am Beginn betont der Evangelist die Souveränität Jesu auch noch im Leiden, indem er ihn gleichsam das „Stichwort" geben lässt (26,1f). In den Bericht über den Prozess vor Pilatus fügt er den wirkungsgeschichtlich verhängnisvollen Ruf des Volkes: „Sein Blut komme über uns und unsere Kinder!" (27,25) ein.

28, 1–7	Die Frauen am leeren Grab
28, 8–10	Der Auferstandene begegnet den Frauen
28, 11–15	Ursprung des Gerüchts, der Leichnam Jesu sei von den Jüngern gestohlen worden
28, 16–20	Erscheinung vor den Jüngern

Ostergeschichten

Die Ostergeschichten des Mt zeigen am Beginn in der Schilderung der Erscheinung des Engels deutlich legendarische Züge (Topoi von Epiphanieschilderungen). Im sogenannten **Missionsbefehl** (28, 18–20) erscheinen noch einmal gebündelt die wichtigsten Themen des Evangeliums: Jesus ist derjenige, der als der Erhöhte von Gott Vollmacht über den gesamten Kosmos erhalten hat und aufgrund dieser Vollmacht die Jünger und damit auch die Gemeinde des Mt beauftragt, alle Völker zu Jüngern zu machen, d. h. sie zu taufen und in der verbindlichen Lehre Jesu zu unterweisen (Verweis auf Reden des Mt).

Rollsteingrab

Das Markusevangelium (Mk)

Die altkirchliche Tradition schreibt das zweite Evangelium Johannes Markus (Apg 12,12) zu. Nach Papias soll Markus Dolmetscher des Petrus gewesen sein und das von diesem verkündigte Evangelium aufgeschrieben haben. Da die Autorisierung des Evangeliums durch den Apostel nur indirekt erfolgt, war die Namenstradition Papias wohl schon vorgegeben. Anlass für die Verbindung mit Petrus könnte 1Petr 5,13 gewesen sein.

Das Evangelium selbst lässt kein besonderes Interesse an Petrus erkennen. Seine Rolle als Sprecher des Zwölferkreises ist traditionell.

Das beweist die parallele Darstellung im Joh. Man muss daher davon ausgehen, dass das Evangelium von einem uns sonst unbekannten Christen verfasst worden ist, der möglicherweise tatsächlich Markus hieß.

Markus schreibt für eine griechisch sprechende, heidenchristliche Gemeinde, die außerhalb Palästinas leben dürfte. Er übersetzt nämlich alle hebräischen und aramäischen Ausdrücke korrekt ins Griechische (3,17; 5,41; 7,11.34 u.ö.) und erklärt jüdische Ritualvorschriften ausführlich (7,3f).

Die Abfassung des Evangeliums wird in der altkirchlichen Tradition in Rom lokalisiert. Dieser Entstehungsort wird aufgrund zahlreicher Latinismen (z. B. 4,21 modius; 5, 9.15 legio) auch von einer Reihe von Exegeten angenommen. Dagegen spricht, dass im Mk kein spezifischer Bezug zu den Problemen der stadtrömischen Gemeinden erkennbar ist und die Latinismen allesamt aus den Bereichen Militär und Wirtschaft stammen, also nicht zwingend auf das Zentrum des Reiches deuten. Vermutlich ist das Evangelium in Südsyrien – näherhin ist an die Dekapolis zu denken – verfasst worden. Diese These erklärt am besten die Bezeichnung des Sees Gennesaret als „Meer“, die sowohl geographische Nähe zum entsprechenden Gewässer als auch Ferne zu einem wirklichen Meer voraussetzt. Auch die geographischen Merkwürdigkeiten in 5,1ff (Gerasa am See Gennesaret) und 7,31(von Tyrus über Sidon zum Galiläischen Meer mitten in der Dekapolis) könnten aus der entsprechenden Lokalperspektive und dem Bemühen, Jesus und das Wohngebiet der Adressaten in Verbindung zu bringen, erklärlich sein.

Die synoptische Apokalypse in Kap. 13 lässt vermuten, dass das Mk in den turbulenten Zeiten kurz nach der Eroberung Jerusalems durch die Römer im Jüdischen Krieg (August 70) entstanden ist. Der Verfasser steht noch unter dem Eindruck der Kriegsereignisse und ist offensichtlich bemüht, aufkeimende apokalyptische Erwartungen und Befürchtungen zu dämpfen. Die Gemeinde soll in den Verfolgungen gestärkt werden, die im und nach dem jüdischen Krieg gerade in Syrien auch alle die Gruppen trafen, die dem Judentum nahestanden.

Für die Gemeinde, für die der Autor des Mk schreibt, ist die jüdische Tora nicht mehr als Kultgesetz, sondern primär als ethische Weisung relevant (7, 1–23; vgl. aber 7,19b). Es ist daher sicher kein Zufall, dass das Doppelgebot der Liebe sowohl den Höhepunkt als auch das Ziel der Auseinandersetzungen und Gespräche Jesu mit den Repräsentanten des Judentums über die Tora bildet (12, 28–34). Dabei versteht der Verfasser das Gebot als allgemeines Prinzip, das durch das jeweilige Handeln konkret gefüllt werden muss.

Allem Anschein nach betrieb die angesprochene Gemeinde selbst Mission unter den Heiden, denn die Wirksamkeit Jesu schließt nichtjüdisches Gebiet ausdrücklich mit ein (7, 24–37; vgl. 5, 1–20) und die Verkündigung des Evangeliums unter **allen** Völkern gilt als Vorbedingung der Parusie (13,10). Schließlich ist es ausgerechnet ein Heide, der römische Centurio unter dem Kreuz, der auf der Erzählebene als erster Mensch das Bekenntnis zu Jesus als dem Sohn Gottes spricht (15,39).

1,1 – 8,26	Jesu Wirken in Galiläa und unter den Heiden
8,27 – 10,52	Jüngerbelehrung über die Leidensnachfolge
11,1 – 13,37	Jesu Wirken in Jerusalem
14,1 – 15,47	Passion
16, 1–8	Geschichte vom leeren Grab
16, 9–20	Ostergeschichten (sekundärer Markusschluss)

Grobgliederung des Mk

Im Mk sind mehrere Gliederungs- und Ordnungsprinzipien erkennbar. Zum einen stellt der Evangelist inhaltlich oder formal ähnliches Material zusammen (z. B.: Gleichnisse [4,2–34]; Wundergeschichten [4,35–5,43]; Streitgespräche [2,1–3,6]). Zum anderen gliedert er sein Werk nach geographischen Gesichtspunkten. Entsprechende Notizen bilden den Rahmen für größere Einheiten und verbinden die Perikopen untereinander. Die Erzählungen über die Wirksamkeit Jesu in Galiläa rahmen die über das Wirken unter den Heiden.

Dabei ist zu beachten, dass geographische Angaben im Mk häufig eine inhaltliche Komponente haben. So ist Galiläa der Ort, an dem die Wunder und die Offenbarung geschehen (vgl. 16,7). Jerusalem dagegen ist der Ort, an dem Jesus abgelehnt und getötet wird (einziges Wunder ist die Verfluchung des Feigenbaums 11,12–14.20f).

1, 1	Überschrift
1, 2–13	Auftreten des Täufers, Taufe Jesu, Versuchung
2,1 – 3,6	Streitgespräche um die Vollmacht Jesu
3, 7–35	Auseinandersetzung um die Wunder
(3,13–19)	Berufung der 12 Jünger
4, 1–34	Lehre in Gleichnissen
4,35 – 5,43	Wundergeschichten
6, 1–56	Abschluss der Verkündigung in Galiläa
7,1 – 8,9	Auseinandersetzung um Gesetzesfragen (rein und unrein); Wunder auf heidnischem Gebiet
8, 10–26	Rückkehr nach Galiläa, Unverständnis der Jünger

Jesu Wirken in Galiläa und unter den Heiden

Mit der Überschrift (1,1) beschreibt Markus das Anliegen und den Inhalt seines Werkes. Er will von der Verkündigung Jesu Christi berichten und zugleich Jesus Christus, den Sohn Gottes, verkündigen (die griechische Formulierung schließt beides ein).

Der Täufer tritt als Vorläufer und Vorbereiter Jesu auf (1,2–13). In der Taufe proklamiert die Gottesstimme die Gottessohnschaft Jesu (1,11; Anknüpfung an Jes 42,1; Ps 2,7). **„Sohn Gottes"** ist für den Evangelisten ein besonders wichtiger christologischer Titel. Er begegnet dreimal an prominenter Stelle – bei der Taufe Jesu, in der Verklärungsgeschichte (**9,7**) und als Bekenntnis des Centurio unter dem Kreuz (**15,39**). Damit umfasst der Evangelist in diesem Titel den gesamten Weg Jesu, der im Mk ganz auf das Kreuz ausgerichtet ist.

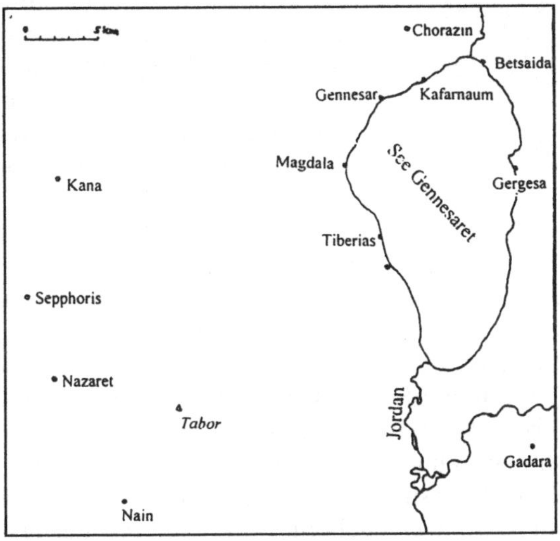

Galiläa

Am Beginn der Wirksamkeit Jesu in Galiläa (1,14–45) fasst Markus die Verkündigung Jesu in einem programmatischen Summarium zusammen (1,15). Über ihren Erfolg berichtet er nach dem kurzen Abschnitt über die Berufung der ersten Jünger.

Jesu Lehre (1,22) und die Dämonenaustreibung (1,27) rufen das Erstaunen der Synagogenbesucher über die offensichtliche **Vollmacht Jesu** hervor. Damit benennt der Evangelist ein entscheidendes Thema der ersten Kapitel (vgl. 2,10.28). In den Wundergeschichten begegnen bereits wesentliche Elemente der sogenannten mk „Geheimnistheorie". Nur die Dämonen erkennen bzw. kennen Jesus (1,24.34; vgl. 3,11), aber Jesus gebietet ihnen Schweigen (1,25.34; vgl. 3,12). Am Ende des Abschnitts verbietet Jesus erstmalig einem Geheilten, von seiner Heilung zu berichten (1,44). Das Verbot wird aber sofort durchbrochen (1,45).

Die Streitgespräche (2,1–3,6) knüpfen an das Vollmachtsthema an (2,10). Danach gewinnt die Auseinandersetzung zunehmend an Schärfe (Konflikt um das zentrale Sabbatgebot) und strebt auf den Höhepunkt in 3,6 zu. Bereits jetzt beschließen nach der Darstellung des Mk die Pharisäer und Anhänger des Herodes den Tod Jesu. Damit ist für den Leser das Kreuz bei der weiteren Lektüre ständig präsent.

Mann mit Weinschläuchen

Auch die Jünger sind wie Jesus zum Verkündigen und Austreiben der Dämonen berufen (3,14f). Potentiell sind sie damit den gleichen Vorwürfen ausgesetzt wie er: Seine Verwandten halten ihn für verrückt (3,21) und seine Gegner erheben den Vorwurf, er treibe mit Beelzebul die Dämonen aus (3,22). Gegen diesen Vorwurf wehrt sich Jesus mit Vergleichen aus öffentlicher und privater Sphäre und dem Gegenvorwurf der Blasphemie. Nur wer den Willen Gottes tut, gehört zur Familie Jesu (3,7–35).

Die Gleichnisrede (4,1–34) reflektiert zunächst das Thema des Hörens (Gleichnis vom Sämann, „Parabeltheorie", Deutung des Gleichnisses) und redet dann vom Wesen des Gottesreiches. Die Gleichnisse sind als Rätselrede verstanden. Jesus redet in Gleichnissen, damit (diff. Mt) „die draußen" verstockt werden. Den Jüngern wird das „Geheimnis des Gottesreiches" zuteil, aber sie bedürfen der Belehrung Jesu (4,11.34).

Die folgenden Wundergeschichten (4,35–5,43) demonstrieren erneut die Vollmacht Jesu. Wieder begegnen die schon bekannten literarischen Mittel: Schweigegebot (5,43), Kenntnis der Dämonen (5,7). Daneben ist zum ersten Mal deutlich vom Unverständnis der Jünger die Rede (4,40f). Wie schon in 2,5 spielt der Glaube der dann Geheilten in den Wundern eine wichtige Rolle (5,34; beachte dazu auch die im Mk noch folgenden Wundergeschichten). Die Geschichte von der Heilung des besessenen Geraseners führt Jesus auf heidnisches Gebiet (Dekapolis). Dadurch wird auch hier die Botschaft von ihm ausgebreitet (5,20).

In Kap. 6 berichtet der Evangelist von dem Unverständnis und der Ablehnung, die Jesus erfährt. Am Ende wird angesichts der Reaktion der Jünger auf den Seewandel Jesu konstatiert, dass auch sie verstockt sind (6,52; Steigerung des Jüngerunverständnisses).

Das Essen der Jünger mit unreinen Händen provoziert die Auseinandersetzung zwischen Jesus und den Pharisäern über die Frage von rein und unrein (im kultischen Sinne). Jesus lehnt die „Überlieferung der Menschen" ab und betont den Vorrang des göttlichen

Wortes. Das Logion 7,15 mit der anschließenden Jüngerbelehrung deutet die Reinheitsgebote auf das ethische Verhalten. Konsequent schließt Markus drei Perikopen an, die von der Wirksamkeit Jesu auf heidnischem Gebiet berichten. Hier wie in Galiläa ist er derjenige, der zum wunderbaren Mahl einlädt (Speisung der 4000; 8,1–9 par 6,35–44), das Abglanz des endzeitlichen Freudenmahles ist (7,1–8,9).

Die Pharisäer aber fordern ein Zeichen von ihm, weshalb er die Jünger vor ihnen warnt. Sie aber sind immer noch ohne Verständnis (8,17f; vgl. 8,21). Sicher nicht zufällig folgt eine Blindenheilung (8,10–26).

8,27 – 9,1	Petrusbekenntnis, 1.Leidensankündigung, Leidensnachfolge
9, 2–29	Verklärung, Heilung des epileptischen Knaben
9, 30–50	2. Leidensankündigung, Jüngerbelehrung
10, 1–52	Jüngerbelehrung, 3. Leidensankündigung, Blindenheilung

Jüngerbelehrung über die Leidensnachfolge

Das stellvertretend für die Jünger von Petrus gesprochene Messiasbekenntnis (8,29) scheint das Missverständnis der Jünger zunächst zu beenden (beachte das Schweigegebot 8,30). Die Reaktion auf die erste Leidensankündigung zeigt aber sogleich, dass ihnen das wahre Wesen Jesu immer noch verborgen geblieben ist. Jesus ist nach göttlichem Willen (8,31; δεῖ / dei – „es ist notwendig, muss" bezeichnet die Entsprechung zum göttlichen [Heils-]plan; vgl. Apk 1,1) der leidende Menschensohn und Nachfolge Jesu ist Leidensnachfolge (8,27–9,1).

In der Verklärungsgeschichte wird Jesus deshalb vor den ausgewählten Jüngern als der Gottessohn proklamiert (9,7; vgl. 1,11 und das zu dieser Stelle Gesagte). Die Geschichte von der Heilung des epileptischen Knaben macht das Versagen der Jünger zum Thema. Ihnen gilt der Ausruf Jesu (9,19), dass sie ein ungläubiges Geschlecht seien. Dagegen setzt der Evangelist: „Alles kann, wer glaubt!" (9,23; vgl. die Reaktion des Vaters). 9,28f versucht diese grundsätzlichen Aussagen auf die Gemeindepraxis hin zu konkretisieren (9,2–29).

Die 2. Leidensankündigung eröffnet eine Reihe von Jüngerbelehrungen: Rangstreit unter den Jüngern, Umgang mit fremden Exorzisten, Warnung vor Verführung und Mahnung zur Einigkeit. Der Evangelist reflektiert hier Gemeindeprobleme. Diese stehen offenbar auch bei den folgenden Perikopen im Hintergrund, obwohl es sich in 10,2–12 auf der Erzählebene um ein Streitgespräch mit den Pharisäern handelt.

Die 3. Leidensankündigung und die mit ihr verbundene Jüngerbelehrung verknüpfen erneut den Leidensweg des Messias und das Geschick der Jünger. Er gibt sein Leben „als Lösegeld für viele" (10,45; Semitismus: = alle). Sie gehen den Weg der Leidensnachfolge, der keine Ansprüche auf Lohn hat.

Die abschließende Blindenheilung bildet mit 8,22–26 einen Rahmen und leitet durch die Anrede „Sohn Davids" (10,48) zum 3. Hauptteil über.

11, 1–25	Einzug in Jerusalem, Tempelreinigung, Macht des Glaubens
11,27 – 12,12	Streit um die Vollmacht Jesu
12, 13–44	Diskussion um Grundsatzfragen des Glaubens
13, 1–37	Rede von den letzten Dingen

Jesu Wirken in Jerusalem

Der Einzug Jesu in Jerusalem wird von der begleitenden Volksmenge als Kommen des Davidreiches gefeiert. In der Tempelreinigung zeigt der Evangelist, wie das zu verstehen ist: der Tempel soll „ein Haus des Gebetes für alle Völker sein" (11,17). Die Verfluchung des Feigenbaumes interpretiert er folgerichtig als Belehrung über die Macht des Gebetes (11,1–25).

Das Auftreten Jesu provoziert die Frage der Repräsentanten des Volkes nach seiner Vollmacht. Jesus wendet die Frage gegen die Frager, indem er sie auf ihr Verhalten gegen die Gesandten Gottes anspricht (Verhältnis zum Täufer, Gleichnis von den bösen Winzern). Aus der Sicht des Evangelisten bildet die Ablehnung und Verfolgung Jesu den negativen Höhepunkt einer langen Geschichte der Ablehnung der Boten Gottes (11,27–12,12).

Die folgenden Perikopen haben zentrale Fragen jüdischer Frömmigkeit zum Thema: Verhältnis zur fremden staatlichen Obrigkeit, Auferstehung der Toten, Frage nach dem wichtigsten Gebot und Frage nach dem Messias. Der Evangelist beschreibt auf diese Weise Grundpositionen der Christen. Am Ende ist Jesus Souverän der Szene und wendet sich gegen die als vordergründig geschilderte Frömmigkeit der Schriftgelehrten. Dagegen wird die Gebebereitschaft der armen Witwe als Kontrast geschildert (12,13–44).

Die Rede von den letzten Dingen (13,1–37) schließt die Lehre Jesu ab. Sie wird ausdrücklich als exklusive Jüngerbelehrung verstanden (13,3). Die Rede warnt vor der Irreführung durch Pseudochristusse und Pseudopropheten, der Missdeutung kriegerischer Ereignisse als Zeichen der Endzeit und bereitet auf Verfolgungen der Christen vor. Am Ende stehen die Ankündigung des Kommens des

Menschensohns und seiner Engel als wahres Zeichen der Endzeit und die Mahnung zur Wachsamkeit.

14, 1f	Endgültiger Todesbeschluss der Hohenpriester und Schriftgelehrten
14, 3–11	Salbung in Betanien, Verrat des Judas Iskariot
14, 12–31	Letztes Mahl Jesu mit seinen Jüngern **(14, 22–24 Abendmahlsworte)**
14, 32–52	Getsemani, Gefangennahme und Flucht der Jünger
14, 53–72	Verhandlung vor dem Hohen Rat, Verleugnung des Petrus
15, 1–15	Verhandlung vor Pilatus
15, 16–41	Verspottung durch die Soldaten, Kreuzigung
15, 42–47	Grablegung Jesu

Passion

Die Passionsgeschichte ist weithin von den alttestamentlichen Leidenspsalmen her gedeutet und erzählt. Eine besondere Rolle spielt dabei Ps 22, dessen Beginn als Schrei Jesu am Kreuz zitiert wird (15,34). Die einzelnen Ereignisse sind durch ein Tagesschema (14,1.12; vgl. 15,42; 16,1) und am letzten Tag durch ein Stundenschema (15,1.25.33f) miteinander verknüpft.

Der Bericht über das letzte Mahl Jesu mit seinen Jüngern bietet bei der Überlieferung der Abendmahlsworte einige wichtige Nuancen zu 1Kor 11,23–25. So fehlt im Brotwort das „für euch" aus 1Kor 11,24.

16, 1–8	Die Frauen am leeren Grab

Ursprünglicher Schluss des Mk

16, 9–20	Ostergeschichten

Sekundärer Markusschluss

Der Schluss des Mk bildet ein besonderes Problem. Mt und Lk kennen Mk nur bis 16,8. Auch die besten griechischen Handschriften des Neuen Testaments enden mit diesem Vers. Bei näherem Hinsehen zeigt sich, dass die in Mk 16, 9–20 berichteten Ostergeschichten eine Kompilation aus den Ostergeschichten der anderen Evangelien darstellen, also später angefügt worden sind.

Es ist in der Forschung umstritten, ob Mk ursprünglich mit 16,8 geendet hat, da das Nichtweiterverbreiten der Osterbotschaft durch die Frauen zumindest einen anstößigen Schluss bildet. Andererseits steht dieser Markusschluss in der Kontinuität der „Geheimnistheorie" und verstärkt noch einmal die Konzentration auf das Kreuz. Mit dem Bekenntnis des Centurio (15,39) und dem Verweis auf die Auferstehung (14,28; 16,6), die in der Verklärung bereits vorweggenommen wurde (9,9), ist für den Evangelisten bereits alles gesagt. Ostergeschichten, die er offensichtlich kennt (16,7), könnten dem nichts mehr hinzufügen. Zugleich sind das Schweigen und die Furcht der Frauen aber auch als eine letzte Mahnung an die Leser zu verstehen, Jesus nicht misszudeuten. Selbst die Auferstehung kann noch missverstanden werden. Markus warnt vielleicht nicht zufällig in 13,22 vor „Pseudochristussen" und „Pseudopropheten", die die triumphierende Parusie des Menschensohnes aufgrund äußerer Zeichen ankündigen.

Das Lukasevangelium (Lk)

Während die anderen Evangelien in sich abgeschlossene Einzelschriften sind, haben wir beim Lk den ersten Teil eines Doppelwerkes vor uns. Das Evangelium und die Apg bilden sowohl formal als auch inhaltlich eine Einheit, deren beide Teile nicht losgelöst voneinander betrachtet werden dürfen.

Der Verfasser greift in Apg 1,1 den Anfang des Lk (1,1–4) wieder auf und erinnert den Leser damit zugleich an die dort genannten Prinzipien seiner Darstellung. Die wesentlichen Themen des Lk finden sich auch in der Apg wieder: Das Motiv des durch den Heiligen Geist geleiteten Wegs des Heils, die Theologie des Wortes Gottes und die Problematik des Umgangs mit irdischen Besitztümern. Der Verfasser des Doppelwerkes will den Weg des Evangeliums von der Verkündigung Jesu bis in das Zentrum der Ökumene, Rom, berichten. Auf diesen Inhalt der Apg weist schon Lk 24,47. Möglicherweise fehlen im Lk die Passagen aus dem Mk, die den Übergang zur Heidenmission reflektieren (Mk 6,45–8,26), deshalb, weil davon erst der zweite Teil des Doppelwerkes berichten soll.

Die älteste für uns greifbare Verfassertradition findet sich bei Irenäus von Lyon (ca. 180). Er nennt Lukas, den Arzt, der ein Begleiter des Paulus war, als Verfasser von Evangelium und Apostelgeschichte. Irenäus beruft sich dabei ausdrücklich auf die „Wir–Passagen" der Apg (Apg 16,10–17; 20,5–15; 21,1–18; 27,1–28,16) und lässt so zugleich erkennen, wie die Verfassertradition vermutlich entstanden ist. Wahrscheinlich hat die Alte Kirche die genannten Passagen mit Phlm 24; Kol 4,14 und 2Tim 4,11 kombiniert. Auf diese

Weise erhielt der hinter den „Wir–Passagen" vermutete anonyme Paulusbegleiter einen Namen.

Heute geht man dagegen allgemein davon aus, dass das lk Doppelwerk nicht von einem Begleiter des Paulus abgefasst worden ist. Es fehlen zentrale Themen paulinischer Theologie (Kreuzestheologie, an die Rechtfertigungslehre finden sich nur vage Anklänge). Wichtige Einzelheiten der paulinischen Missionstätigkeit sind ungenau oder falsch wiedergegeben (z. B. Kontaktaufnahme zu den Aposteln kurz nach der Bekehrung, Apostelkonzil, Zahl der Jerusalemreisen; vgl. das paulinische Selbstzeugnis in Gal 1f). Schließlich verweigert der Verfasser des Doppelwerkes Paulus fast durchgehend den Aposteltitel (vgl. die Definition in Apg 1,21f), den dieser selbst aber vehement für sich in Anspruch nimmt (vgl. Gal 1,1 u. ö.). Die Ausnahmen in Apg 14,3f.14 könnten auf die Verwendung von Tradition zurückgehen.

Auch das lk Doppelwerk ist also einem uns sonst unbekannten Christen zuzuschreiben. Der Verfasser verfügt über eine hellenistische Bildung. Diese dokumentiert sich in der gehobenen Sprache und der bewussten Aufnahme von literarischen Konventionen der antiken Historiographie und des antiken Romans. Im Proömium 1,1–4 erhebt er den Anspruch, Historiker der Heilsereignisse zu sein.

Über die Herkunft des Verfassers sagt das zunächst wenig aus. Er ist mit der LXX vertraut und lehnt sich häufig an deren Sprache an. Da er darüber hinaus ein ausgeprägtes Interesse an jüdischen Traditionen hat (vgl. z. B. die Darstellung des Synagogengottesdienstes in 4,16–30 und Apg 13,14–41) und ein erheblicher Teil seines Sondergutes nach Palästina als Entstehungsort weist, könnte man ihn für einen Judenchristen halten.

Allerdings vermeidet Lukas semitische Begriffe bzw. ersetzt sie durch griechische (z. B. Mk 10,51 Rabbouni → Lk 18,41 Kyrie [beides bedeutet Herr]; Mk 3,18 Kananäus → Lk 6,15 Zelot [Eiferer]). Auch das Zurücktreten der Deutung des Todes Jesu als Sühnetod will in diesem Zusammenhang bedacht sein. Zumindest die Adressaten des Lk (speziell Theophilos [1,3; Apg 1,1]) wird man also eher in heidenchristlichem Milieu suchen. Dafür spricht auch, dass der Verfasser der Schilderung des Übergangs zur Heidenmission in der Apg breiten Raum gibt. Möglicherweise stammt der Verfasser selbst aus dem Kreis der „Gottesfürchtigen", die sich als Sympathisanten um die Diasporasynagoge sammelten, ohne selbst Juden zu werden.

Die im lk Doppelwerk behandelten Probleme weisen Autor und Adressaten als typische Vertreter der dritten frühchristlichen Generation aus. Lukas wendet sich gegen Versuche, die Naherwartung wiederzubeleben (17,20f; 19,11), hält aber am Aufruf zur Wachsamkeit und zum Bereithalten fest (12,35–40). Die intensive Reflexion über den Umgang mit Besitz und die scharfen Warnungen vor den Gefahren des Reichtums legen nahe, dass es in der angesprochenen Gemeinde eine nennenswerte Anzahl von relativ Besitzenden gab. Darüber hinaus ist Lukas bemüht, den Ort der christlichen Gemeinde in der Gesellschaft des Römischen Reiches näher zu bestimmen. Er konzentriert sich dabei darauf, möglichen Konflikten mit den römischen Behörden vorzubeugen.

Den Ort der Abfassung des lk Doppelwerkes wird man sicher außerhalb Palästinas suchen müssen. Der Verfasser schreibt aus der Perspektive der Mittelmeerwelt. So bezeichnet er den See Gennesaret im Unterschied zu Mk und Mt konsequent als „See" und spricht von Palästina als „Judäa". Verschiedene Indizien, z. B. die kenntnisreiche Schilderung in Apg 16,11f sprechen für eine Abfassung in Makedonien, möglicherweise in Philippi.

Das Doppelwerk setzt den Tod des Apostels Paulus voraus (Apg 20,25.38; 21,13) und blickt auf die Zerstörung Jerusalems aus größerem Abstand zurück (21,20.24). Das und die oben geschilderte Zugehörigkeit von Autor und Adressaten zur dritten frühchristlichen Generation legen eine Datierung des Lk ungefähr auf das Jahr 90 nahe. Die Apg ist dann kurz danach entstanden.

1, 1–4	Proömium
1,5 – 2,52	Geburtsgeschichten
3,1 – 4,13	Vorbereitung der Wirksamkeit Jesu
4,14 – 9,50	Wirksamkeit Jesu in Galiläa
9,51 – 19,27	Reisebericht (Jesus auf dem Weg nach Jerusalem)
19,28 – 21,38	Wirksamkeit Jesu in Jerusalem
22,1 – 23,56	Passion
24, 1–53	Ostern und Himmelfahrt

Grobgliederung des Lk

Der Verfasser des Lk legt als einziger Evangelist in einem Proömium Rechenschaft über Ziel und Methoden seiner Arbeit ab. Er bemüht sich, die Perikopen durch redaktionell gestaltete Übergänge eng miteinander zu verbinden und auf diese Weise längere literarische Einheiten zu formen. Häufig werden diese Einheiten durch einleitende oder abschließende summarische Notizen gerahmt (z. B. 4,14f. 31f).

Lukas bietet neben dem Material aus Mk und Q in erheblichem Umfang Sondergut, das er vor allem dem sog. „Reisebericht" zuordnet. Möglicherweise stammt dieses Sondergut zumindest teilweise aus einer schriftlichen Quelle, denn es zeigt mehrfach charakteristische literarische Eigentümlichkeiten (Beispielerzählungen, ausgeprägtes Interesse an „Randsiedlern", gewisse Vertrautheit mit jüdischen Sitten und religiösen Anschauungen).

1, 1–4	Proömium

Mit dem Proömium knüpft der Evangelist terminologisch und sachlich an die antike Historiographie an. Er ist um eine vollständige und genaue Darstellung bemüht. Das schlägt sich z. B. darin nieder, dass Lukas in seinem Werk mehrfach Verbindungen zur Profangeschichte herstellt (1,5; 2,1f; 3,1f; vgl. Apg 11,28; 18,12). Für seine Darstellung beruft er sich auf die „Augenzeugen und Diener des Wortes". Ziel ist die Vermittlung von Glaubenssicherheit.

1, 5–25	Ankündigung der Geburt Johannes des Täufers
1, 26–38	Ankündigung der Geburt Jesu
1, 39–56	Besuch Marias bei Elisabet (V. 46–55 **Magnificat**)
1, 57–80	Geburt des Täufers (V. 68–79 **Benedictus**)
2, 1–21	Geburt Jesu, Anbetung durch die Hirten
2, 22–40	Darstellung im Tempel, Zeugnis des Simeon und der Hanna
2, 41–52	Der zwölfjährige Jesus im Tempel

Geburtsgeschichten

In den Geburtsgeschichten schildert der Evangelist parallel die Ankündigungen der Geburten und die Geburten Johannes des Täufers und Jesu. Wichtig sind in diesem Zusammenhang die großen Hymnen.

Durch die abwechselnde Schilderung der Ereignisse um Johannes und Jesus gelingt es Lukas, die überragende Bedeutung Jesu erzählerisch darzustellen. Während Johannes ohne Zweifel das Kind des Zacharias und der Elisabet ist, weiß Maria von keinem Mann. Das Kind wächst durch den Geist Gottes in ihr. Im Kontext des Lk bezeichnet das Benedictus Johannes als den Vorläufer Jesu. Jesus dagegen ist Heiland, Messias und Sohn Gottes.

3, 1–20	Auftreten und Gefangennahme des Täufers
3, 21f	Taufe Jesu
3, 23–38	Stammbaum Jesu
4, 1–13	Versuchung Jesu

Vorbereitung der Wirksamkeit Jesu

Im Bericht vom Auftreten des Täufers (3,1–20) versucht Lukas, die radikale Bußpredigt in praktikable Handlungsanweisungen umzusetzen (3,10–14). Diese Art des Umgangs mit entsprechender Tradition begegnet bei ihm mehrfach (z. B. 16,9–13).

Der Evangelist hatte schon zuvor gezeigt, dass mit Jesus etwas ganz Neues auf dem Weg Gottes mit den Menschen beginnt. Das drückt er jetzt durch den literarischen Kunstgriff aus, zuerst von der Gefangennahme des Täufers und erst danach die Taufe Jesu (3,21f) zu erzählen. Der Stammbaum Jesu (3,23–38) reicht bis auf Adam als Stammvater der Menschheit zurück (diff. Mt), der dann ausdrücklich als von Gott geschaffen bezeichnet wird (3,38).

Jesus bewährt seine Gottessohnschaft in der Versuchung (4,1–13), die er „voll des Heiligen Geistes" (4,1) besteht.

4, 14–30	Beginn des Auftretens Jesu in Galiläa, Ablehnung in Nazaret (V. 18–27 **Antrittspredigt**)
4,31 – 6,16	Heilungen, Jüngerberufungen, Streitgespräche
6, 17–49	Zusammenströmen des Volkes, **Feldrede** (V. 20–49)
7, 1–50	Gott hat sich seines Volkes in Jesus angenommen **(7,16)**
8, 1–56	Das Wort Gottes und seine Macht
9, 1–50	Jüngerbelehrung, Frage nach dem Wesen Jesu

Wirksamkeit Jesu in Galiläa

Der 1. Hauptteil des Lk beginnt mit einem Summarium über die Wirksamkeit Jesu in Galiläa. Als Beispiel für seine Lehre in den Synagogen folgt die Episode vom Auftreten Jesu in Nazaret. In der sogenannten **„Antrittspredigt"** erhebt er den Anspruch, dass in seiner Person die Verheißungen Jesajas (Jes 61,1f; 58,6) Wirklichkeit werden. Jesus ist in der Darstellung des Lk der Geistträger schlechthin, der Heil und Befreiung für die Bedrängten bringt (4,14–30).

Die Heilungen dienen im Lk vor allem der Legitimation der Vollmacht Jesu und seiner Lehre (4,36; 5,26; vgl. 5,17). Mit der Berufung des Levi und dem sich anschließenden Gastmahl beginnt die

Auseinandersetzung mit den „Pharisäern und ihren Schriftgelehrten“. Jesus ist gekommen, die Sünder **zur Umkehr** zu rufen (5,32). Seine Vollmacht zeigt sich in der Souveränität über das Sabbatgebot (6,5). Die berufenen zwölf Jünger werden von Jesus Apostel genannt (6,13). Damit bereitet der Evangelist in seiner Erzählung die in der Apg vorausgesetzte Definition von „Apostel“ vor (vgl. Apg 1,21f; 4,31–6,16).

Für die **Feldrede** (6,17–49) lässt der Evangelist eine Zuhörerschar aus allen jüdisch besiedelten Gebieten Palästinas zusammenströmen. Sie ist die formale und sachliche Parallele zur Bergpredigt. Die Rede beginnt mit je vier Seligpreisungen und Weherufen. Die jeweils letzten (6,22f.26) zeigen, dass Lukas mit ihrer Hilfe die Grundsatzfrage nach dem Platz der Christen in ihrer Umwelt stellt. Es folgt eine ausführliche Mahnung zur Feindesliebe, in deren Zentrum die goldene Regel steht (6,31). 6,36 verbindet diesen Abschnitt mit der Warnung vor dem gegenseitigen Richten. Am Ende der Rede steht die Mahnung zum Tun der Worte Jesu.

Die in 7,1–50 zusammengestellten Erzählungen berichten von der Reaktion verschiedener Gruppen auf die Wirksamkeit Jesu. Programmatisch wird am Beginn der überwältigende Glaube des heidnischen Hauptmanns erwähnt (7,9), während Jesus am Ende der Sünderin ihren rettenden Glauben bestätigt (7,50). Die Auferweckung des Jünglings zu Naïn und die Reaktion Jesu auf die Anfrage des Täufers rufen durch ihren Bezug auf Jes (29,18; 35,5f; 26,19; 61,1) für die Leser des Evangeliums die „Antrittspredigt“ wieder ins Gedächtnis.

Nach einer Überleitung wendet sich Jesus mit dem Gleichnis vom Sämann an die Menge. Lukas übernimmt mit dem Gleichnis seine Deutung aus dem Mk. Die Außenstehenden werden durch die Gleichnisse verstockt (8,10), die Jünger werden zum **rechten Hören** ermahnt (8,18). 8,21 zeigt, dass er den gesamten Abschnitt unter der Maxime „Hören und Tun des Wortes Gottes“ verstanden wissen will. Die Sturmstillung und die Heilungen demonstrieren erneut die Vollmacht Jesu und die Macht seines Wortes. Ihm gehorchen die Elementargewalten und die Dämonen. Er heilt Krankheit und rettet vom Tod (8,1–56).

Mit der Aussendung der Zwölf rückt das Verhältnis zwischen Jesus und den Jüngern in das Zentrum der Darstellung. Zunächst aber kommt durch den Wunsch des Herodes noch einmal die Frage nach dem Wesen Jesu auf. Die Speisung der 5000, das Bekenntnis des Petrus und die Verklärungsgeschichte beantworten sie. Die erste Leidensankündigung und die Belehrung der Jünger über die Nachfolge treten dazwischen etwas in den Hintergrund (bei Lk fehlt an dieser Stelle das Missverständnis des Petrus; vgl. Mt 16,22; Mk 8,32).

Die Heilung des epileptischen Knaben demonstriert die Gottessohnschaft Jesu und ruft das Staunen der Volksmenge hervor. Die zweite Leidensankündigung setzt bewusst einen Kontrapunkt, der aber von den Jüngern nicht verstanden wird (9,45). Darauf folgt eine lange Jüngerbelehrung (9,1–50).

9,51 – 10,24	Jüngerbelehrung
10,25 – 11,36	Jesus als Lehrer
11,37 – 13,9	Redenzyklus: Gerichtsrede gegen Pharisäer und Schriftgelehrte; Mahn- und Trostrede an die Jünger (12,13–21 Warnung vor falscher Sicherheit des Reichtums); Bußpredigt
13, 10–17	Heilung der verkrümmten Frau
13, 18–35	Gleichnis vom Gottesreich, Gerichtsworte über Israel und Jerusalem
14, 1–35	Das Wesen der Nachfolge
15, 1–32	Gleichnistrilogie vom Verlorenen
16, 1–31	Vom Umgang mit dem Reichtum und der Geltung der Heiligen Schrift
17, 1–10	Jüngerbelehrung
17, 11–19	Heilung der 10 Aussätzigen
17, 20–37	Vom Kommen des Gottesreiches und des Menschensohns
18, 1–30	Vorbereitung auf das Kommen des Gottesreiches
18,31 – 19,27	Jesus auf dem Weg nach Jerusalem

„Reisebericht“

Im sogenannten „Reisebericht“ hat Lukas Material zusammengefasst, das häufig nur über Stichworte miteinander verbunden ist. Die Notiz in 9,51 setzt eine literarische Zäsur, obwohl die Jüngerbelehrung zunächst weitergeht.

Jakobus und Johannes werden von Jesus daran gehindert, Rache wegen der Ungastlichkeit der Samaritaner zu üben. Worte, die den Ernst der Nachfolgeentscheidung z. T. drastisch vor Augen führen, folgen. Jesus sendet 72 Jünger aus, denen Missionsregeln mitgegeben werden. Am Verhalten ihnen gegenüber zeigt sich, ob Buße getan wird oder nicht, denn in ihnen spricht Jesus. Die erfolgreiche Rückkehr der Jünger ist Zeichen des Satansturzes (**10,18**). Deshalb dankt Jesus Gott und preist die Jünger selig, denn sie sind Zeugen der Offenbarung Gottes (9,51–10,24).

Die Frage nach dem ewigen Leben konkretisiert sich in der Frage der Nächstenliebe. Jesus ruft dazu auf, **zum Nächsten zu werden**

(**10,36f**). Durch die Kombination dieser Forderung mit der Geschichte von Maria und Marta warnt der Evangelist vor einem bloßen Aktionismus. Mit der Zusage, dass Gott das Bitten der Gläubigen erhört, wendet sich Jesus wieder an die Jünger.

Jesus wehrt sich gegen den Beelzebulvorwurf und die Forderung nach einem Zeichen, das über den Bußruf hinausgeht. Dazwischen steht in Form einer Seligpreisung die erneute Mahnung zum Hören und Befolgen des Wortes Gottes (10,25–11,36).

Bei einem Essen, zu dem er eingeladen worden ist, wendet sich Jesus gegen die Pharisäer und Gesetzeslehrer (je drei Weherufe; 11,37–54). Vor der Tür warnt er auch die Menge zunächst vor den Pharisäern, fährt dann aber mit einer Mahn- und Trostrede an die Jünger fort (Themen: Aufforderung und Ermutigung zum furchtlosen öffentlichen Reden auch vor Gericht, Warnung vor der falschen Sicherheit des Reichtums, Warnung vor falscher und Mahnung zu rechter Sorge, Mahnung zur Wachsamkeit und Bereitschaft, Jesus bringt Zwietracht). An die Volksmenge gewendet fügt Jesus die Mahnungen zum Verstehen der Zeichen der Zeit und zur Versöhnung an (12,1–53).

Der Redenzyklus endet mit einer Bußpredigt (12,54–13,9): Den Menschen ist nur noch eine letzte Frist zur Umkehr eingeräumt. Jesus bringt Heilung und rettet vor dem Satan auch am Sabbat. Das geschieht gegen den Widerstand seiner Gegner und beschämt sie vor dem Volk (13,10–17).

An dieser Stelle fügt Lukas zwei Gleichnisse vom Gottesreich ein, die zu den Gerichtsworten über Israel und Jerusalem überleiten (13,18–35).

In den folgenden Kapiteln bilden die Pharisäer, die Jesus eben noch vor Herodes gewarnt haben (13,31), immer wieder die Negativfolie zum von Jesus gelehrten rechten Verhalten. Die Mahnung zur Demut, die Aufforderung zum Einladen der Armen und das Gleichnis vom Festmahl werden direkt bei einem Gastmahl gesprochen, zu dem ein Pharisäer Jesus eingeladen hat. Zur Nachfolge Jesu ist nur berufen, wer sich ihr ganz stellt. Das bedeutet volles Bewusstsein über die Folgen dieses Schrittes und Verzicht auf irdische Güter (14,1–35).

Im Zentrum des Lk steht die Gleichnistrilogie vom Verlorenen (Kap. 15). Der Zielpunkt lässt sich mit **15,7** beschreiben: „Ebenso wird auch im Himmel mehr Freude herrschen über einen einzigen Sünder, der umkehrt, als über neunundneunzig Gerechte, die es nicht nötig haben umzukehren."

Danach wendet sich Jesus mit einer Belehrung über den rechten Umgang mit dem Besitz an die Jünger. Es gilt, klug mit dem „Mammon" zu verfahren, sich aber nicht abhängig von ihm zu machen. Wieder erscheinen die Pharisäer als negatives Gegenbeispiel. Das

Gesetz bleibt in Gänze in Geltung, aber es steht jetzt unter dem Vorzeichen der Verkündigung des Reiches Gottes (**16,16**). Das Gleichnis vom reichen Mann und armen Lazarus verbindet die Themen „Gefahr des Reichtums" und „Geltung des Gesetzes" miteinander (16,1–31).

Kurze Warnungen und Mahnungen an die Jünger (17,1–10) und die Heilung der 10 Aussätzigen (17,11–19) schließen sich an.

Auf die Frage der Pharisäer nach dem Kommen des Reiches Gottes antwortet Jesus mit einer kleinen Apokalypse. Das Reich Gottes lässt sich weder terminlich noch lokal fixieren. Der Menschensohn kommt plötzlich. Dann gibt es keine Entscheidungsmöglichkeit mehr. Daher gilt es, sich jetzt darauf vorzubereiten: Im Gebet, in der unvoreingenommenen Annahme des Reiches Gottes wie ein Kind und im Verzicht auf Besitz (17,20–18,30).

Die dritte Leidensankündigung trifft wiederum auf das Missverständnis der Jünger (die Sühnetodaussage fehlt, diff. Mk). Auch im Lk folgt darauf eine Blindenheilung. Die berühmte Geschichte vom Zöllner Zachäus zeigt exemplarisch den möglichen Weg eines Reichen zum Heil. Jesus ist gekommen, „zu suchen und zu retten, was verloren ist" (**19,10**; eine mögliche Überschrift über Lk). Mit dem Gleichnis von den anvertrauten Minen wehrt der lk Jesus Endzeithoffnungen, die mit seinem Einzug nach Jerusalem verbunden werden, ab. Die Jünger sind aufgefordert, die Zeit bis zur Parusie und die anvertrauten Gaben zu nutzen (18,31–19,27).

19, 28–48	Einzug in Jerusalem, Ankündigung der Zerstörung der Stadt, Tempelreinigung
20,1 – 21,4	Auseinandersetzung mit den Gegnern in Jerusalem
21, 5–36	Rede von den letzten Dingen
21, 37f	Summarium über die Wirksamkeit in Jerusalem

Wirksamkeit Jesu in Jerusalem

Im Lk sind es die Jünger, die den Einzug Jesu in Jerusalem als königlichen Einzug feiern. Ihr Ruf (19,38) greift den Lobgesang der Engel aus der Geburtsgeschichte auf (vgl. 2,14). Jesus weissagt die Zerstörung der Stadt Jerusalem. Offensichtlich wird hier die Zerstörung durch die Römer als Strafe für die Ablehnung Jesu gedeutet. Die Tempelreinigung wird nur ganz knapp berichtet (19,28–48).

Auf die Frage nach seiner Vollmacht antwortet Jesus mit der Frage nach der Einordnung des Täufers durch die Fragenden. Dem Volk erzählt er das Gleichnis von den bösen Winzern, das das Gericht über die ansagt, die ihn verwerfen. Das führt zu Versuchen, ihn mittels Fangfragen als politischen Aufrührer der römischen Gerichtsbarkeit auszuliefern. Am Ende der Auseinandersetzung zeigt sich Jesus als souveräner Ausleger der Schrift und kritisiert eine vordergründige Frömmigkeit, für die die Schriftgelehrten als Negativbild dienen (20,1–21,4).

Die Rede von den letzten Dingen ist bei Lk keine exklusive Jüngerbelehrung. Sie wertet alle Kriegswirren als mögliche Anzeichen der Endzeit ab, deutet den Fall Jerusalems im Jüdischen Krieg aber erneut als Strafgericht Gottes. Die Rede endet mit einer Warnung vor der Verwirrung durch die alltäglichen Sorgen und der Mahnung zum Wachen und Beten (21,5–36).

22, 1–6	Todesbeschluss der Hohenpriester und Schriftgelehrten, Verrat des Judas
22, 7–38	Letztes Mahl Jesu mit seinen Jüngern **(22,19–20 Abendmahlsworte)**
22, 39–46	Gebet am Ölberg
22, 47–53	Gefangennahme Jesu
22, 54–62	Verleugnung durch Petrus
22, 63–65	Verspottung durch die Wächter
22, 66–71	Verhandlung vor dem Synhedrium
23, 1–25	Verhandlung vor Pilatus und Herodes
23, 26–49	Kreuzigung Jesu
23, 50–56	Begräbnis Jesu

Passion

In der Passionsgeschichte bietet Lk einige Besonderheiten gegenüber den anderen Synoptikern. So ist die Geschichte vom letzten Mahl Jesu mit seinen Jüngern um eine **Abschiedsrede** erweitert (22,24–38). Den **Aposteln** (vgl. 22,14) wird das Reich vermacht, denn sie haben die ganze Zeit mit Jesus ausgeharrt. Jetzt sollen sie sich für ihre weiteren Aufgaben rüsten. Das ist ein deutliches Signal an die Leser, dass die Zeit nach Jesu Auferstehung sich nicht bruchlos an die Zeit seiner irdischen Wirksamkeit anschließt.

In die Verhandlung vor Pilatus hat Lukas eine Szene eingefügt, in der Jesus vor Herodes (dessen Untertan er als Nazarener war) geführt wird. Dieser aber verspottet ihn nur, denn Jesus befriedigt sein Sensationsbedürfnis nicht.

Am wichtigsten ist aber wohl die dreifache Betonung der Unschuld Jesu durch Pilatus (**23,4.14.22**). Dadurch wird die Schuld am Tod Jesu einseitig den Juden zugeschrieben. Jesus ist kein politischer Aufrührer.

24, 1–12	Die Frauen am leeren Grab, ihr Zeugnis vor den Jüngern, Petrus betrachtet das leere Grab
24, 13–35	Emmausjünger
24, 36–53	Erscheinung vor den Jüngern in Jerusalem, Himmelfahrt

Ostergeschichten

Im Rahmen der Ostergeschichten erzählt Lukas die Geschichte von den Emmausjüngern, die in einmaliger Weise den Weg der Jünger von der furchtbaren Enttäuschung der Hinrichtung Jesu zu der Erkenntnis schildert, dass sich an ihm die Verheißungen der Schrift erfüllt haben. Wohl nicht zufällig erkennen die beiden Jünger ihren Herrn beim Abendmahl.

Die Ansage der (Heiden-)Mission, der Befehl Jesu an seine Jünger, in Jerusalem zu bleiben, und die Himmelfahrt verknüpfen das Lk mit der Apg und werden dort wieder aufgenommen.

Das Johannesevangelium (Joh)

Das Joh unterscheidet sich erheblich von den synoptischen Evangelien. Das betrifft zunächst den Rahmen der Wirksamkeit Jesu. Im Joh wandert Jesus mehrfach zwischen Galiläa und Judäa bzw. Jerusalem hin und her. Er wirkt mehr als zwei Jahre, denn der Evangelist erwähnt drei Paschafeste (2,13; 6,4; 11,55). Auch das Todesdatum Jesu differiert im Joh von dem der Synoptiker. Nach diesen wird Jesus am Tag des Paschafestes gekreuzigt. Das Joh dagegen datiert seinen Tod auf den Tag vor dem Paschafest (vgl. 18,28; 19,31).

Auch literarisch bewegen wir uns im Joh im Vergleich zu den synoptischen Evangelien in einer anderen Welt. Das Joh wird von Reden Jesu geprägt, die eher thematischen Reflexionen gleichen. Die Taten Jesu dienen entweder als Anlass für seine Reden (z. B. Kap. 6) oder sind in größere Szenen mit Dialogen und Reden eingebaut (z. B. Kap. 11). Dabei erscheinen die Wunder Jesu bis zum Äußersten gesteigert (11,39: Lazarus liegt schon vier Tage im Grab; 2,6: 480–720 l Wasser werden in Wein verwandelt).

Die älteste für uns greifbare Verfassertradition überliefert Irenäus von Lyon in seiner Schrift gegen die Häretiker. Danach ist Johannes, Sohn des Zebedäus, einer der zwölf Jünger Jesu, Verfasser des Evangeliums. Vermutlich greift diese Tradition die Angaben der johanneischen Redaktion aus Kap. 21 auf. Dort wird in 21,24 „der Jünger, den Jesus liebte“ als Verfasser des Evangeliums bezeichnet. Da nur in

Joh 21,2 die beiden Zebedäussöhne erwähnt werden, könnten beide Angaben miteinander kombiniert worden sein und hätten so zu der Verfasserangabe geführt, die Irenäus tradiert. Vielleicht hat man aber auch den in Kleinasien (Ephesus) bekannten Presbyter Johannes, der gelegentlich mit dem Joh in Verbindung gebracht wird, (fälschlicherweise) mit dem Zebedaïden identifiziert.

Sowohl die literarische Gestalt als auch das theologische Profil des Joh sprechen dagegen, dass ein Augenzeuge und Jünger Jesu sein Verfasser war. Die Verkündigung des „Reiches Gottes", die nach dem Zeugnis der synoptischen Evangelien im Zentrum der Botschaft Jesu stand, fehlt im Joh fast vollkommen (nur 3,3.5). Dagegen verkündigt der joh Jesus sich selbst (vgl. vor allem die **„Ich–bin-Worte"** [6,35; 8,12; 10,7.11; 11,25; 14,6; 15,1]). Das ist im Grunde genommen auch das einzige Thema der **Offenbarungsreden** des Joh.

Sein theologisches Profil weist den Verfasser des Joh als einen Autor aus, der die Wirksamkeit Jesu mit erheblichem Zeitabstand und auf einem hohen Reflexionsniveau betrachtet. Damit dürfte er kaum zur Generation der ersten Zeugen gehören. Da der Verfasser intensiv Traditionen nutzt, deren Ursprung im hellenistischen Judentum zu suchen ist, war er selbst möglicherweise Judenchrist. Dafür könnte auch die Geschichte der Adressaten sprechen.

In seiner Endgestalt ist das Joh mit Sicherheit für eine heidenchristliche Gemeinde bestimmt. Jüdische Bräuche werden mehrfach für die Leser erläutert (2,6; 11,55; 18,28; 19,40). Auch das gespannte Verhältnis zwischen Juden und Samaritanern kann nicht einfach als bekannt vorausgesetzt werden (4,9). Hebräische und aramäische Fremdworte werden übersetzt (1,38.41.42; 4,25 u. ö.). Die Frage der Einhaltung der Tora spielt keine Rolle mehr.

Der Ursprung der joh Gemeinde dürfte hingegen in judenchristlichem Milieu zu suchen sein. So wird dreimal (9,22; 12,42; 16,2) der Ausschluss aus der Synagogengemeinde als Folge des Bekenntnisses zu Jesus als dem Christus erwähnt. Das setzt voraus, dass es eine Zeit gab, in der dieses Problem für die Gemeinde aktuell und bedrängend war. Zur Zeit der Abfassung des Evangeliums ist der Bruch vollzogen. Das spiegelt die distanzierte Rede von „den Juden" wider, die als Gegner Jesu erscheinen und schließlich als Teufelssöhne bezeichnet werden (8,37–45). Aber auch diese scharfe Polemik setzt noch eine ursprüngliche Nähe voraus.

Im Nachtragskapitel 21 betont dann eine Gruppe, dass das Zeugnis des Lieblingsjüngers „wahrhaftig" sei (21,24; vgl. 19,35). Das ist ein Indiz für eine neue, veränderte Konfliktsituation. Vermutlich war das Bekenntnis, dessen Zeuge der Lieblingsjünger nach Kap. 21 ist, umstritten. In der Gemeinde sind anscheinend Christen aufgetreten, die die Heilsbedeutung des Kreuzestodes Jesu Christi leugneten (Doketisten?). Aus dem Joh selbst sind hier nur vorsichtige Schlüsse möglich. Genauere Hinweise bietet erst der 1Joh.

Als mögliche Varianten für den Entstehungsort des Joh werden in der Forschung Kleinasien (speziell Ephesus) und Syrien diskutiert. Für Kleinasien sprechen vor allem die altkirchliche Tradition, die Auseinandersetzung mit doketischen Tendenzen und die Wirkungsgeschichte des Joh. Für Syrien sprechen der Ursprung der angesprochenen Gemeinde (Kap. 1 reflektiert eine anfängliche Konkurrenz zur Täuferbewegung, Kap. 4 setzt wohl Kontakte zu den Samaritanern voraus) und die Nähe zur mandäischen Literatur, den Oden Salomos und den Briefen des Ignatius von Antiochien.

Die vorausgesetzte Diskussion um das christologische Bekenntnis, der literarische Charakter des Joh und die älteste handschriftliche Überlieferung legen eine Entstehung der Endfassung des Joh zu Beginn des 2. Jh. (ca. 100–110) nahe.

1, 1–18	Prolog (Logoshymnus)
1, 19–51	Der Täufer als Zeuge des Offenbarers, Jüngerberufungen
2,1 – 12,50	Die Offenbarung Jesu vor der Welt
13,1 – 17,26	Die Offenbarung Jesu vor den Seinen
18,1 – 20,29	Die Erhöhung und Verherrlichung des Offenbarers (Passion und Auferstehung)
20, 30f	Der Zweck des Evangeliums
21, 1–25	Nachtragskapitel der Redaktion

Grobgliederung des Joh

Mit dem Joh haben wir eine Schrift vor uns, die deutliche Spuren eines längeren Wachstumsprozesses trägt. Die Geschichte von Jesus und der Ehebrecherin (7,53–8,11) fehlt in der ältesten Textüberlieferung. Sie trägt gänzlich unjohanneische Züge und ist sicher später eingefügt worden. Auch die Notiz in 4,2, dass nicht Jesus, sondern seine Jünger tauften, dürfte eine spätere Korrektur sein.

In der Forschung ist weithin unbestritten, dass es sich bei **Kap. 21** um den **Nachtrag einer Redaktion** handelt. Darauf deuten sowohl der doppelte Evangelienschluss (20,30f / 21,25) als auch die Identifizierung des Lieblingsjüngers mit dem Verfasser des Evangeliums hin, da in 21,23 dessen Tod vorausgesetzt ist. Ob die Redaktion noch weitere Spuren im Evangelium hinterlassen hat, ist umstritten. Die überraschende Weiterführung der Abschiedsrede in 15,1 (nach 14,31) und der Schluss der Brotrede (6,51c–58 mit der Bezugnahme auf das Herrenmahl) lassen das vermuten. Auch die zum vorherigen Geschehen unpassende Überleitung in 6,1 könnte auf eine Umstellung innerhalb des Textes hindeuten, die dann ebenfalls auf die Redaktion zurückzuführen wäre. Weitere Abschnitte werden unter diesem Aspekt diskutiert.

Das Evangelium wird durch den Prolog und die Bemerkung über den Zweck des Evangeliums gerahmt. Die dazwischenliegenden Teile verraten ein ausgeprägtes Interesse des Autors an perikopenübergreifenden Zusammenhängen (es finden sich immer wieder Vor- und Rückverweise). Er gestaltet dramatische Szenen (Kap. 9). Häufig arbeitet der Verfasser mit **mehrdeutigen Begriffen** (z. B. „weggehen" 7,34; 8,21) und Aussagen Jesu, die erst im Kontext nachösterlicher Christologie verständlich werden (z. B. 2,19). Die Deutung bietet er in eingefügten Kommentaren für die Leser, die so auf einer Metaebene über den Sinn des Geschehens informiert werden.

Die joh Theologie bedient sich häufig dualistischer Aussagen. Licht und Finsternis, Oben und Unten, der gottferne „Kosmos" und der Gesandte und Offenbarer Gottes und „die Seinen" werden einander gegenübergestellt.

1, 1–18 Prolog

Der Verfasser eröffnet sein Evangelium mit einem Hymnus auf den präexistenten Logos (λόγος / logos = Wort). Dabei greift er auf die frühjüdische Weisheitstheologie zurück. In den Hymnus sind zwei Abschnitte eingefügt worden (1,6–8.15), die von der Wirksamkeit Johannes des Täufers berichten. In diesen Abschnitten wird der Täufer bewusst gegenüber dem Logos abgewertet.

In der letzten Strophe des Hymnus (1,14–18) wird der Logos mit dem Sohn Gottes identifiziert. In ihm ist der Logos Fleisch geworden und hat auf der Erde gewirkt (**1,14** – paradoxe Verknüpfung von „Fleisch" als Synonym für die irdische Schwäche des Menschen und „Herrlichkeit"). Nur der Logos hat direkten Zugang zu Gott. Die Menschen sind auf seine Offenbarung und Auslegung Gottes angewiesen (1,18).

1, 19–51 Der Täufer als Zeuge des Offenbarers, Jüngerberufungen

Nach dem eröffnenden Hymnus berichtet auch das Joh von der Wirksamkeit Johannes des Täufers. Das Hauptinteresse liegt dabei auf der Verhältnisbestimmung Jesus–Täufer. Der Täufer betont ausdrücklich, dass er nicht der Messias ist (1,20), sondern der untergeordnete Vorläufer des Kommenden. Jesus ist das „Lamm Gottes" (1,29.36) und als Geistträger der Geisttäufer (1,32–34). Die ersten beiden Jünger Jesu stammen aus dem Umkreis des Täufers. Drei weitere Jüngerberufungen folgen.

2, 1–12	Hochzeit zu Kana
2, 13–25	Tempelreinigung
3, 1–21	Jesus und Nikodemus
3, 22–36	Das Zeugnis des Täufers über Jesus
4, 1–42	Jesus auf dem Weg durch Samaria
4, 43–54	Heilung des Sohnes des königlichen Beamten
5, 1–47	Heilung des Gelähmten am Teich Betesda, Offenbarungsrede über die Vollmacht Jesu
6, 1–71	Speisung der 5000, Seewandel Jesu, Brotrede, Spaltung unter den Jüngern und Bekenntnis des Petrus
7,1 – 8,59	Jesus beim Laubhüttenfest in Jerusalem, Offenbarungsrede vom Licht der Welt und der Sendung Jesu, Streit mit den Juden
9,1 – 10,21	Heilung des Blindgeborenen und nachfolgende Auseinandersetzungen (10,1–18 Hirtenrede)
10, 22–42	Streitgespräch mit den Juden beim Tempelweihfest
11, 1–57	Auferweckung des Lazarus, Todesbeschluss des Hohen Rates
12, 1–11	Salbung in Betanien, Todesbeschluss gegen Lazarus
12, 12–50	Einzug in Jerusalem, letzte Offenbarungsreden

Die Offenbarung Jesu vor „der Welt“

In der ersten Hälfte seines Evangeliums berichtet Joh von der öffentlichen Wirksamkeit Jesu. Dabei wird der Abschnitt 2,1 – 3,36 durch das abschließende letzte Zeugnis des Täufers noch einmal besonders hervorgehoben.

Die öffentliche Wirksamkeit Jesu beginnt mit dem Weinwunder bei der Hochzeit in Kana (2,1–12). In 2,4 erfolgt der erste Verweis auf „die Stunde Jesu“. Am Ende wird das Wunder als **„Zeichen“** (σημεῖον / semeion) bezeichnet. Dieser Begriff spielt für das Verständnis der Taten Jesu im Joh eine ganz erhebliche Rolle.

Die Tempelreinigung (2,13–25), die die synoptischen Evangelien im Zusammenhang des Auftretens Jesu in Jerusalem vor der Passion berichten, steht bei Joh am Anfang der Wirksamkeit Jesu. In ihr wird zeichenhaft sein Geschick sichtbar (2,21f).

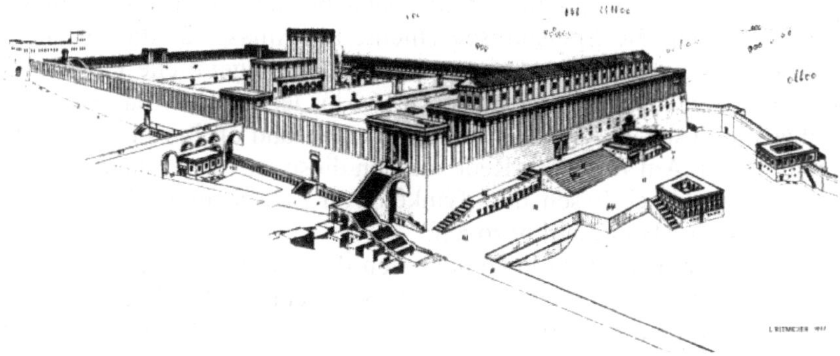

Tempelberg zur Zeit Jesu

In der Offenbarungsrede Jesu, die aus dem Gespräch mit Nikodemus (3,1–21) erwächst, werden wesentliche Linien joh Theologie entfaltet. In der Sendung des Sohnes wendet sich Gottes Liebe der Welt zu. Die Haltung der Menschen zum Sohn (Glaube / Unglaube) entscheidet **hier und jetzt** über ihr Schicksal (präsentische Eschatologie).

Das abschließende Zeugnis des Täufers (3,22–26) betont noch einmal seine Vorläuferrolle und wiederholt leicht modifiziert die Aussagen der Offenbarungsrede.

Auf dem Weg durch Samaria (4,1–42) trifft Jesus die Frau am Jakobsbrunnen. Gott muss „im Geist und in der Wahrheit" angebetet werden (4,24). Damit werden alle partikularistischen Kulte hinfällig. Als zweites Zeichen folgt die Heilung des Sohnes des königlichen Beamten (4,43–54).

Die Heilung des Gelähmten am Teich Betesda führt zur ersten großen Auseinandersetzung Jesu mit den Juden. Zunächst wird Jesus angefeindet, weil die Heilung am Sabbat erfolgte. Dann entzündet sich der Streit aber an der Gottessohnschaft Jesu. Gott als der Vater hat Jesus als dem Sohn die Vollmacht, lebendig zu machen, übertragen (5,21). Die anschließenden Aussagen über das Gericht und die Auferweckung der Toten sind nicht einheitlich. Traditionelle Formulierungen (5,28f) stehen neben joh geprägten (5,25–27). Am Ende der Rede verweist Jesus auf die Schrift und Mose, die von ihm zeugen (5,1–47).

Kap. 6 schließt erzählerisch schlecht an das Vorangegangene an, denn jetzt ist Jesus plötzlich am See Tiberias. Die Speisung der 5000 und der Seewandel Jesu entsprechen in dieser Reihenfolge der synoptischen Tradition. Im Detail zeigen sich allerdings erhebliche Unterschiede. So wird die Souveränität Jesu stark betont (6,6) und auch die abschließende Reaktion der Menge (Jesus ist der Prophet / Versuch, ihn zum König zu machen) findet sich bei den Synoptikern nicht. Letztlich dient die Speisungsgeschichte als Anlass für die Offenbarungsrede vom Brot des Lebens. Gott ist der eigentliche Geber des Brotes schon für die Väter gewesen (6,31). Jetzt gibt er das Brot des Lebens in Jesus (**6,35**). Wer zu ihm kommt und an ihn glaubt, stirbt nicht (6,50). Am Ende der Rede werden diese Aussagen dann auf das (heilsnotwendige) Essen und Trinken von Fleisch und Blut des Offenbarers im Abendmahl bezogen.

An den Worten Jesu entzündet sich der Streit unter den Jüngern. Viele von ihnen verlassen Jesus. Petrus spricht für die Zwölf das Bekenntnis zu dem, der „Worte ewigen Lebens" hat. Aber gerade unter den treu Gebliebenen ist mit Judas der Verräter schlechthin (6,64.70f). Hier dürften sich Erfahrungen des Autors in der erzählten Welt niedergeschlagen haben.

Nach einer Auseinandersetzung mit seinen Brüdern zieht Jesus heimlich zum Laubhüttenfest nach Jerusalem (7,1–8,59). Unter den Juden gibt es Auseinandersetzungen über ihn (sowohl unter dem einfachen Volk als auch im Hohen Rat). Jesus kündigt in rätselhaften Worten seine Rückkehr zum Vater an (7,33) und spricht von der Gabe des Heiligen Geistes (7,37f).

In zwei kurzen Offenbarungsreden redet Jesus von der Wahrhaftigkeit seines Zeugnisses. Er ist das Licht der Welt (8,12). Im Anschluss entzündet sich eine scharfe Kontroverse zwischen Jesus und Juden (!), die an ihn glauben (8,31–59). Da sie die Befreiung durch den Sohn nicht wirklich angenommen haben, werden sie als Söhne des Teufels bezeichnet (8,44). Jesus ist größer als Abraham, denn er schenkt ewiges Leben und war eher als dieser (Präexistenz).

In der großen dramatischen Szene von der Heilung des Blindgeborenen und den sich daraus ergebenen Auseinandersetzungen (9,1–10,21) schildert das Joh vermutlich Erfahrungen der frühen joh Christen mit ihrer jüdischen Umwelt. Zu Beginn wendet sich Jesus ausdrücklich gegen eine traditionelle Sündenvorstellung als Strafe Gottes (9,3). Die Heilung geschieht zur Offenbarung des Wirkens Gottes. Der Geheilte wird am Ende von den Juden hinausgeworfen (9,34). Da das aufgrund seines Bekenntnisses zu Jesus geschieht, dürfte die Szene für erfahrene Synagogenausschlüsse transparent sein.

In der Rede vom guten Hirten wendet sich Jesus gegen die Pharisäer und vergleicht sie mit Dieben, Räubern und Mietlingen. Jesus dagegen gibt sein Leben für die Schafe. Beim Tempelweihfest kommt es zur erneuten Konfrontation mit den Juden. In diesem Zusammenhang fällt der joh Spitzensatz: **„Ich und der Vater sind eins." (10,30)**.

Die Auferweckung des Lazarus führt zum Todesbeschluss des Hohen Rates (11,1–57). Sie ist Zeichen der Sendung Jesu von Gott (11,42). Im Gespräch mit Marta setzt sich Jesus mit der traditionellen Auferstehungshoffnung auseinander. **Jesus ist die Auferstehung und das Leben** (11,25).

Nach der Salbung in Betanien (12,1–11) zieht Jesus in Jerusalem ein (12,12–50). Die Frage der Griechen nach Jesus und ihr Begehren, ihn zu sehen, zeigen, dass die Stunde der Verherrlichung gekommen ist. „Erhöhung" und „Verherrlichung" sind die joh Begriffe für den Kreuzestod Jesu, der so als Sieg Jesu gedeutet wird. Nach dem Urteil über den Unglauben der Juden (Erfüllung von Jes 6,10) fordert Jesus am Ende seiner öffentlichen Wirksamkeit erneut zur Entscheidung für den rettenden Glauben auf.

13, 1–30	Das letzte Mahl Jesu mit seinen Jüngern (Fußwaschung)
13,31 – 16,33	Abschiedsreden Jesu
17, 1–26	Das hohepriesterliche Gebet

Die Offenbarung Jesu vor „den Seinen"

Die Szene vom letzten Mahl hat der Autor des Joh um eine lange Abschiedsrede Jesu erweitert. Dafür fehlt die Abendmahlsüberlieferung.

Die Fußwaschung Jesu (13,1–30) wird zunächst auf sein Heilswerk gedeutet, das im Kreuzesgeschehen gipfelt (13,7–11), und dann auf das Liebeshandeln der Jünger untereinander bezogen (13,12–17). Nach der Verratsankündigung (in dieser Szene begegnet erstmalig der Lieblingsjünger) folgt eine lange Abschiedsrede Jesu an die Jünger (13,31–16,33). Die Rede wird in 14,31 durch die Aufforderung Jesu zum Aufbruch unterbrochen. Möglicherweise sollen die Leser dadurch darauf aufmerksam gemacht werden, dass etwas Neues folgt. Tatsächlich rückt in dem folgenden Redenteil das Weiterleben der Jüngergemeinde in der Welt in den Vordergrund.

Im Zentrum des ersten Redenteils (13,31–14,31) steht das Ich–bin–Wort in **14,6** (Jesus als Weg, Wahrheit und Leben). Sein Weggang soll von den Jüngern positiv verstanden werden. Sie werden, wenn sie glauben, größere Werke als Jesus vollbringen. Der Vater wird ihnen den Geist (im Joh bezeichnet als Paraklet – Tröster, Beistand) senden, der sie an die Worte Jesu erinnert (14,26). Wichtig für das joh Verständnis des Verhältnisses Gott – Jesus – Gemeinde sind die **Immanenzformeln**, die mehrfach in den Abschiedsreden begegnen (14,20 vgl. 15,4.6.7).

Im zweiten Redenteil (15,1–16,4a) stehen das Liebesgebot (vgl. 13,34f) und der Trost für Verfolgungssituationen im Mittelpunkt. Für das Verhältnis Gott–Jesus–Gemeinde begegnet hier das Bild von Weingärtner–Weinstock–Weinreben. In der Verfolgung erleiden die Jünger das Schicksal Jesu.

Im dritten Redenteil (16,4b–24) wird erneut die Sendung des Parakleten angekündigt, der die Welt überführen wird (16,8). Die Jünger aber führt er „in die ganze Wahrheit" (16,13). Am Ende ist erneut die Trauer der Jünger über den Weggang Jesu das Thema, die aber in Freude umschlagen wird (16,22).

Das „hohepriesterliche Gebet" Jesu (17,1–26) schließt die Mahlszene ab. Jesus legt Rechenschaft vor dem Vater ab, bittet für die Heiligung der Jünger in der Welt und alle Glaubenden (beachte die starke Betonung der Einheit der Gemeinde).

18, 1–11	Gefangennahme Jesu
18, 12–27	Jesus vor Hannas, Verleugnung des Petrus
18,28 – 19,16a	Verhandlung vor Pilatus
19, 16b–37	Kreuzigung
19, 38–42	Grablegung
20, 1–10	Maria Magdalena und die Jünger am leeren Grab
20, 11–18	Erscheinung vor Maria Magdalena
20, 19–29	Erscheinungen vor den Jüngern, ungläubiger Thomas

Die Erhöhung und Verherrlichung des Offenbarers

Schon die Verhaftungsszene zeigt, dass der Autor des Joh auch in der Passionsgeschichte die Souveränität Jesu bis zum Äußersten betont. Jesus muss die vor seinem Offenbarungswort zu Boden stürzenden Häscher auffordern, ihn zu verhaften (18,8).

Die Verhandlung vor Pilatus beschreibt meisterhaft das Hin- und Hergerissensein des irdischen Richters zwischen den Parteien. Er pendelt ständig zwischen den Juden und Jesus. Letztlich ist auch er nur ein Werkzeug Gottes (19,11).

Während der Evangelist am Ende der Verhörszene Jesus als den gedemütigten Menschen schlechthin zeichnet (10,5), deutet er die Kreuzigung als Vollendung des Heilswerkes des Christus (**19,30**). Das feierliche Zeugnis in 19,35 betont die Heilsbedeutung des Kreuzestodes (wahrscheinlich schimmert hier die aktuelle Auseinandersetzung in der joh Gemeinde durch).

Die Erscheinungen des Auferstandenen zielen letztlich auf das Wort Jesu in **20,29** ab.

Hier hat das erzählte Geschehen über die Erzählebene hinaus unmittelbar die Leser im Blick, denn sie müssen glauben ohne zu sehen. Sie haben „nur" das Zeugnis des Joh.

20, 30f	Der Zweck des Evangeliums (1. Evangelienschluss)

21, 1–14	Erscheinung am See von Tiberias
21, 15–23	Petrus und der Lieblingsjünger
21, 24	Zeugnis der Redaktion über den Lieblingsjünger
21, 25	Zweiter Evangelienschluss

Nachtragskapitel der Redaktion

Die Redaktion des Joh fügt ein Nachtragskapitel an. Dabei scheint ihr vor allem daran zu liegen, das Verhältnis zwischen Petrus und dem Lieblingsjünger zu klären. Der Lieblingsjünger **erkennt** Jesus (21,7a), er bleibt bis zum Kommen Jesu (21,22). Petrus eilt Jesus entgegen (21,7b), er soll die Gemeinde **weiden** (21,15–17) und wird das Todesschicksal Jesu teilen (21,18f).

Am Ende betont die Redaktion die Wahrheit des Zeugnisses des Lieblingsjüngers (21,24). Offensichtlich beruft sie sich auf ihn als Zeugen.

Die Apostelgeschichte (Apg)

Die Überschrift „Taten der Apostel“ (πράξεις ἀποστόλων / praxeis apostolōn) geht wohl auf das 2. Jh. zurück. Sie dient der Abgrenzung von den zu jener Zeit zahlreich entstehenden legendarischen Apostelakten. Zu Verfasser und Entstehungssituation der Apg vergleiche die Ausführungen zum Lk.

1, 1f	Proömium
1, 3–26	Die Zeit bis zur Gabe des Geistes (Pfingsten)
2,1 – 8,3	Die Apostel als Zeugen des Evangeliums in Jerusalem
8,4 – 12,25	Verkündigung des Evangeliums in Samaria und der Küstenebene
13,1 – 28,31	Die Ausbreitung des Evangeliums bis Rom

Grobgliederung der Apg

Der Aufbau der Apostelgeschichte folgt der Ankündigung Jesu in 1,8: „Aber ihr werdet die Kraft des Heiligen Geistes empfangen, der auf euch herabkommen wird; und ihr werdet meine Zeugen sein in Jerusalem und in ganz Judäa und Samarien und bis an die Grenzen der Welt.“ Zielpunkt der Darstellung in der Apg ist die ungehinderte Reich–Gottes–Predigt des Paulus in Rom (28,31).

Eine wichtige Funktion haben die großen Reden der Apg. Lukas platziert sie im Stil antiker Historiographie an den entscheidenden Punkten seiner Erzählung. Dabei handelt es sich um fiktive Reden, die über die Theologie der redenden Person nichts aussagen. Sie dienen dazu, die vorangegangene bzw. folgende Entwicklung zu begründen und gegebenenfalls zu rechtfertigen.

In der Forschung wird viel über Quellen gestritten, die in der Apg möglicherweise benutzt worden sind. Dabei wird häufig eine Kap. 6–15 zugrundeliegende „antiochenische Quelle“ angenommen. Die Kriterien, nach denen man die dieser Quelle zuzurechnenden Passagen bestimmen will, bleiben aber problematisch. Sicher scheint hingegen, dass Lukas eine Fülle von Einzeltraditionen benutzt hat (z. B. Petruslegenden, Namenslisten).

In der 2. Hälfte der Apg haben insbesondere die bereits in der Einleitung zu Lk genannten „Wir–Passagen“ für Diskussionen gesorgt. Die Benutzung der 1.P.Pl. dürfte nicht auf den Bericht eines Augenzeugen, sondern auf Lukas selbst zurückgehen, der sich dem Stil des in 27,1–28,16 benutzten Seefahrtsberichtes anschloss. So gelingt es ihm, wichtige Stücke hervorzuheben (Übergang nach Europa, Reisen nach Jerusalem und Rom). Daneben hat er bei der Darstellung der selbständigen Missionsreisen des Paulus (15,36–19,40) wohl ein „Itinerar“ benutzt, das kurze Mitteilungen über Reiserouten und besondere Ereignisse an einzelnen Stationen der Reise enthielt.

1, 1f	Proömium

Die ersten Sätze der Apg bieten nach der Anrede an Theophilus einen Rückblick auf das Lk. Auf diese Weise werden beide Teile des Doppelwerkes miteinander verknüpft.

1, 3–14	Letzte Weisungen des Auferstandenen an die Jünger, Himmelfahrt
1, 15–26	Nachwahl des Mattias

Die Zeit bis zur Gabe des Geistes

Dieser Verknüpfung dienen auch die Schilderungen der letzten Weisungen Jesu an seine Jünger und der Himmelfahrt (1,3–14), die mit leichten Abweichungen Lk 24,36–53 aufnehmen. Nach der Himmelfahrt kehren die Jünger weisungsgemäß nach Jerusalem zurück und finden sich im Gebet zusammen. Die erste Rede des Petrus begründet die Notwendigkeit der Nachwahl eines zwölften Zeugen. 1,21f nennt die Kriterien der Wahl zum Apostel (1,15–26).

2, 1–42	Pfingsten
2, 43–47	Summarium über das Leben der Gemeinde
3,1 – 4,31	Heilung des Gelähmten durch Petrus, Petrus und Johannes vor dem Hohen Rat
4,32 – 5,11	Gütergemeinschaft der Gemeinde (positives und negatives Beispiel)
5, 12–16	Summarium über das Leben der Gemeinde
5, 17–42	Verhaftung, Verhör und Auspeitschung der Apostel
6, 1–7	Wahl der sieben Diakone
6,8 – 8,3	Verhaftung, Verteidigungsrede und Steinigung des Stephanus, Verfolgung der Gemeinde in Jerusalem

Die Apostel als Zeugen des Evangeliums in Jerusalem

Die Gabe des Heiligen Geistes wird in geisterfüllter Rede erfahrbar. Lukas schildert das als Reden in fremden Sprachen. Die Pfingstpredigt des Petrus interpretiert das Geschehen zunächst im Licht der heiligen Schrift (Joel 3,1–5). Die sich anschließende Missionspredigt folgt einem Schema, das Lukas auch in den folgenden Reden des Petrus verwendet: Jesus ist von den Juden gekreuzigt worden, Gott aber hat ihn auferweckt – Schriftbeweis – Bußruf (2,1–42).

Nach der kurzen Notiz vom Erfolg der Rede fügt der Autor der Apg ein Summarium ein, das ein ideales Bild der „Urgemeinde" zeichnet (2,43–47). Zwei ähnliche Summarien folgen wenig später (4,32–35; 5,12–16). Lukas stellt die erste Gemeinde als Erfüllung des antiken Ideals der Koinonia (κοινωνία – Gemeinschaft, Teilhabe) dar (4,32–5,11). Zugleich erfüllt sie in vorbildlicher Weise die Forderungen Jesu. Dabei nimmt die Frage des Umgangs mit Besitz wie im Lk breiten Raum ein. Die Besitzenden sorgen durch Verkauf von Immobilien dafür, dass keiner Not leidet. Kurz wird ein entsprechendes Beispiel geschildert (Josef). Dagegen beschreibt Lukas ausführlich die Bestrafung von Hananias und Saphira. Offensichtlich soll ihr Schicksal als Mahnung für die Leser dienen.

Mit der Heilung des Gelähmten im Tempel stehen die Apostel in der Kontinuität des Handelns Jesu. Petrus und Johannes werden verhaftet und müssen sich vor dem Hohen Rat verantworten. Ihnen wird verboten, im Namen Jesu zu predigen oder zu lehren (4,18). In ihrem Gebet bittet die Gemeinde um Kraft zur Verkündigung und um göttliche Legitimation durch „Heilungen, Zeichen und Wunder" (3,1–4,31).

Nachdem Lukas von der Erfüllung des Gebetes der Gemeinde berichtet hat (5,12–16), erzählt er von einer Verhaftung aller Apostel, die zwar zunächst wunderbar beendet wird, dann aber doch zu einem Verhör vor dem Hohen Rat führt. Auf den Vorwurf, sich nicht an das Redeverbot gehalten zu haben, antworten sie mit dem bekannten Wort: „Man muss Gott mehr gehorchen als den Menschen." (**5,29**).

Der in 6,1–7 geschilderte Konflikt zwischen „Hebräern" und „Hellenisten" entzündet sich in der Darstellung der Apg an der Frage der Witwenversorgung. Es spricht allerdings einiges dafür, dass Lukas ihn bewusst heruntergespielt hat, da er großen Wert auf die Einmütigkeit und Einigkeit der „Urgemeinde" legt. Die angeblich zur Witwenversorgung gewählten Diakone treten in der weiteren Darstellung als selbständiger Kreis von Missionaren auf.

Stephanus, die führende Gestalt dieses Kreises, wird verhaftet. Er schildert in seiner Verteidigungsrede, die eher einer Anklage gegen die Juden gleicht, die Geschichte Israels als eine Geschichte des Widerstands gegen Gott (7,51). Er wird gesteinigt und die Gemeinde gerät in eine schwere Verfolgung, die allerdings vor allem die „Hellenisten" zu treffen scheint (vgl. 8,4 und die Namen der dann als Missionare geschilderten Personen). Die „Hebräer" bleiben in Jerusalem zunächst relativ unbehelligt.

8, 4–25	Mission des Philippus in Samaria, Petrus und Johannes setzen sich in Samaria mit Simon dem Magier auseinander
8, 26–40	Taufe des äthiopischen Kämmerers
9, 1–31	Wundertaten des Petrus in Lydda und Joppe
10, 1–48	Visionen des Kornelius und Petrus, Taufe des Kornelius
11, 1–18	Rechtfertigung des Überganges zur Heidenmission durch Petrus
11, 19–30	Entstehung der Gemeinde in Antiochia
12, 1–23	Hinrichtung des Jakobus und Verhaftung des Petrus, wunderbare Befreiung des Petrus, Tod des Herodes
12, 24f	Rückkehr von Barnabas und Saulus nach Antiochia

Verkündigung des Evangeliums in Samaria und der Küstenebene

Philippus, der zweite wichtige Mann der sieben Diakone, missioniert mit Erfolg in Samaria. Auch Simon, ein Zauberer, wird durch die von gewaltigen Machttaten begleitete Predigt des Philippus zum Glauben bekehrt und lässt sich taufen. Die Apostel schicken Petrus und Johannes nach Samaria, um die Taufe des Philippus zu legitimieren. Die Getauften empfangen durch Gebet und Handauflegung den Heiligen Geist. Simon bietet den beiden Geld für diese Macht der Handauflegung (Stichwort „Simonie" in der Kirchengeschichte) und wird von Petrus verflucht (8,4–25).

Philippus tauft den Kämmerer der äthiopischen Königin Kandake. Seine christologische Auslegung von Jes 53,7f führt diesen zum Glauben. So stellt sich Lukas offenbar Mission unter Gottesfürchtigen vor (8,26–40).

In 9,1–31 schildert Lukas die Bekehrung des Saulus, der bis dahin als wütender Verfolger der Gemeinden hervorgetreten war (noch zweimal wiederholt: 22,3–21; 26,4–23; dort jeweils mit starkem Akzent auf die Beauftragung zur Heidenmission). Damit wird der Hauptakteur der Völkermission eingeführt.

Den Übergang zur Heidenmission vollzieht nach der Darstellung der Apg aber Petrus, der Leiter des Apostelkreises (10,1–48). Eine Vision veranlasst den Centurio Kornelius, Boten zu Petrus zu senden. Dieser wird durch eine dreimalige Vision (Tuch voller unreiner Tiere und die Aufforderung zu essen) darüber belehrt, dass Gott alles für rein erklären kann. Während der Predigt vor den versammelten Heiden im Hause des Kornelius kommt der Heilige Geist auf sie herab. Auf dieses göttliche Zeichen hin werden sie getauft. Petrus muss seinen Schritt vor den Judenchristen in Jerusalem rechtfertigen (11,1–18; „Gott hat also auch den Heiden die Umkehr zum Leben geschenkt." [**11,18**]).

In Antiochia entsteht durch die Predigt der nach der Verfolgung versprengten Christen eine Gemeinde **aus den Griechen** (die erste uns bekannte Gemeinde, die Heidenchristen einschließt). In ihr spielen Barnabas und Saulus eine wichtige Rolle (11,19–26). Nach 11,26 werden die Jünger dort erstmalig Christen genannt.

Mit der Schilderung der Verfolgung der Jerusalemer Gemeinde durch Herodes (Agrippa) (12,1–23) und ihrer Rahmung durch die Spendenaktion der Antiochener (11,27–30; 12,24f) verknüpft Lukas die bisherige Darstellung mit der Schilderung der Missionsreisen des Paulus.

13,1 – 14,28	1. Missionsreise des Paulus
15, 1–35	Apostelkonzil
15,36 – 18,22	2. Missionsreise des Paulus
18,23 – 21,17	3. Missionsreise des Paulus
21,18 – 28,31	Verhaftung und Gefangenschaft des Paulus, Reise nach Rom

Die Ausbreitung des Evangeliums bis Rom

Barnabas und Saulus werden vom Heiligen Geist zur Mission erwählt (13,1–3). Die Reise führt über Seleuzia nach Zypern (13,4–13). Von dort wendet sich Paulus mit seinen Begleitern nach Kleinasien, wo er zunächst vor allem im pisidischen Antiochia wirkt (13,14–52). Über die weiteren Stationen Ikonion, Lystra und Derbe (14,1–20) kehren sie schließlich nach Antiochia zurück (14,21–28).

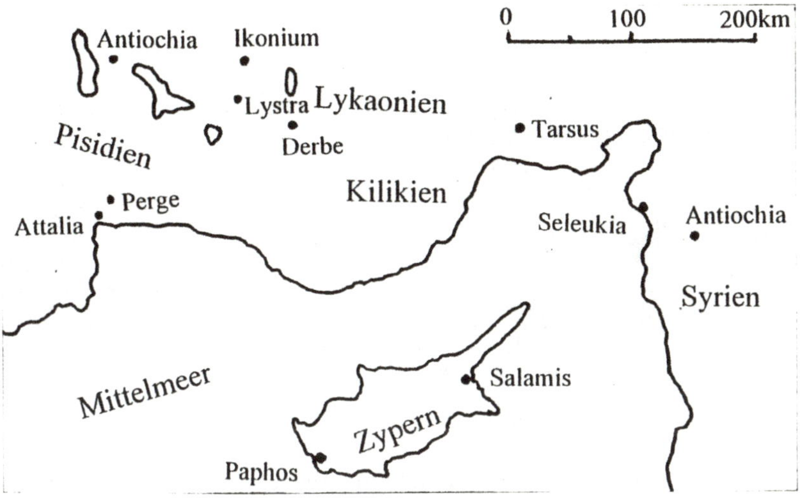

Stationen der 1. Missionsreise

Schon bei der Schilderung dieser Missionsreise finden sich einige der Schemata, die Lukas auch in der weiteren Darstellung nutzt. Paulus predigt zunächst in der Synagoge und hat dort Erfolg. Das erregt den Neid der Juden, die daraufhin eine Verfolgung gegen ihn anzetteln. Außerdem wird Paulus als Herr über Zauberei und böse Geister geschildert (hier: der Zauberer Elymas; nach diesem Machterweis wird Saulus in Apg Paulus genannt). Gelegentlich betont Lukas ausdrücklich das Wohlwollen der römischen Behörden (der Prokonsul Sergius Paulus wird sogar gläubig).

In Antiochia kommt es zu heftigen Auseinandersetzungen über die Frage der Beschneidung der Heidenchristen (These der Judenchristen aus Judäa: „Wenn ihr euch nicht nach dem Brauch des Mose beschneiden lasst, könnt ihr nicht gerettet werden.“ [15,1; vgl. V.5]).

Nachdem eine Delegation aus Antiochia nach Jerusalem gesandt worden ist, tritt eine Versammlung der Autoritäten zusammen. Auch hier gibt es zunächst heftigen Streit (15,7). Am Ende werden auf Vorschlag des Jakobus Auflagen für die Heidenchristen beschlossen, die Lev 17f entsprechen (**Aposteldekret**: Verbot von Götzenopferfleisch, Blut, Ersticktem und Unzucht [in V.28 die später bei Konzilien verwendete Formel: „Der Heilige Geist und wir haben beschlossen“]; 15,1–35).

Offensichtlich handelt es sich um dasselbe Ereignis, das Paulus in Gal 2,1–10 schildert. Der Vergleich beider Darstellungen lässt erkennen, dass Lukas eine Kompromisslinie als Ergebnis schildert, die sich wohl erst später durch die Autorität des Jakobus in dessen Einflussgebiet durchgesetzt hat. Nach der paulinischen Darstellung haben die Heidenchristen keinerlei Auflagen erhalten.

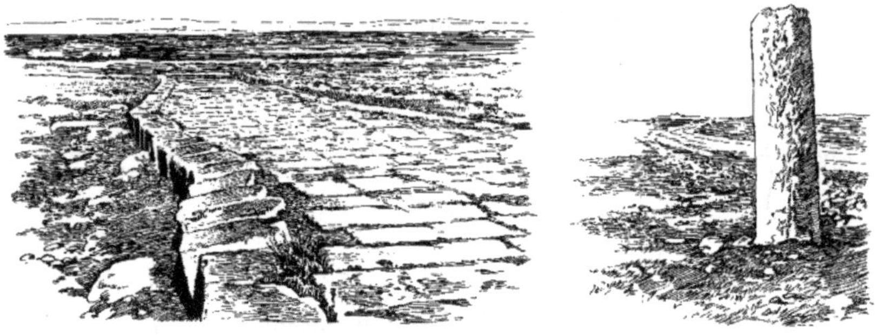

Römische Straße und Meilenstein

Nach einer heftigen Auseinandersetzung zwischen Paulus und Barnabas brechen beide getrennt zur Mission auf (15,36–41; möglicherweise ist der in Gal 2,11–21 geschilderte Zwischenfall der eigentliche Anlass). Zunächst ziehen Paulus und sein Begleiter Silas durch Syrien und Zilizien. In Derbe gewinnt Paulus Timotheus als weiteren Mitarbeiter. In Kleinasien werden sie durch den Geist Jesu nach Troas gelenkt. Dort ruft eine Vision Paulus nach Makedonien (16,1–10).

In Philippi haben Paulus und Silas zunächst Missionserfolge, werden dann aber nach einer Geistaustreibung verhaftet und mit Ruten geschlagen (Vorwurf: Sie hätten Sitten und Bräuche verkündet, die von Römern nicht angenommen und ausgeübt werden dürfen). Der Gefängniswärter und seine Angehörigen lassen sich taufen (Erdbeben als göttliches Zeichen). Paulus und Silas erreichen eine öffentliche Rehabilitation (16,11–40).

Über Amphipolis und Apollonia kommen sie nach Thessalonich und Beröa. An beiden Orten zwingen die Juden Paulus zur Abreise. Er wird von den örtlichen Christen nach Athen gebracht (17,1–15). In Athen hält Paulus auf dem Areopag eine Rede, die als typische Missionsrede an Heiden stilisiert ist (Anknüpfung an die lokale Götterverehrung – Aufruf, sich dem Schöpfergott zuzuwenden – Endgericht durch den Auferstandenen, 17,22–31; vgl. 1Thess 1,9f). Der Erfolg in Athen bleibt aber vergleichsweise gering.

In Korinth wohnt und arbeitet Paulus bei Aquila und Priszilla. Erst nach dem Eintreffen von Silas und Timotheus widmet er sich ganz der Mission. Als er Erfolg hat, wird er von den Juden vor dem Prokonsul Gallio angeklagt. Dieser lehnt die Klage als politisch irrelevant ab (18,1–17). Über Ephesus kehrt Paulus nach Antiochia zurück (Zwischenstop in Jerusalem) (18,18–22).

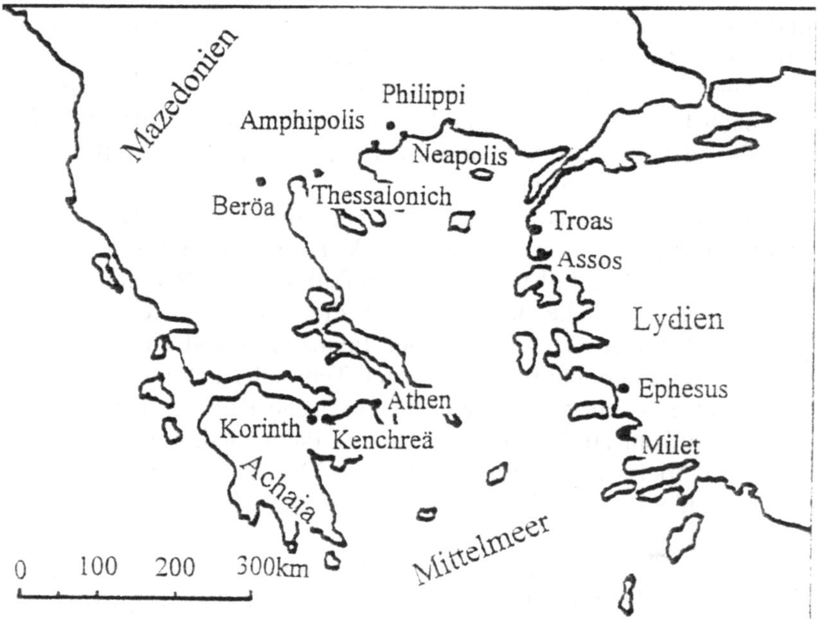

Stationen der 2. und 3. Missionsreise

Die 3. Missionsreise führt Paulus zunächst nach Galatien und Phrygien, wo er die früher gegründeten Gemeinden besucht. Dann hält er sich 2 Jahre in Ephesus auf. Hier kann er an die Wirksamkeit des Apollos anknüpfen (18,24–28; 19,1–7). Die offensichtlich sehr erfolgreiche Missionstätigkeit von Ephesus aus nennt Lukas nur summarisch (19,10; in diese Zeit fällt die korinthische Korrespondenz). Ihm liegt mehr an den Wundern, die Gott durch Paulus tut (19,11–20), und der Errettung aus der Gefahr, die durch den Aufruhr der Silberschmiede entsteht (19,21–40; Aufruhr erregen nicht etwa Paulus und seine Begleiter).

Die weitere Wirksamkeit in Mazedonien und Griechenland wird nur ganz kurz gestreift. Paulus bricht zur Rückreise nach Troas auf (20,1–6). Dort erweckt Paulus Eutychus von den Toten, der während einer überlangen Predigt zu Tode gestürzt war (20,7–12; der erste Kanzelschläfer).

Von Milet aus lässt Paulus die Ältesten der Gemeinde von Ephesus zu sich rufen und hält vor ihnen eine Abschiedsrede (20,18–35). Die Rede bildet gleichsam das Pendant zur Predigt Jesu in Nazaret (Lk 4,18–27). Zunächst blickt Paulus auf seine Wirksamkeit in Ephesus zurück und dann voraus auf sein weiteres Schicksal. Daran schließt sich eine Ermahnung der Adressaten an, denen sich Paulus als Vorbild empfiehlt (Zentrum: „Und jetzt vertraue ich euch Gott und dem Wort seiner Gnade an, das die Kraft hat, aufzubauen und das Erbe in der Gemeinschaft der Geheiligten zu verleihen." **V. 32**).

Über Tyrus, Ptolemais und Cäsarea reist Paulus mit seinen Begleitern nach Jerusalem (21,1–17). Unterwegs weissagt der Prophet Agabus das gewaltsame Schicksal des Paulus (**21,11**, Parallelformulierung zum Schicksal Jesu).

Paulus berichtet Jakobus und den Ältesten von seiner Wirksamkeit unter den Heiden. Er wird mit dem Vorwurf konfrontiert, die Diasporajuden zum Abfall vom Gesetz aufzufordern. Als Zeichen seiner Gesetzestreue für die Juden soll er die Erfüllung des Nasiräatsgelübdes für vier Gemeindeglieder finanzieren und sich mit ihnen weihen. Bei einem damit verbundenen Tempelbesuch wird er erkannt und droht gelyncht zu werden. Die römische Kohorte verhaftet ihn, um den Aufruhr zu dämpfen (21,18–40). Paulus hält auf der Freitreppe des Tempels eine Verteidigungsrede (22,1–21). Die Römer wollen Paulus geißeln und verhören. Er verweist auf sein römisches Bürgerrecht (22,22–29).

Die weitere Darstellung in der Apg verfolgt vor allem die Absicht, die politische Ungefährlichkeit des Paulus zu betonen (vgl. vor allem **25,19f**). Allein sein Appell an den Kaiser (25,11) verhindert, dass er freigelassen werden kann (26,31f). Die Juden und nicht die römischen Behörden erscheinen als die eigentlichen Gegenspieler (22,30–26,32).

Eine abenteuerliche Reise führt Paulus nach Rom (27,1–28,15). Dort ruft Paulus zunächst die führenden Männer der Juden zusammen und rechtfertigt sich vor ihnen (28,17–28). Die Predigt vor ihnen bleibt aber ohne überzeugenden Erfolg. Der Schlusssatz der Entgegnung des Paulus an sie und die folgende Notiz über seine ungehinderte Reich–Gottes–Predigt sind nicht nur Ende, sondern auch Ziel der Darstellung. „Den Heiden ist dieses Heil Gottes gesandt worden. Und sie werden hören!" (28,28).

Die paulinischen Briefe

Im Kanon des Neuen Testaments sind 14 Briefe überliefert, die dem Apostel Paulus als Verfasser zugeschrieben werden. 13 Briefe nennen ihn explizit im Absender. Im Hebr fehlt diese Angabe. Bei sieben dieser Briefe (Kol, Eph, 2Thess, 1.+2.Tim, Tit, Hebr) geht die Mehrheit der Forscher heute davon aus, dass sie nicht vom Apostel selbst verfasst worden sind, sondern auf (im weitesten Sinne) Schüler des Apostels zurückgehen. Bei den übrigen sieben Briefen (Röm, 1+2Kor, Gal, Phil, 1Thess, Phlm) wird die paulinische Verfasserschaft nicht bestritten.

Paulus bedient sich in seinen Briefen der zu seiner Zeit üblichen Topoi, variiert die antiken Briefkonventionen aber je nach Kommunikationssituation eigenständig. Er nutzt die Briefe, um Kontakt zu den Gemeinden zu halten (bzw. wie beim Röm neu herzustellen) und ihnen sein Evangelium zu verkündigen. Damit sind die Briefe neben den persönlichen Besuchen des Apostels und der Sendung von Boten ein wichtiges Element seiner Mission.

Alle paulinischen Briefe beginnen mit dem **Präskript**. Dazu gehören die Angaben über Absender und Adressaten und ein Eingangsgruß. Meist folgt eine **Danksagung** und häufig eine **briefliche Selbstempfehlung**, die das Verhältnis von Absender und Adressaten thematisiert. Danksagung und briefliche Selbstempfehlung werden zusammenfassend als **Proömium** bezeichnet.

Zum Briefschluss gehören eine **Schlussparänese** und das **Postskript**. Die Schlussparänese enthält nicht nur Mahnungen, sondern häufig auch Angaben über Reisepläne des Apostels und einen abschließenden Segenswunsch. Gelegentlich findet sich die Bitte um Fürbitte der Gemeinde. Zum Postskript gehören der Auftrag an die Adressaten, andere Gemeindeglieder zu grüßen, die Übermittlung von Grüßen anderer und der eigene Gruß des Absenders (**Eschatokoll**). Dieser Schlussgruß ist im Unterschied zu den antiken Gepflogenheiten zu einem ausgeführten Segenswunsch erweitert.

Der Römerbrief (Röm)

Der Röm gilt aufgrund seines Inhalts allgemein als der wichtigste Paulusbrief. Von zentraler Bedeutung ist er darüber hinaus durch seine Wirkungsgeschichte geworden. So hat Martin Luther z. B. aus Röm 1,16f ganz wesentliche theologische Anstöße erhalten.

Der Röm nimmt eine gewisse Sonderstellung unter den paulinischen Briefen ein, da er an eine Gemeinde gerichtet ist, die der Apostel nicht selbst gegründet hat. Paulus steht an einem entscheidenden Wendepunkt seiner Mission. Seine Tätigkeit im Osten des Römischen Reiches sieht er als beendet an. Er hat noch die Aufgabe, die Kollekte, die die Gemeinden in Mazedonien und Achaia für „die Armen unter den Heiligen in Jerusalem“ gesammelt haben, nach Jerusalem zu bringen. Danach hat er vor, seine Mission im Westen des Römischen Reiches, in Spanien, fortzusetzen. Auf dem Weg dorthin will er Rom besuchen und hofft auf die Unterstützung der römischen Gemeinde für sein Vorhaben (15,22–29).

Der Brief ist also von Paulus geschrieben worden, um sich und sein Evangelium der unbekannten Gemeinde vorzustellen. Dieses Anliegen erklärt die äußerste Zurückhaltung, die Paulus gegenüber den Adressaten walten lässt (vgl. 1,12; 15,14f) und die Ausführlichkeit der Argumentation. Der Apostel scheint mit der Möglichkeit zu rechnen, dass die römischen Christen bereits über gewisse Kenntnisse seiner Theologie verfügten. Er befürchtet offenbar, dass diese zu Missverständnissen geführt haben könnten. Unter dieser Voraussetzung ist die ausdrückliche Auseinandersetzung mit jüdischen (bzw. judenchristlichen) Gegenargumenten verständlich (vgl. 3,1–8; 9–11 u. ö.). Paulus will mögliche Missverständnisse ausgeräumt haben, bevor er in Rom eintrifft.

Forum Romanum

Über die Anfänge der christlichen Gemeinde in Rom wissen wir nichts Sicheres. Erst spätere Legenden führen ihre Gründung auf Petrus zurück. Die ersten Christen dürften als Kaufleute oder Handwerker in die Hauptstadt des Römischen Reiches gekommen sein. Die christliche Mission in Rom konnte eine große jüdische Diaspora als Ausgangsbasis nutzen. Vermutlich hat sie zunächst in mehreren Synagogengemeinden oder deren Umfeld Fuß gefasst. Dabei scheint es zu Auseinandersetzungen gekommen zu sein, die Kaiser Claudius Ende der 40er Jahre als Anlass nutzte, um gegen die Juden vorzugehen (Sueton, Claudius 25,4; vgl. Apg 18,2). Diese Ereignisse führten dazu, dass sich in Rom der Ablösungsprozess des jungen Christentums vom Judentum beschleunigte (Die neronische Christenverfolgung im Jahre 64 setzt voraus, dass den Behörden die christlichen Gemeinden als eigenständige Größen bekannt waren.).

Paulus geht im Röm davon aus, dass die Gemeinde in Rom mehrheitlich aus Heidenchristen besteht, denn er kann sie insgesamt als solche ansprechen (1,5.13–15; 11,13.17–32). Zugleich muss aber auch mit einer judenchristlichen Minderheit gerechnet werden, da sonst der in 14,1 – 15,13 behandelte Konflikt kaum verständlich wäre. Nach der Grußliste in 16,3–15 zu urteilen, haben einige Judenchristen an der Spitze von Hausgemeinden in Rom gestanden.

Die eben genannte Grußliste nennt explizit 5 Hausgemeinden in Rom (16,5.10.11.14.15). Wahrscheinlich sind es noch mehr gewesen. Frauen spielten eine aktive Rolle.

Paulus hat den Röm wahrscheinlich in Korinth im Hause des Gaius im Frühjahr 56 diktiert. Er ist wohl durch Phöbe, der Diakonin der Gemeinde in Kenchreä, überbracht worden (16,1).

1, 1–7	Präskript
1, 8–17	Proömium
1,18 – 3,20	Die Universalität der Sünde
3,21 – 5,21	Die Universalität des Heils
6,1 – 8,39	Die neue Existenz der Christen
9,1 – 11,36	Gerechtigkeit Gottes und Israel
12,1 – 15,13	Mahnungen zum Gemeindeleben
15, 14–33	Schlussparänese
16, 1–24	Postskript
16, 25–27	Später angefügter Schlusshymnus

Grobgliederung des Röm

Der Röm besteht, abgesehen vom Briefrahmen, aus zwei großen Teilen. Im 1.Teil entfaltet Paulus seine Rechtfertigungstheologie (1,18–8,39) mit ihren Konsequenzen für die Frage nach Gottes Gerechtigkeit im Verhältnis zum erwählten Volk Israel (Kap. 9–11). Im 2.Teil schreibt Paulus den Römern zunächst allgemeine Regeln des Gemeindelebens (Kap. 12f). Dann wendet er sich einem speziellen Problem in der römischen Gemeinde zu (14,1–15,13).

Die älteste handschriftliche Überlieferung des Röm legt die Vermutung nahe, dass der ursprüngliche Briefschluss nicht mehr erhalten ist. Der Schlusshymnus 16,25–27 ist sicher erst später hinzugefügt worden. Seine Formulierungen weisen ihn der Paulusschule zu. Wahrscheinlich hat er den abschließenden Segenswunsch, den Paulus sicher an das Ende des Briefes gestellt hatte, verdrängt. Diesem Mangel versucht ein Teil der Handschriften durch die Hinzufügung von 16,24 abzuhelfen.

Von den meisten Forschern wird 7,25b für eine später eingefügte Glosse gehalten, da vorher vom Gesetzesdienst gar nicht die Rede war. Auch die Polemik 16,17–20 steht im Verdacht nachträglicher Einfügung. Sie passt nicht zum sonstigen Stil des Röm und spricht teilweise eine unpaulinische Sprache.

Unter den Exegeten wurde heftig darüber diskutiert, ob 16,1–16 ein ursprünglicher Bestandteil des Röm ist. Manche Forscher meinten, dass Paulus in einer ihm unbekannten Gemeinde kaum so viele Personen hätte grüßen lassen können. Sie vermuteten in diesem Abschnitt deshalb das Fragment eines ursprünglich selbständigen Epheserbriefes. Da der Abschnitt aber innerhalb des Röm als eine Art vertrauensbildende Maßnahme – so viele und für die christlichen Gemeinden bedeutenden Personen kennt Paulus in Rom! – sinnvoll verstanden werden kann, ist diese Annahme nicht zwingend.

Paulus benutzt im Röm mehrfach (meist judenchristliche) Traditionen. So findet sich in 1,3b–4a eine **Bekenntnistradition**, während in 3,25.26a und 6,3f **Tauftraditionen** aufgenommen werden.

Formgeschichtlich lässt sich der Röm am ehesten als ein belehrender Brief bezeichnen, der zugleich um Zustimmung zur vorgetragenen Lehre wirbt (**logos protreptikos**).

1, 1–7	Präskript
1, 8–12	Danksagung
1, 13–17	Briefliche Selbstempfehlung

Briefanfang des Röm

Paulus erweitert die Absenderangabe um eine ausführliche Beschreibung des Evangeliums, zu dessen Verkündigung er auserwählt worden ist. Das Evangelium gilt allen Heiden, zu denen auch die römischen Christen gehören. Bereits in der Danksagung betont Paulus seinen schon lange gehegten Wunsch, die Gemeinde zu besuchen. Die briefliche Selbstempfehlung nimmt dieses Thema auf. Paulus liegt „alles daran, auch in Rom das Evangelium zu verkünden" (1,15). Am Ende formuliert der Apostel dann gleichsam das Thema des Röm (1,16f). Das Evangelium ist eine Kraft Gottes für **jeden**, der glaubt, und in ihm wird die **Gerechtigkeit Gottes** offenbar **aus Glauben zum Glauben**.

1,18 – 2,11	Gottes Zorn über alle Gottlosigkeit und Ungerechtigkeit der Menschen
2,12 – 3,20	Juden und Heiden sind unter der Sünde (3,1–8 Auseinandersetzung mit Einwänden)

Die Universalität der Sünde

Die Menschen haben sich von ihrem Schöpfer abgewandt. Deshalb kann kein Mensch über den anderen richten, denn Gott richtet die Menschen nach ihren Taten. Das gerechte Gericht Gottes trifft alle, zuerst die Juden, aber auch die Griechen (1,18–2,11). Die Heiden haben das Gesetz nicht, aber sie können das Gesetz von Natur aus halten. Wenn sie es nicht tun, werden sie gerichtet wie diejenigen, die das Gesetz haben. Die Juden haben das Gesetz, aber sie tun es nicht (2,12–29).

In 3,1–8 nennt Paulus mögliche Einwände gegen seine Schlussfolgerungen und wehrt sie kurz ab. Zwei Einwände nimmt er später noch einmal auf: Hebt die Untreue der Juden die Treue Gottes gegen sein auserwähltes Volk auf? (Kap. 9–11) und: Sollen wir Böses tun, damit sich Gottes Gerechtigkeit als umso größer erweist? (Kap. 6–8). Zunächst aber stellt er unter Verwendung eines umfangreichen Mischzitates nachdrücklich fest, dass alle, Juden und Griechen, unter der Herrschaft der Sünde stehen (3,9–20). Also wird niemand vor Gott gerecht durch des Gesetzes Werke (**3,20**; 2,12–3,20).

3, 21–31	Die in Jesus Christus offenbar gewordene Gerechtigkeit Gottes
4, 1–25	Schriftbeweis (Abrahams Verheißung)
5, 1–11	Die Versöhnung durch Christus als Grund zukünftigen Heils
5, 12–21	Adam–Christus–Typologie (universale Bedeutung der Versöhnung)

Die Universalität des Heils

Gott hat sich den Menschen im Kreuzestod Christi aus Gnade zugewandt. Darin hat er sich selbst als gerecht erwiesen und spricht den Menschen, der aus dem Glauben an Jesus Christus lebt, gerecht. Das bedeutet, dass der Mensch aus Glauben gerechtfertigt wird, nicht durch Gesetzeswerke (**3,28**; 3,21–31).

Abraham als Stammvater der Juden ist das biblische Beispiel für die Rechtfertigung aus Glauben (4,1–25). Er glaubte dem Gott, der den Gottlosen rechtfertigt (4,5). Die entscheidende Belegstelle Gen 15,6 wird über das Stichwort „anrechnen" mit Ps 32,1f kombiniert. Abraham hat die Beschneidung nur zur Besiegelung der Glaubensgerechtigkeit empfangen. Damit ist er der Vater aller Glaubenden, der Beschnittenen und der Unbeschnittenen (4,11f). Das wird durch den Verweis auf Gen 17,5 unterstrichen.

Durch Christus haben die Glaubenden Frieden mit Gott (5,1–11). Da sich in seinem Kreuzestod die Liebe Gottes als über alle Maßen groß erwiesen hat, können sie in der Hoffnung auf Rettung in Gottes Gericht leben. Sie erfahren diese Liebe in der Gabe des Heiligen Geistes (5,5).

Die Gnade, die Gott den Menschen im Kreuz Jesu Christi erwiesen hat, gilt allen Menschen. So wie durch Adam (als dem Stammvater der Menschheit) die Sünde in die Welt gekommen ist, ist die Gnade durch Jesus Christus zur Herrschaft gelangt (5,12–21).

6, 1–23	Freiheit von der Sünde verpflichtet zum Tun der Gerechtigkeit
7,1 – 8,17	Freiheit von der Sünde als Freiheit vom Gesetz zum Leben im Geist
8, 18–39	Die Zukunftsdimension christlicher Existenz

Die neue Existenz der Christen

In 6,1 nimmt Paulus den Einwand gegen seine Theologie wieder auf, den er in 3,8 nur ganz pauschal abgewehrt hatte: „Heißt das nun, dass wir an der Sünde festhalten sollen, damit die Gnade mächtiger werde?". Zunächst verweist er auf die Taufe, die dem Getauften Anteil am Kreuzes- und Auferstehungsschicksal Jesu Christi gibt. In der Taufe erfolgt die leibhaftige Abkehr des Sünders von der Sünde, d. h. der alte Mensch stirbt. Damit gewinnt der Glaubende Freiheit von der Sünde zu einem Leben für Gott in Jesus Christus. Ab 6,15 beschreibt Paulus den gleichen radikalen Umbruch im Leben der Christen mit dem Bild des Herrschaftswechsels. Die Christen stehen nicht mehr unter der Herrschaft des Gesetzes, sondern unter der Gnade. Das bedeutet aber keine Freiheit zum Sündigen, sondern vielmehr die Aufforderung zum Dienst der Gerechtigkeit (6,1–23)!

Die Freiheit vom Gesetz wird in 7,1–6 mit Hilfe eines Bildes aus dem Eherecht noch einmal unterstrichen. Da nun aber Sünde und Gesetz auf der negativen Seite zu stehen scheinen, besteht die Gefahr, dass das Gesetz Gottes als Sünde betrachtet wird. Paulus betont dagegen, dass das Gesetz Erkenntnis der Sünde bewirkt, aber durch die

Sünde pervertiert worden ist. Die Sünde erscheint gleichsam als dämonische Macht, die sich des heiligen Gesetzes bemächtigt (7,7–13).

Die Gefahr bleibt bestehen, dass die Christen wie vor der Taufe der Sünde verfallen. Unter ihrer Herrschaft gerät das „Ich" in einen tödlichen Kreislauf der Schuld. Die Sünde ist der Verwirklichung des Willens zum Guten stets voraus und bringt das „Ich" mittels der Tora zu Tode (7,14–24). Aus diesem verzweifelten Grundwiderspruch hat Gott durch Jesus Christus gerettet. Die Christen sind jetzt nicht mehr von der Sünde (dem „Fleisch") bestimmt, sondern vom Geist. Indem sie sich vom Geist Gottes leiten lassen, gewinnen sie das Leben. In diesem Geist sind sie Kinder Gottes (8,1–17; 7,1–8,17).

Die christliche Existenz ist eine Existenz auf Hoffnung hin (8,18–39). Die gesamte Schöpfung ist der Vergänglichkeit unterworfen und hofft mit den Christen auf die Offenbarung der zukünftigen Herrlichkeit. Für die Christen tritt der Geist als Fürbitter ein. Gott hat seinen eigenen Sohn für alle hingegeben – das ist die Basis der Hoffnung und Zuversicht der Glaubenden (8,32). Deshalb kann Paulus am Ende seiner Zuversicht in beinahe hymnischen Worten Ausdruck verleihen.

9, 1–5	Problemanzeige
9, 6–29	Die Verheißung gilt dem wahren Israel
9,30 - 10,21	Der Ungehorsam des empirischen Israel
11, 1–36	Das Geheimnis der Heilsgeschichte und die Rettung Israels

Gerechtigkeit Gottes und Israel

Ab 9,1 nimmt Paulus den zweiten großen Einwand gegen seine Theologie auf: Wie steht es mit den Verheißungen Gottes an Israel, wenn die Juden im Blick auf das Heil keinen Vorteil gegenüber den Heiden haben?

Die Einleitung 9,1–5 zeigt, dass Paulus von dieser Frage intensiv umgetrieben wird. In der folgenden Argumentation arbeitet er häufig mit Schriftzitaten. Zunächst verwehrt sich Paulus energisch gegen den Gedanken, dass Gottes Wort hinfällig geworden sein könnte. Die Verheißung bleibt selbstverständlich bestehen, gilt aber nicht allen Nachkommen Abrahams, denn Gott kann als Schöpfer frei auswählen. Außerdem geht schon aus der Schrift hervor, dass nur ein Rest Israels gerettet werden wird (9,6–29).

Israel strebte nach dem Gesetz der Gerechtigkeit, hat aber das Gesetz verfehlt, da es Gerechtigkeit auf der Basis von Werken zu erreichen suchte (9,32f). Christus aber ist das Ende des Gesetzes (**10,4**), deshalb gibt es Gerechtigkeit nur aus dem Glauben an ihn. Das gilt für Juden wie Griechen. Aber „nicht alle“ Juden sind dem Evangelium gehorsam geworden (9,30–10,21).

Daraus ergibt sich notwendig die Frage, ob Gott sein Volk verstoßen hat (11,1). Auch diesen Gedanken wehrt Paulus energisch ab. Jetzt setzt er die Rede vom Rest Israels positiv ein. Die Judenchristen sind der Beleg dafür, dass Gott sein Volk nicht verworfen hat. Die anderen aber sind verstockt, damit sie durch den Glauben der Heiden eifersüchtig gemacht werden (11,11f). Die Heidenchristen sind auf den Ölbaum des erwählten Volkes aufgepfropft worden. Deshalb haben sie keinen Grund zur Überheblichkeit. Gott könnte die Heidenchristen jederzeit wieder ausbrechen. Er kann auch Israel zum Glauben führen. So steht am Ende des Gedankenganges die Erkenntnis, dass die Art und Weise wie Gott seine Verheißungen gegen Israel erfüllen wird, allein in seiner Hand liegt (11,1–36).

12,1 – 13,14	Allgemeine Mahnungen zum Gemeindeleben
14,1 – 15,13	„Starke“ und „Schwache“ in der römischen Gemeinde

Mahnungen zum Gemeindeleben

12,1f leitet innerhalb der paulinischen Argumentation vom stärker lehrhaft geprägten ersten Teil des Briefes zur allgemeinen Paränese über (12,1–13,14).

Mit dem Bild vom Leib und den Gliedern mahnt Paulus zum gleichberechtigten Miteinander der verschiedenen Gnadengaben. Die Gemeindeglieder sollen die Liebe sowohl untereinander als auch nach außen leben. Den letzten Aspekt weitet Paulus zu einer Betrachtung des Verhältnisses zur römischen Obrigkeit aus – die Christen sollen keine Konflikte provozieren. Das grundlegende Gebot ist das Gebot der Nächstenliebe. Wer dieses erfüllt, erfüllt auch das Gesetz. Eine apokalyptische Mahnung schließt den allgemeinen Teil ab.

Danach wendet sich Paulus einem speziellen Problem in der römischen Gemeinde zu (14,1–15,13). Die „Schwachen“ verzichten auf Fleisch (14,2), Wein (14,21) und achten auf bestimmte Tage (14,5). Die „Starken“ hingegen halten diese Regeln für überflüssig.

Paulus sieht durch diesen Konflikt das Wesen der christlichen Gemeinde betroffen. Obwohl er im Streit um die Speisegebote eine klare eigene Position vertritt (14,14), sieht er die eigentliche Gefahr in der inneren Spaltung der Gemeinde durch gegenseitiges Richten und Verachten. Dadurch wird letztlich das Heilswerk Gottes in Jesus Christus in Frage gestellt. Deshalb steht im Zentrum des letzten Argumentationsganges der berühmte Satz: „Darum nehmt einander an, wie auch Christus uns angenommen hat, zur Ehre Gottes“ (15,7).

15, 14–33	Schlussparänese
16, 1–24	Postskript
16, 25–27	Später angefügter Schlusshymnus

Nach den Mahnungen begründet Paulus zunächst, warum er sich doch so relativ konkret in das Gemeindeleben der Römer gemischt hat (15,14–16). Danach blickt er kurz auf sein bisheriges Missionswerk zurück und nennt seine weiteren Pläne (15,17–29). Die Fürbitte der röm. Gemeinde wird erbeten, da Paulus seine Gegner in Judäa fürchtet und nicht ganz sicher ist, wie die Kollekte in Jerusalem aufgenommen werden wird (15,30–33).

Im Postskript empfiehlt er Phöbe, die Diakonin der Gemeinde von Kenchreä. Eine lange Grußliste, in der Paulus häufig ausdrücklich die Verdienste der einzelnen Gegrüßten um die Gemeinden bzw. die Mission und seine Person nennt, folgt (16,3–16). Die plötzliche harte Polemik gegen Irrlehrer (16,17–20) wirkt hier deplatziert (s. o.). Es folgen die Grüße der Mitarbeiter des Paulus und des Briefschreibers.

Ein Hymnus auf Gott und das Evangelium schließt jetzt den Brief ab.

Der 1. Korintherbrief (1Kor)

Der 1Kor ist Teil einer längeren Korrespondenz, die Paulus mit der Gemeinde in Korinth geführt hat. 5,9 zeigt, dass unserem 1Kor schon ein Brief des Apostels vorausgegangen ist. Der 2Kor ist dann Ergebnis des weiteren Dialogs zwischen ihm und der Gemeinde.

Korinth war 44 v.Chr. durch Cäsar als Kolonie für seine Veteranen neu gegründet worden. Seit 27 v.Chr. war die Stadt Hauptstadt der senatorischen Provinz Achaia und Sitz des Statthalters. Sie lag verkehrstechnisch sehr günstig an einer Landenge und hatte 2 Häfen, die sie zu einer wirtschaftlichen Drehscheibe zwischen Asien und Rom machten. Handel, Finanzgeschäfte und handwerkliche Produktion bestimmten das Leben der Stadt.

Als Handels- und Hafenstadt hatte Korinth eine bunt gemischte Bevölkerung, in der es ein starkes römisches Element gab. Eine Vielzahl hellenistisch-orientalischer Kulte ist belegt.

Die kulturelle, religiöse und soziale Vielfalt der Stadt spiegelte sich auch in der christlichen Gemeinde wider. Die Mehrzahl der Gemeindeglieder waren ehemalige Heiden (vgl. 12,2). Daneben hat es auch Judenchristen gegeben (Röm 16,21; Apg 18,8). Ein großer Teil der Gemeinde gehörte sozial zu den unterprivilegierten Schichten (vgl. 1,26; 7,21; 11,22b), aber nicht zu den ganz Armen (vgl. 16,2). Es gab in der Gemeinde auch Angehörige der Oberschicht (z. B. der in Apg 18,8 erwähnte Krispus; (vermutlich) Erastus [Röm 16,23]), die dann entsprechend die Räumlichkeiten für die Gemeindeversammlungen und Herrenmahlfeiern zur Verfügung stellen konnten (vgl. 11,21f).

Die im 1Kor behandelten Themen führen uns eine lebendige Gemeinde vor Augen, die mit einer Reihe von Problemen zu kämpfen hat. 7,1 zeigt, dass sich die Gemeinde mit einem Brief an den Apostel gewandt hat, der auf die darin enthaltenen Fragen antwortet. Folgt man der hier erstmalig begegnenden Formel „betreffs aber" (der Angelegenheit, deretwegen ihr geschrieben habt; περὶ δέ / peri de), ergeben sich diese Anfragen: Ehe und Ehelosigkeit (7,1), Jungfrauen (7,25), Götzenopferfleisch (8,1), Geistesgaben (Charismen) (12,1), Kollekte für Jerusalem (16,1) und Apollos (16,12).

Daneben bezieht sich Paulus in seinem Brief auf Informationen, die er durch die Leute der Chloe erhalten hat (1,11). Das betrifft vor allem die Parteiungen in der Gemeinde. Möglicherweise haben diese Leute ihm auch weitere Dinge aus der Gemeinde berichtet, die Paulus als Missstände wertet und auf die er reagiert: Ein Fall von Blutschande (5,1), Prozesse zwischen Gemeindegliedern vor heidnischen Gerichten (6,1ff), Umgang mit Prostituierten (6,12ff), Missstände beim Herrenmahl (11,18) und die Praxis der Vikariatstaufe (15,29).

Der 1Kor ist in Ephesus (16,8) im Frühjahr 54 geschrieben worden.

1, 1–3	Präskript
1, 4–9	Proömium
1,10 – 4,21	Parteistreitigkeiten in der Gemeinde
5,1 – 6,20	Sittliche Missstände in der Gemeinde
7, 1–40	Probleme im Umfeld von Ehe und Scheidung
8,1 – 11,1	Umgang mit Götzenopferfleisch
11, 2–34	Missstände in der Gemeindeversammlung
12,1 – 14,40	Charismen in der Gemeinde
15, 1–58	Die Auferstehung der Toten
16, 1–18	Schlussparänese
16, 19–24	Eschatokoll

Grobgliederung des 1Kor

Im 1Kor lässt sich keine den ganzen Brief durchziehende einheitliche Gedankenführung feststellen. Wir haben einen **themenorientierten**

Brief vor uns, bei dem Paulus mit dem für ihn drängendsten Problem, der Parteienbildung in der Gemeinde, beginnt. Deshalb kann man den 1Kor als **Aufruf zur Eintracht und Einheit** bezeichnen.

1, 1–3	Präskript
1, 4–9	Proömium

Das Präskript (1,1–3) erwähnt Sosthenes als Mitabsender des Briefes. Die Adressatenangabe nennt in V.2 zusätzlich zu den Korinthern „alle, die den Namen unseres Herrn Jesus Christus anrufen, an jedem Ort“. Diese katholische Adresse geht vermutlich auf die Zeit zurück, in der die Paulusbriefe zwischen den Gemeinden ausgetauscht worden sind, ist also nicht ursprünglich. Ein Segenswunsch (im protestantischen Gottesdienst als Kanzelgruß üblich) schließt das Präskript ab.

Das Proömium (1,4–9) besteht aus einer Danksagung für die reichen Gnadengaben der Gemeinde. Die briefliche Selbstempfehlung fehlt. Elemente aus ihr sind in 1,10–17 eingegangen.

1, 10–17	Spaltungen in der korinthischen Gemeinde
1,18 – 2,5	Das Wort vom Kreuz als Grundlage christlicher Existenz
2, 6–16	Weisheitspredigt des Paulus
3, 1–23	Theologische Auseinandersetzung mit den Parteiungen
4, 1–21	Auseinandersetzung mit dem Anspruch der Korinther auf absolute Freiheit (der Apostel als Beispiel)

Parteistreitigkeiten in der Gemeinde

Die Leute der Chloe haben Paulus berichtet, dass es zu Spaltungen in der Gemeinde gekommen ist (1,10–17). Es haben sich Gruppen gebildet, die sich auf verschiedene Missionare berufen. Paulus nennt sich selbst, Apollos und Kefas (Petrus). Als vierte Gruppierung erwähnt er eine Christuspartei – möglicherweise eine rhetorische Zuspitzung.

Im Kreuz Jesu Christi hat Gott weltliche Weisheit ad absurdum geführt. Gott erwählt das Törichte und Schwache, damit sich die Christen **nur** in Christus Jesus rühmen können. In ihm erlangen sie Gerechtigkeit, Heiligung und Erlösung (1,30). Dem Wort vom Kreuz entspricht die Predigt des Apostels, die nicht rhetorisch glänzt, sondern sich auf die Kraft Gottes stützt (1,18–2,5).

Trotzdem kann Paulus seine Verkündigung als Weisheitspredigt bezeichnen. Sie schöpft aus dem Geist Gottes, denn Gott hat sich den Glaubenden im Geist offenbart. Die in irdischem Denken befangenen Menschen aber können die Weisheit Gottes nicht erkennen (2,6–16).

Paulus erinnert die Gemeinde an ihre Gründung. Damals waren sie noch irdisch eingestellt und er musste seine Missionspredigt darauf ausrichten. Angesichts der Spaltungen in der Gemeinde befürchtet er jetzt, dass sie wieder in diesen Zustand zurückgefallen sind. Sowohl Paulus als auch Apollos sind nur Gärtner im Garten Gottes (der Gemeinde) und Architekten, die auf dem Fundament bauen, das allein in Christus gelegt ist. Die Gemeinde ist der Tempel Gottes, der nicht (durch Spaltungen) entweiht werden darf. Niemand also soll sich „in der Welt" weise dünken und sich irgendeines Menschen rühmen (3,1–23).

Den Christen gehört alles (3,21f) – darin ist sich der Apostel mit den Korinthern einig –, sie aber gehören Christus und damit letztlich Gott. Absolute Freiheit kann es für Christen nicht geben. Das verdeutlicht Paulus an seiner Existenz als Apostel (4,1–21). Sie entspricht seiner Kreuzespredigt und soll den Korinthern als Beispiel dienen. Alles, was sie haben, ist von Gott geschenkt und kein Grund zur Selbstüberhebung.

Am Ende der Auseinandersetzung mit den Parteiungen in der Gemeinde kündigt Paulus seinen Besuch und die direkte Auseinandersetzung mit den sich weise Dünkenden in der Gemeinde an.

5, 1–13	Ein Fall von Blutschande
6, 1–11	Prozesse von Christen vor heidnischen Gerichten
6, 12–20	Warnung vor Unzucht (Umgang mit Prostituierten)

Sittliche Missstände in der Gemeinde

Paulus ist zu Ohren gekommen, dass ein Gemeindeglied mit seiner Stiefmutter zusammenlebt. Er fordert die Gemeinde dringend auf, diesen Mann aus ihrer Mitte auszustoßen. In diesem Zusammenhang klärt er ein Missverständnis, das sich aus einem früheren Brief ergeben hat. Die Warnung vor Umgang mit den Unzüchtigen war nicht auf Abgrenzung nach außen gerichtet, sondern die Gemeinde soll sich selbst von Unzucht freihalten (5,1–13).

Christen führen Prozesse vor heidnischen Gerichten. Das ist für Paulus ein Unding. Schon die Tatsache des Prozessierens als solche widerspricht seinem Verständnis von Gemeinde, denn sie belegt, dass man einander Unrecht zufügt. Die Christen sind von Gott geheiligt und sollen nicht wieder in alte Verhaltensweisen zurückfallen, an die Paulus erinnert (6,1–11).

Erstmalig (vgl. 10,23) zitiert Paulus das Schlagwort „Alles ist mir erlaubt!“ – und schränkt sofort ein: „Aber nicht alles nützt mir.“ 6,12). Die Leiber der Christen sind Glieder Christi und Tempel des Heiligen Geistes. Deshalb ist für einen Christen Umgang mit einer Prostituierten unmöglich (6,12–20).

7, 1–40	Probleme im Umfeld von Ehe und Ehescheidung

Jetzt wendet sich Paulus den Anfragen der Korinther zu. Obwohl es in 7,1–40 um die Frage von Ehe und Ehelosigkeit geht, steht doch für den Apostel die Problemlage im Hintergrund, wie sich Christen zu sozialen Bindungen und Bezügen überhaupt verhalten sollen. Das macht insbesondere der Exkurs 7,17–24 mit seinem Plädoyer gegen das Streben nach Änderung des sozialen Status deutlich.

Die einleitenden Erörterungen zur Ehe stehen zunächst unter dem Gesichtspunkt, dass die Ehe dazu dient, die Unzucht einzudämmen. Im Anschluss an ein Herrenwort (vgl. Mk 10,11f parr) erklärt Paulus die Ehe für unauflöslich. Ausnahme ist allein die Ehe mit einem Nichtchristen. Wenn dieser die Scheidung will, soll der christliche Ehepartner einwilligen.

Nach dem oben genannten Exkurs wendet sich Paulus der Frage der (von ihm bevorzugten) Ehelosigkeit zu. Er sieht das Ende dieses Weltzeitalters nahe bevor. Deshalb soll sich niemand mit irdischen Sorgen belasten. Den irdischen Bezügen gegenüber gilt eine Haltung des „Haben, als hätte man nicht“ (ὡς μή / hos mē). In dieser letzten bedrängenden Zeit soll man allein versuchen, dem Herrn zu gefallen. Paulus betont ausdrücklich, dass dies aus seiner Sicht der bessere Weg sei, lässt aber andere Lösungen zu.

8, 1–13	Nicht nach der Erkenntnis, sondern nach der Liebe!
9, 1–27	Der Apostel als Beispiel für Rechtsverzicht
10,1 – 11,1	Theologische Erörterung des Problems

Umgang mit Götzenopferfleisch

In Korinth gibt es Auseinandersetzungen um das Essen von Fleisch, das aus Opferhandlungen stammt. Paulus stimmt denjenigen zu, die die „Erkenntnis“ haben, dieses Fleisch sei theologisch irrelevant, da es nur den einen Gott gibt. Trotzdem mahnt er sie, auf das Essen des

Götzenopferfleisches zu verzichten, um den „schwachen" Brüdern aus Liebe keinen Anstoß zu geben (8,1–13).

In 9,1–27 bedenkt Paulus grundsätzlich, wie mit der Freiheit in Christus umzugehen ist. Er macht an seiner eigenen Arbeit als Apostel deutlich, dass es keine absolute Freiheit geben kann. Das Evangelium und seine Verkündigung markieren die Grenze (**9,19–27**).

In der theologischen Erörterung des Problems (10,1–11,1) dient die Exodusgeschichte als warnendes Beispiel für die Korinther (10,1–13). Sie sollen sich nicht von der Gier nach dem Bösen beherrschen lassen wie die Väter. Gott wird die Versuchung bestehbar halten.

Läufer im Stadion

Das Herrenmahl darf nicht mit heidnischen Kultmahlen vermischt werden (10,14–22). Deshalb ist den Christen die Teilnahme daran strikt untersagt. Die Freiheit, Götzenopferfleisch zu essen, gilt nur für auf dem Markt gekauftes Fleisch und bei Einladungen zu Gastmählern (10,23–11,1). Man soll aber nicht bewusst Götzenopferfleisch essen, um das Gewissen des anderen (gemeint ist jetzt wohl der heidnische Gastgeber) nicht zu belasten.

11, 2–16	Verschleierung der Frauen im Gottesdienst
11, 17–34	Missstände bei den Herrenmahlfeiern der Gemeinde

Missstände in der Gemeindeversammlung

Paulus mahnt die Gemeinde in Korinth unter Hinweis auf den in den anderen Gemeinden üblichen Brauch, dass die Frauen in den Gemeindeversammlungen einen Kopfschleier tragen sollen (11,2–16).

Dann wendet er sich den Herrenmahlfeiern zu, bei denen es zu chaotischen Szenen gekommen sein muss (vgl. 11,20–22). Paulus zitiert die Abendmahlsüberlieferung (**11,23–25**), um die Korinther an den theologischen Sinn der Feier des Herrenmahls (Verkündigung des Todes des Herrn bis zur Parusie) zu erinnern. Wenn ihre Feiern diesem Anspruch nicht entsprechen, geschehen sie zum Gericht (11,17–34).

12, 1–31	Verschiedene Charismen, aber ein Leib Christi
13, 1–13	Die Liebe als Richter und Norm aller Charismen (**„Hoheslied der Liebe"**)
14, 1–40	Glossolalie und prophetisches Reden

Charismen in der Gemeinde

Es gibt verschiedene Geistesgaben (Charismen) in der Gemeinde, aber sie kommen alle aus dem Geist Gottes. Durch die Taufe sind alle Christen Glieder des **Leibes Christi**. Wie kein Glied des Leibes allein existieren kann, so kann kein Charisma für sich existieren und sich über andere erheben. Jeder hat seine spezielle Gnadengabe und Funktion in der Gemeinde (12,1–31).

Der höchste Weg aber ist der der Liebe (13,1–13). Sie bleibt auch, nachdem alles Stückwerk vergangen ist. „Für jetzt bleiben Glaube, Hoffnung, Liebe, diese drei; doch am größten unter ihnen ist die Liebe.“ (**13,13**)

Im Anschluss an den Lobpreis der Liebe erörtert Paulus das Verhältnis von Zungenrede (Glossolalie) und prophetischer Rede (14,1–40). Die Zungenrede dient primär der eigenen Erbauung, es sei denn, sie wird ausgelegt. Die prophetische Rede dagegen dient der Erbauung der Gemeinde. Deshalb ist sie vorzuziehen. In den Gemeindeversammlungen soll Zungenreden nur zugelassen werden, wenn es ausgelegt wird.

Das Schweigegebot gegenüber den Frauen (14,33b–36) ist vermutlich erst von einem Redaktor in diesen Zusammenhang eingetragen worden (Spannung zu 11,5). Er sah in ihrer Rede ebenfalls ein Zeichen der Unordnung.

15, 1–11	**Das Zeugnis der Auferstehung**
15, 12–58	Auseinandersetzung mit den Leugnern der Auferstehung

Die Auferstehung der Toten

Wie häufig bei strittigen Fragen erinnert Paulus die Adressaten zunächst an die gemeinsame Tradition (**15,3b–5**). Da die Auferstehung der Toten umstritten ist, fügt er den in der Überlieferung genannten Zeugen der Auferstehung Jesu Christi weitere hinzu, am Ende sich selbst (15,1–11).

Wer die Auferstehung der Toten leugnet, leugnet die Auferstehung Jesu Christi. Das aber stellt die Grundlage des Glaubens grundsätzlich in Frage. Da aber Christus auferstanden ist (vgl. die Zeugen), werden in ihm alle lebendig gemacht. In diesem Zusammenhang führt der Apostel eine Art apokalyptischen Fahrplan an (beachte **V.28**). Schon die korinthische Praxis, sich für Tote taufen zu lassen (Vikariatstaufe), belegt, dass die Hoffnung auf die Auferstehung vorausgesetzt wird. Aber auch das ständig vom Tode bedrohte Leben des Apostels beweist diese Hoffnung.

Die Art und Weise der Auferstehung lässt sich nur im Gleichnis ausdrücken. Paulus vergleicht Sterben und Auferstehen mit Saat und Aufkeimen der Samen. Der irdische Leib stirbt und ein himmlischer Leib wird auferstehen. Am letzten Tag werden alle, Lebende und Tote, verwandelt werden (15,12–58).

16, 1–18	Schlussparänese
16, 19–24	Eschatokoll

In der Schlussparänese (16,1–18) regelt Paulus zunächst das Verfahren, nach dem die Kollekte für die Jerusalemer Gemeinde gesammelt werden soll. Danach teilt er seine Reisepläne mit und kündigt seinen Besuch an. Schließlich empfiehlt er Timotheus, Stephanas, Fortunatus und Achaikus und teilt mit, dass Apollos im Moment nicht kommen will.

Das Eschatokoll besteht aus Grüßen, einer Fluchformel, einem Gebetsruf und abschließenden Segenswünschen.

Der 2. Korintherbrief (2Kor)

Der 2Kor ist in der überlieferten Gestalt vermutlich kein einheitlicher Brief. Er ist durch die Zusammenfügung von (eventuell sogar mehr als) zwei Briefen entstanden, die Paulus an die Korinther geschrieben hat. Das ist vor allem daran erkennbar, dass im 2Kor ganz unterschiedliche Situationen vorausgesetzt werden. Ein starker Bruch ist zwischen den Kap. 9 und 10 zu beobachten. Während Paulus in Kap. 8f für die Kollekte zugunsten der Jerusalemer Gemeinde wirbt – und doch offensichtlich auf Erfolg hofft (9,1f) – zeugen die Kap. 10–13 von einem äußerst gespannten Verhältnis zwischen dem Apostel und der Gemeinde. Paulus argumentiert polemisch, z. T. sarkastisch, gegen fremde „Überapostel“ (11,5; 12,11), unter deren Einfluss die Gemeinde geraten ist. Diese Fremdmissionare werden schon vorher im 2Kor erwähnt (2,17; 3,1; 5,12). Dort setzt sich Paulus aber mittels einer in ruhigem Ton argumentierenden Verteidigung seines Apostolats mit ihnen auseinander. Die Eingangspassagen des 2Kor schließlich setzen voraus, dass das Verhältnis zwischen dem Apostel und der Gemeinde nach einem zwischenzeitlichen Zerwürfnis wieder intakt ist (1,12–2,11).

Wir können also aufgrund der in den genannten Kapiteln vorausgesetzten Situationen zumindest zwei Briefe (bzw. Brieffragmente) aus dem 2Kor rekonstruieren:

- eine (polemische) Verteidigung des paulinischen Apostolats: Kap. 10–13 (häufig mit dem von Paulus in 2,4 erwähnten „Tränenbrief“ identifiziert);
- und ein in versöhnlichem Ton gehaltenen Brief, der auch die Kollektenfrage behandelt.

Unsicher und in der Forschung umstritten ist die Frage, ob auch die Apologie des paulinischen Apostolats in 2,14 – 7,4 Teil eines ursprünglich selbständigen Briefes war. Dafür könnte die Unterbrechung des Reiseberichtes nach 2,13 sprechen, der dann in 7,5 weitergeführt wird. Dagegen wird das argumentative Gesamtkonzept der Kap. 1–9 ins Feld geführt. Wenn 2,14 – 7,4 als selbständiges Brieffragment angesehen wird, wird es chronologisch vor den „Tränenbrief“ eingeordnet.

Die Korrespondenz des 2Kor ist zwischen Sommer 54 und Frühjahr 55 anzusetzen.

1, 1f	Präskript
1, 3–11	Proömium
1,12 – 2,11	Apologie des Apostels
2, 12f	Beginn des Reiseberichtes
2,14 – 7,4	1. Apologie des paulinischen Apostolats
7, 5–16	Fortsetzung des Reiseberichtes
8,1 – 9,15	Appell zur Fortsetzung der Kollekte
10,1 – 12,13	2. Apologie des paulinischen Apostolats
12,14 – 13,11	Schlussparänese
13, 12f	Postskript

Grobgliederung des 2Kor

Die Grobgliederung des 2Kor zeigt, dass er weithin **apologetischen Charakter** hat. Alle seine Teile sind von dem Bemühen des Apostels geprägt, sein von der Kreuzestheologie her entwickeltes Apostolatsverständnis gegen die „Überapostel“ zu verteidigen.

1, 1f	Präskript
1, 3-11	Proömium

Der 2Kor ist an die Gemeinde in Korinth und an alle Christen in der Provinz Achaia gerichtet (1,1f). Diese erweiterte Adresse wird verständlich, wenn man die Kollektenkapitel (8f) berücksichtigt.

Die Danksagung (1,3–7) preist Gott als den Tröster im Leid. Den Grund für diesen Lobpreis nennt Paulus in der brieflichen Selbstempfehlung (1,8–11), die auf eine große Bedrängnis des Apostels – vermutlich eine Gefangenschaft in Ephesus – zurückblickt (1,3–11).

1,12 – 2,4	Begründung der Handlungsweise des Apostels gegenüber der Gemeinde
2, 5–11	Bitte um Vergebung für den bestraften Beleidiger
2, 12f	Beginn des Reiseberichtes

Apologie des Apostels und Beginn des Reiseberichtes

Der gesamte Abschnitt nutzt weiterhin Elemente der brieflichen Selbstempfehlung, bietet dabei aber eine Art Rechenschaftsbericht.

In der Begründung seiner Handlungsweise (1,12–2,4) betont der Apostel zunächst, dass er aufgrund der göttlichen Gnade in Aufrichtigkeit und Lauterkeit gegenüber der Gemeinde gehandelt hat (1,12–14). Dann begründet er die Änderung seines ursprünglichen Planes, die Gemeinde erneut persönlich zu besuchen. Diese Änderung geschah nicht aus Wankelmut, der dem Wesen Christi nicht entspräche, sondern um die Gemeinde nicht zu betrüben. Stattdessen hat Paulus der Gemeinde „aus großer Bedrängnis und Herzensnot, unter vielen Tränen" einen Brief geschrieben (1,15–2,4).

Er bittet für ein Gemeindemitglied, das den Apostel – vermutlich bei einem Besuch der Gemeinde – „betrübt" hat. Der in 2,4 erwähnte Brief hat bewirkt, dass derjenige durch die Mehrheit der Gemeinde verurteilt worden ist. Paulus mahnt zur Liebe und Verzeihung, denn auch er hat verziehen (2,5–11).

In 2,12f beginnt Paulus mit der Schilderung seines Reiseweges.

2,14 – 4,6	Die apostolische Verkündigung als Siegeszug Christi
4,7 – 6,10	Die apostolische Verkündigung als von Niedrigkeit geprägter Dienst am Versöhnungswerk Gottes
6,11 – 7,4	Dringliche Bitte an die Korinther, sich den Argumenten des Apostels zu öffnen (6,14–7,1 nachpaulinische Mahnung zur Abgrenzung von den Ungläubigen)

1. Apologie des paulinischen Apostolats

Eine erneute Danksagung unterbricht den Reisebericht (2,14a). Der Dank gilt Gott für den Triumphzug Christi, dessen Mittel Paulus ist (2,14b–16a). Dann stellt Paulus die entscheidende Frage, auf die er in vier Durchgängen antwortet: „Wer aber ist dazu fähig?“ (2,16b).

1.) Paulus hat das Evangelium ohne geschäftliche Interessen verkündigt. Die Korinther haben durch ihn die Macht des Evangeliums erfahren. Deshalb sind sie die Empfehlung des Apostels und er braucht keine mit Tinte geschriebenen Empfehlungsbriefe (2,17–3,3).

2.) Gott selbst hat Paulus zum Dienst am Neuen Bund des Geistes befähigt. In diesem Dienst erstrahlt die Herrlichkeit des Bleibenden im Gegensatz zum vergänglichen Dienst am tötenden Buchstaben (3,4–11; beachte **3,6**).

3.) Die Hoffnung auf diese bleibende Herrlichkeit befreit den Apostel zu freimütigem Auftreten (3,12–18; beachte **3,17**).

4.) Deshalb lehrt Paulus offen die Wahrheit. Das Evangelium erleuchtet die Herzen der Glaubenden (4,1–6; Wiederaufnahme von 2,14–16 am Ende → Ringkomposition).

Der lobpreisenden Beschreibung der Herrlichkeit Christi (2,14–4,6) setzt Paulus die Niedrigkeit der apostolischen Existenz entgegen (**4,7**; 4,7–6,10). Der Apostel macht in seinem Leiden die Erfahrung, von Gott nicht verlassen zu sein. Darin offenbart sich das Leben Jesu. Paulus lebt diese apostolische Existenz aus der Gewissheit der Auferstehung und um der Gemeinde willen. Gott gibt die Kraft, in der irdischen Leidensexistenz zu bestehen. Der Geist ist als Angeld künftiger Erlösung gegeben worden (4,7–5,10).

Gott hat in Christus die Welt mit sich versöhnt. Ein neuer Anfang, eine **neue Schöpfung**, ist im Kreuzesgeschehen gesetzt worden. Der Apostel ist in seiner leidenden Existenz Gesandter an Christi Statt. Deshalb kann er im Namen Gottes zur Versöhnung mit ihm rufen und die Gnade verkündigen (5,11–6,2).

Der Dienst des Apostels entspricht also in seinem Wesen dem Handeln Gottes im Kreuz Jesu Christi. Darin erweist Paulus sich als wahrhaftiger Diener Gottes (6,3–10).

Am Ende steht die dringende und zuversichtliche Bitte an die Korinther, den vorgetragenen Argumenten zu folgen (6,11–7,4).

7, 5–16	Der Erfolg der Mission des Titus
8, 1–24	Kollekte in Korinth; Empfehlung des Titus und seiner Begleiter
9, 1–15	Abschluss der Kollekte in ganz Achaia; die Frucht der Kollekte

Fortsetzung des Reiseberichtes und Appell zur Fortsetzung der Kollekte

In 7,5 setzt Paulus den in 2,12f begonnenen Bericht fort. Er schildert seine Beglückung durch den Erfolg des Titus, der wohl den in 2,4 genannten Brief überbracht hatte. Die Gemeinde hat sich ganz auf die Seite des Apostels gestellt (7,5–16).

Paulus mahnt die Gemeinde in Korinth, die Sammlung für die Jerusalemer Gemeinde (die Heiligen) abzuschließen. Dazu stellt er ihr das Beispiel der Gemeinden in Mazedonien vor Augen. Titus ist bereits mit zwei Begleitern abgereist, um die Gaben in Empfang zu nehmen. Sie werden der Gemeinde von Paulus dringend empfohlen (8,1–24).

Dann weitet Paulus den Blick auf die gesamte Provinz Achaia. Hier ist die Kollekte schon abgeschlossen und die drei Genannten sollen das zusammengekommene Geld auch dort einsammeln. Mit ihren Gaben für die Jerusalemer danken die Gemeinden Gott für seine Gaben an sie. Die empfangende Gemeinde wird sich den Gebern im Evangelium Christi verbunden wissen und Gott dafür preisen (9,1–15).

10,1 – 11,15	Abwehr von Vorwürfen der Gegner gegen den Apostel
11,16 – 12,13	**Narrenrede**
12,14 – 13,11	Schlussparänese
13, 12f	Postskript

2. Apologie des paulinischen Apostolats und Briefschluss

Die zweite im 2Kor enthaltene Apologie ist möglicherweise mit dem „Tränenbrief" (2,4) identisch. Sie enthält die wohl eindrücklichste uns überlieferte Argumentation des Apostels zugunsten seiner Auffassung vom Wesen des Apostelamtes.

Zunächst verteidigt er sich gegen die Vorwürfe seiner Gegner (10,1–11,15). Ihm wird vorgehalten, er sei in seinen Briefen gewichtig und stark, aber sein persönliches Auftreten sei matt und armselig. Dagegen betont Paulus seine von Gott gegebene Fähigkeit „alle hohen Gedankengebäude nieder(zureißen), die sich gegen die Erkenntnis Gottes auftürmen" (10,5). Er droht mit machtvollem Auftreten bei einem erneuten Besuch (10,1–11).

Die Gegner legen einen fremden (menschlichen) Maßstab an und empfehlen sich selbst (rühmen sich). Paulus aber ist als erster mit dem Evangelium Christi zu den Korinthern gekommen und vom Herrn empfohlen (10,12–18).

Paulus ist der Gemeinde nicht zur Last gefallen. Das wird ihm jetzt zum Vorwurf gemacht. Er habe nur deshalb nichts genommen, da er ein rhetorischer Stümper sei. Er aber wollte die Gemeinde nur zu Christus führen (11,1–15).

Im Laufe dieses Eingangsteils steigert sich die Polemik des Paulus gegen die fremden Apostel. Werden ihre Vorwürfe zunächst nur polemisch genannt (10,2.7), folgt in 10,12f bereits eine scharfe persönliche Attacke (vgl. 11,5), die dann am Ende in den Vorwurf mündet, sie seien „Lügenapostel" und Handlanger Satans (11,13–15).

Im Zentrum der zweiten Apologie steht die „Narrenrede" (11,16–12,13). Paulus lässt sich sarkastisch auf die Maßstäbe der Gegner ein und führt sie zugleich von seiner Theologie her ad absurdum.

Zunächst bittet er die Gemeinde, ihn als prahlenden Narren gewähren zu lassen. Sie ertragen ja auch das Treiben der fremden Apostel. Dann fällt das entscheidende Stichwort der **„Schwachheit"** (11,21a).

Haben sich die Gegner ihrer Stärken gerühmt, so rühmt sich Paulus in einem ganzen Katalog von Leiden (Peristasenkatalog) seiner Schwachheiten (11,21b–33). Seine Geisterfahrungen (Entrückung) schildert er dagegen wortkarg und distanziert in der dritten Person.

Paulus wird durch seine Krankheit daran gehindert, sich zu überheben. Er hat darüber mit Gott gerungen und die für ihn entscheidende Offenbarung erhalten: **„Meine Gnade genügt dir; denn sie erweist ihre Kraft in der Schwachheit." (12,9)**. In der Schwachheit des Apostels erweist sich die Kraft Christi als mächtig.

Am Schluss der Narrenrede weist Paulus darauf hin, dass auch seine Wirksamkeit in der Gemeinde von den Zeichen der Apostel begleitet war. Die Gemeinde soll ihm das „Unrecht" verzeihen, ihr nicht zur Last gefallen zu sein .

In der Ankündigung seines dritten Besuches spricht Paulus die Befürchtung vor erneuten schweren Auseinandersetzungen und Demütigungen aus. Er will aber zur Erbauung der Gemeinde wirken und erwartet, dass die Gemeinde sich selbst zurecht bringt und erneuert. Von den Gegnern ist keine Rede mehr. Die gesamte Schlussparänese hat einen stark werbenden Unterton (12,14–13,11).

Ein stilgerechtes Postskript (13,12f) schließt den Brief ab.

Der Galaterbrief (Gal)

Der Gal ist im Unterschied zu den anderen authentischen Paulusbriefen nicht an eine Einzelgemeinde gerichtet. Es handelt sich um ein Zirkularschreiben, das an die Gemeinden in „Galatien“ adressiert ist. Damit kann entweder die Landschaft Galatien im Zentrum Kleinasiens oder die römische Provinz Galatia gemeint sein, deren Ausdehnung im 1. Jh. mehrfach wechselte. Die neuere Forschung tendiert dazu, die Adressaten des Briefes im Süden der römischen Provinz zu suchen.

Folgt man dieser Annahme, hat Paulus die galatischen Gemeinden sehr wahrscheinlich schon während der ersten Missionsreise gegründet (zumindest Ikonion und Lystra lagen auf dem Gebiet der Provinz Galatia). Die Adressaten des Briefes waren Heidenchristen (4,8; 5,2; 6,12). Man muss sie unter der hellenistischen Bevölkerung der Städte Galatiens suchen, da die Rezeption des Briefes eine gewisse Bildung voraussetzt.

Anlass des Briefes ist das Eindringen judaisierender Missionare in die galatischen Gemeinden, die die Beschneidung der Heidenchristen fordern (5,2; 6,12). Wahrscheinlich haben sie darüber hinaus die Einhaltung der Tora verlangt (vgl. 3,5; 4,21). Die paulinische Formulierung in 1,6 legt nahe, dass sie in Galatien schnell Erfolg hatten.

Der Gal ist theologisch eng mit dem Röm verwandt. Deshalb setzen die meisten Forscher seine Abfassung während der im 2Kor erwähnten Reise des Apostels von Mazedonien nach Korinth an, d. h. in das Frühjahr des Jahres 55. Paulus musste sich dann mit den Problemen in Galatien zu einem für ihn äußerst ungünstigen Zeitpunkt auseinandersetzen. Er hatte Ephesus nach schweren Bedrängnissen (2Kor 1,8–10) verlassen müssen und eilte Titus entgegen, um von der Entwicklung in Korinth zu erfahren (2Kor 7,5ff). Auf den Erfolg seiner „Gegner“ in Galatien konnte er deshalb nur mit einem Brief reagieren.

1, 1–5	Präskript
1, 6–9	Anlass des Briefes
1,10 – 2,21	Autobiographischer Bericht
3,1 – 5,12	Rechtfertigung aus Glauben und Freiheit der Christen
5, 13–26	Liebe als Frucht des Geistes
6, 1–10	Schlussparänese
6, 11–18	Eschatokoll

Grobgliederung des Gal

Paulus nutzt im Gal **Elemente der antiken Gerichtsrede**. Diese dienen zur Unterstützung der Argumente, mit denen er die Gemeinden in Galatien davon überzeugen will, dass die Botschaft der judaisierenden Missionare Abkehr vom Evangelium Christi bedeutet.

Im Gal greift Paulus außer im Präskript nur spärlich auf Traditionen zurück. In 1,23 zitiert er eine **Personaltradition**, die über ihn umläuft. In 3,26–28 greift er möglicherweise eine **Tauftradition** auf.

1, 1–5	Präskript
1, 6–9	Anlass des Briefes

Schon im Präskript (1,1–5) setzt Paulus theologische Akzente. Er ist nicht von Menschen zum Apostel berufen worden, sondern durch Jesus Christus und Gott (1,1). Damit ist er unabhängig von menschlichen Autoritäten. Indem Paulus die entscheidenden Bekenntnistraditionen zitiert (1,1.4), legt er zugleich das Fundament für seinen eigenen Standpunkt in dem Konflikt.

Die Doxologie (1,5) beendet das Präskript und ersetzt in gewisser Weise die Danksagung des Proömiums, die Paulus angesichts der Lage in Galatien weglässt. Er wendet sich sofort scharf gegen die Gegner, die ein „anderes Evangelium“ verkünden. Die Annahme dieses „Evangeliums“ bedeutet Abkehr von Gott (1,6), denn es ist eine Verfälschung des Evangeliums Christi, also im paulinischen Sinne kein Evangelium. Konsequenterweise folgt die Verfluchung der Gegner. 1,6–9 nimmt im Gal die Funktion ein, die in der Gerichtsrede das **exordium** hat.

1,10	Überleitung
1, 11–24	Vorleben, Berufung und erste Verkündigung des Apostels
2, 1–10	Apostelkonzil
2, 11–21	Auseinandersetzung mit Kefas in Antiochia **(antiochenischer Zwischenfall)**

Autobiographischer Bericht

V. 10 leitet von der scharfen Eingangsattacke gegen die Gegner zum autobiographischen Bericht über.

Paulus, der als ein gesetzestreuer Jude gelebt und die Gemeinde Gottes verfolgt hat, empfing sein Evangelium durch eine Offenbarung Jesu Christi. Gott hat ihn durch seine Gnade zur Heidenmission auserwählt. Er hat seine Verkündigungstätigkeit unabhängig von den Jerusalemer Aposteln begonnen. Erst nach drei Jahren hat er Petrus besucht (1,11–24).

14 Jahre nach dem ersten Zusammentreffen mit Petrus ist Paulus wieder nach Jerusalem gekommen. Barnabas und Titus, ein unbeschnittener Heidenchrist, haben ihn begleitet. Trotz des Widerstandes der „Falschbrüder" (2,4) gegen sein gesetzesfreies Evangelium haben die Jerusalemer Autoritäten seine Berufung zur Heidenmission anerkannt. Er wurde nur aufgefordert, an ihre Armen zu denken, d. h. in den von ihm gegründeten Gemeinden eine Kollekte für die Jerusalemer zu sammeln (2,1–10).

Kefas (Petrus) hat bei einem Aufenthalt in Antiochia zunächst ganz selbstverständlich Tischgemeinschaft mit den Heidenchristen gehalten. Das Eintreffen von Leuten aus dem Kreis um Jakobus hat aber bewirkt, dass er und weitere Judenchristen diese Tischgemeinschaft aufkündigten. Daraufhin stellte Paulus Kefas vor versammelter Gemeinde zur Rede. Auf der Grundlage der Rechtfertigungstheologie warf er ihm vor, dass er durch sein Verhalten das gnädige Handeln Gottes in Jesus Christus in Frage stelle (beachte vor allem 2,16.18) (2,11–21).

Der autobiographische Bericht nimmt im Gal die Stelle ein, an der in der Gerichtsrede die **narratio** steht. Allerdings schreibt Paulus nicht ganz stilgerecht, denn er wendet den Konflikt in Galatien ins Grundsätzliche. Dadurch kann er eine grundsätzliche Lösung des Problems anstreben. Die Rede gegen Petrus dient zugleich der Darstellung der entscheidenden Diskussionspunkte (**propositio**) und leitet zum Hauptteil über.

3, 1–5	**Erinnerung** an den **Anfang** des Christseins
3,6 – 4,7	Die Christen sind **Gottes Kinder** durch den Glauben an Jesus Christus
4, 8–20	**Erinnerung** an die **Gründung** der Gemeinden
4, 21–31	Die Christen sind nicht Kinder der Sklavin, sondern der Freien
5, 1–12	Christus hat zur Freiheit befreit

Rechtfertigung aus Glauben und Freiheit der Christen

Paulus erinnert die Galater zunächst durch eine Kette von Fragen an den Beginn ihres Christseins (**interrogatio**). Ihnen ist Jesus Christus als der Gekreuzigte verkündigt worden und sie haben als sichtbares Zeichen ihres Christseins den Geist empfangen (3,1–5).

Es folgt ein erster Argumentationsgang, in dem Paulus die Verheißung an Abraham als Ausgangspunkt wählt (3,6–4,7). Diese Wahl erfolgt sicher nicht zufällig, denn Abraham gilt als Stammvater der

Juden. Indem Paulus gerade die an ihn ergangene Verheißung auf alle Völker bezieht, trifft er das Selbstverständnis seiner Kontrahenten empfindlich.

Abraham ist der Stammvater aller Glaubenden (Gen 15,6). Er hat die Verheißung empfangen, die allen Völkern (d.h, auch den Heiden) gilt. Also sind alle Glaubenden unter dem Segen. Alle aber, die nach dem Gesetz leben, sind unter dem Fluch (Dtn 27,26). Nur der aus Glauben Gerechte wird leben (Hab 2,4). Jesus Christus hat die Glaubenden durch seinen Kreuzestod vom Fluch des Gesetzes freigekauft, damit den Heiden der Segen Abrahams zuteilwerde.

Die Verheißung, die als Testament Gottes verstanden wird, galt Abraham und seinem Nachkommen. Dieser Nachkomme ist Christus. Das Gesetz kam erst 430 Jahre später und kann das Testament nicht aufheben. Es wurde der Übertretungen wegen gegeben und wirkte als Zuchtmeister auf Christus hin. Das Gesetz bewirkt keine Gerechtigkeit. Das Kommen des Glaubens, der gerecht macht und durch den sich die Verheißung erfüllt, befreit von dem Zuchtmeister Gesetz.

Die Christen sind durch den Glauben Kinder Gottes. Als solche sind sie alle gleich (**3,28**) und Erben kraft der Verheißung. Durch die Sendung seines Sohnes hat Gott seine bis dahin unmündigen Kinder freigekauft, damit sie mündige Erben der Verheißung werden. Zeichen der Mündigkeit ist der von Gott gegebene Geist.

Den zweiten Teil seiner Argumentation (4,8–31) baut Paulus ganz parallel zum ersten auf. Wieder erinnert er die Galater an den Beginn ihres Christseins (4,8–20). Die Übernahme des jüdischen Festkalenders (4,10; hier stellvertretend für die Tora genannt) würde einem Rückfall in das Heidentum gleichkommen. Die Galater haben Paulus damals freudig aufgenommen und aufopferungsvoll gepflegt. Warum eifern sie ihm jetzt nicht nach, sondern hören auf seine Gegner, die nur Arges im Schilde führen?

Abraham hatte zwei Söhne, den einen von einer Sklavin und den anderen von einer Freien. Paulus interpretiert die beiden Frauen und ihre Söhne allegorisch. Die Sklavin, Hagar, ist das irdische Jerusalem, das in Knechtschaft lebt. Das himmlische Jerusalem dagegen ist frei und die Mutter der Christen. Da die Christen Kinder der Verheißung sind wie Isaak, sind sie Kinder der Freien (4,21–31).

„Zur Freiheit hat uns Christus befreit. Bleibt daher fest und lasst euch nicht von neuem das Joch der Knechtschaft auflegen!“ (5,1) Ein leidenschaftlicher Appell des Apostels zur Wahrung der christlichen Freiheit schließt die **argumentatio** ab. Wer die Beschneidung auf sich nimmt, muss das ganze Gesetz halten und erwartet von ihm die Gerechtigkeit. Damit hat er sich von Christus abgewandt und fällt aus der Gnade. „Wir aber erwarten die erhoffte Gerechtigkeit kraft des Geistes und aufgrund des Glaubens. Denn in Christus Jesus kommt es nicht darauf an, beschnitten oder unbeschnitten zu sein, sondern darauf, den Glauben zu haben, der in der Liebe wirksam ist.“ (5,5f) Die Gegner stiften Unruhe und sollen sich doch gleich verschneiden lassen (5,1–12).

5, 13–26	Liebe als Frucht des Geistes
6, 1–10	Schlussparänese
6, 11–18	Eschatokoll

Die Freiheit, die Christus gibt, darf kein Vorwand für das Fleisch sein. Dem Wesen dieser Freiheit entspricht vielmehr der gegenseitige Dienst in der Liebe. Das ganze Gesetz ist im Liebesgebot (Lev 19,18) auf sein Vollmaß gebracht. Die Galater sollen sich vom Geist führen lassen, dann stehen sie nicht unter dem Gesetz (5,18).

Mit einem Laster- und einem Tugendkatalog stellt Paulus die Früchte des Fleisches und der Liebe einander gegenüber. Am Ende steht die Mahnung, die Liebe im Gemeindeleben konkret werden zu lassen (5,13–26).

Die Schlussparänese nimmt diese Mahnung auf und setzt sie in Einzelanweisungen um. Niemand soll sich über den anderen erheben. Das Handeln wird im Endgericht (Metapher „Ernte“) ihm entsprechende Folgen haben (6,1–10).

Das Eschatokoll hat Paulus mit eigener Hand geschrieben. Er wendet sich darin äußerst polemisch gegen seine Gegner. Dabei fasst er den Inhalt des Briefes noch einmal zusammen, eine Funktion, die in der antiken Gerichtsrede die **recapitulatio** hat (6,11–18).

Der Epheserbrief (Eph)

Der Eph erhebt im Präskript den Anspruch, ein in der Gefangenschaft abgefasstes Schreiben des Apostels Paulus zu sein (1,1; vgl. 3,1; 4,1; 6,20). Dagegen spricht eine ganze Reihe von gewichtigen Gründen. Der Brief unterscheidet sich in Sprache und Stil, Theologie und vorausgesetzter Gemeindestruktur ganz erheblich von den authentischen Paulusbriefen. Zudem wird in 3,1ff die Heidenmission des Apostels Paulus bereits in die Heilsgeschichte eingeordnet.

Problematisch ist die Adressatenangabe. In einigen wichtigen alten Handschriften fehlt die Ortsangabe „in Ephesus“ (1,1). Sie ist also wahrscheinlich erst sekundär eingefügt worden, zumal Markion unseren Eph als Brief nach Laodicea bezeichnet hat.

Vermutlich war der Eph also ursprünglich ein **Zirkularschreiben** an die paulinischen Gemeinden eines größeren Gebietes. Diese sind wohl in Kleinasien zu suchen, da der Verfasser den Kol kennt (s.u.).

Die Adressaten sind Heidenchristen (2,11; 3,1; vgl. 4,17). Da der Verfasser in 2,11–22 (vgl. die eindrückliche Mahnung zur Einheit 4,1–6) das Verhältnis zu den Judenchristen eigens zum Thema macht, hat es in dieser Hinsicht anscheinend Probleme gegeben. Möglicherweise waren manche Christen auch durch das heidnische religiöse Umfeld verunsichert. Dafür sprechen die Mahnungen in 4,7–23 und der Aufruf zur geistlichen Waffenrüstung in 6,10–20.

Die Entstehungszeit des Eph lässt sich nur ungefähr bestimmen. Die vorausgesetzte Gemeindestruktur spricht für das letzte Viertel des 1. Jh. Genauer wird aufgrund des Verhältnisses zu den Ignatiusbriefen an den Zeitraum zwischen 80 und 90 zu denken sein.

1, 1f	Präskript
1, 3–23	Proömium
2,1 – 3,21	Die Einheit der Kirche
4,1 – 6,9	Mahnungen
6, 10–20	Schlussparänese
6, 21f	Empfehlung des Tychikus
6, 23f	Eschatokoll

Grobgliederung des Eph

Der Vergleich mit dem Kol, der sehr wahrscheinlich ebenfalls ein deuteropaulinischer Brief ist, zeigt, dass der Eph diesen als literarische Vorlage benutzt hat. Dabei ist der Verfasser des Eph nicht schematisch vorgegangen, sondern hat nur die Passagen seiner Vorlage genutzt, die er für sein eigenes Anliegen verwenden konnte. Am engsten lehnt er sich in der Haustafel (5,21–6,9) an den Kol (3,18–4,1) an, aber auch hier zeigt sich deutlich die Weiterentwicklung der Gedanken des Kol durch den Verfasser des Eph.

1, 1f	Präskript
1, 3–23	Proömium

Das Präskript (1,1f) ist sehr knapp gehalten. Der Segenswunsch ist der auch in den authentischen Paulusbriefen übliche.

Das Proömium (1,3–23) besteht aus zwei Teilen. Der erste Teil (1,3–14) ist ein Lobpreis Gottes. Der Verfasser preist Gott für sein Segenshandeln an den Christen. Dabei schließt er sich zunächst im „wir“ mit den Adressaten zusammen. Erst in 1,13f wendet er sich direkt an sie. Die Erlösung der Glaubenden wird in diesem Lobpreis als Erfüllung eines Heilsplans beschrieben, den Gott schon vor der Erschaffung der Welt gefasst hat (1,4).

Den zweiten Teil des Proömiums (1,15–23) bildet ein Fürbittengebet. Der Verfasser bittet darum, dass die Adressaten durch den Geist die Erkenntnis Gottes erlangen. Die gleichsam kosmische Perspektive begegnet wieder in der Beschreibung der Allherrschaft Christi. Er ist das Haupt, die Kirche ist sein Leib (**1,22f**).

2, 1-10	Einst und Jetzt der Glaubenden
2, 11-22	Die eine Kirche aus Juden und Heiden
3, 1-13	Der Apostel als Diener der Geheimnisses Gottes
3, 14-21	Fürbitte und Doxologie

Die Einheit der Kirche

Der Verfasser stellt am Beginn seiner lehrhaften Ausführungen das einstige sündhafte Leben der Adressaten und ihren jetzigen Wandel in guten Werken gegenüber (2,1–10). Gott hat sie, die tot waren, zusammen mit Christus lebendig gemacht. Sie **sind** auferweckt worden und haben einen Platz im Himmel erhalten (**2,6**; beachte den Unterschied zu Röm 6,4f). Ganz in paulinischer Tradition wird in 2,8 der Gnadencharakter dieser Rettung betont.

Christus hat am Kreuz die trennende Wand zwischen Juden und Heiden niedergerissen. Dadurch ist den Heiden der Zugang zum „Bund der Verheißung" (2,12) eröffnet worden. Die Kirche wird als ein heiliger Tempel Gottes geschildert, der auf dem Fundament der Apostel und Propheten erbaut worden ist, durch den Eckstein Christus Jesus zusammengehalten und vom Geist durchwaltet wird (2,11–22).

Paulus ist zum Apostel berufen worden, um den Heiden das Evangelium zu verkünden. Das Geheimnis Christi, das den „heiligen Aposteln und Propheten" offenbart worden ist, besteht darin, dass „die Heiden Miterben sind, zu demselben Leib gehören und an derselben Verheißung in Christus Jesus teilhaben durch das Evangelium" (3,6). Jetzt soll den himmlischen Mächten durch die Kirche die Weisheit Gottes bekannt werden (3,1–13).

Eine erneute Fürbitte für die Adressaten und eine Doxologie schließen die lehrhaften Ausführungen ab (3,14–21).

4, 1–16	Mahnung zur Verwirklichung der Einheit des Leibes Christi

4, 17–24	Mahnung zum Ablegen des alten Menschen und Anziehen des neuen Menschen
4,25 – 5,20	Einzelmahnungen
5,21 – 6,9	**Haustafel**

Mahnungen

Der Verfasser beginnt seine Mahnungen mit einem eindrücklichen Ruf zur Einheit unter den Christen (**4,1–6**). Jeder von ihnen hat die Gnade in dem Maße erhalten, wie sie von Christus geschenkt worden ist. Das wird im Sinne der Gabe von Ämtern in der Gemeinde gedeutet. „So sollen wir alle zur Einheit im Glauben und in der Erkenntnis des Sohnes Gottes gelangen, damit wir zum vollkommenen Menschen werden und Christus in seiner vollendeten Gestalt darstellen." (4,13) Christus als das Haupt fügt die Glieder des Leibes zusammen (4,1–16).

Die Christen sollen das alte heidnische Leben, das in Verblendung und Begierde besteht, ablegen. Durch die Erneuerung von Geist und Sinn sollen sie den neuen Menschen anziehen, der nach dem Bilde Gottes geschaffen ist (4,17–24).

Eine Reihe von – meist traditionellen – Einzelmahnungen konkretisiert diese allgemeine Mahnung (4,25–5,20). Am Ende steht die Aufforderung zum jubelnden Dank an Gott. „Sagt Gott, dem Vater, jederzeit Dank für alles im Namen Jesu Christi, unseres Herrn!" (5,20).

Die Haustafel (5,21–6,9) bietet Anweisungen für die Mitglieder der antiken familia. Alle Mahnungen stehen unter der Überschrift 5,21: „Einer ordne sich dem anderen unter in der gemeinsamen Ehrfurcht vor Christus." Bemerkenswert sind die Ausführungen in der Mahnung an die Männer. Hier wird das Geheimnis der Liebe auf das Verhältnis Christus–Kirche bezogen (5,32).

6, 10–20	Schlussparänese
6, 21f	Empfehlung des Tychikus
6, 23f	Eschatokoll

Die Schlussparänese (6,10–20) mahnt mit dem Bild des sich zur Schlacht rüstenden Legionärs zum Widerstand gegen die finsteren Geistherrscher dieser Welt und zur Fürbitte für „alle Heiligen", insbesondere für „Paulus".

Die Ankündigung der Sendung des Tychikus (6,21f) und Segenswünsche schließen den Brief ab. Grüße fehlen (6,23f).

Der Philipperbrief (Phil)

Der Phil wird von vielen Exegeten für eine Zusammenstellung von mehreren (meist zwei) ursprünglich selbständigen Paulusbriefen gehalten. Probleme für die Annahme der literarischen Einheitlichkeit des Briefes bereitet insbesondere der Abschnitt 3,2–4,1. Paulus setzt in 3,1 zur Schlussparänese an. Es folgt dann aber eine scharfe Auseinandersetzung mit Gegnern, deren Einflussnahme auf die Gemeinde Paulus fürchtet. Die übrigen Briefabschnitte lassen von einer solchen Situation nichts erkennen. In 1,15–18 redet Paulus zwar auch von Leuten, die Christus „aus Neid und Streitsucht“ predigen, verzichtet aber auf jedwede Polemik (vgl. 1,18). Das könnte dafür sprechen, in 3,2–4,1 das Fragment eines späteren Paulusbriefes zu sehen, der in den Phil eingefügt worden ist. Allerdings hat Paulus in 1,15–18 die Situation am Abfassungsort im Blick, während er in 3,2–4,1 die Philipper warnt.

Die Stadt Philippi ist ca. 356 v. Chr. durch Philipp II von Mazedonien als Bollwerk gegen die Traker gegründet worden. Zur Zeit des Neuen Testaments ist Philippi eine römische Kolonie. Seit 42 v. Chr. begann eine intensive Ansiedlung römischer Veteranen, die nach der Schlacht von Actium (31 v. Chr.) noch zunahm. Aufgrund ihrer Lage an der Via Egnatia hatte die Stadt eine gewisse wirtschaftliche Bedeutung.

Paulus hat nach dem Bericht der Apostelgeschichte (Apg 16,11ff) in Philippi die erste christliche Gemeinde auf europäischem Boden gegründet. Sie bestand sicher mehrheitlich aus Heidenchristen (vgl. die im Phil erwähnten Namen und die Art und Weise, in der Paulus in 3,2ff mit seiner jüdischen Herkunft argumentiert). Paulus hatte zu dieser Gemeinde ein sehr enges Verhältnis. So gewährte er ihr das Privileg, ihn durch (finanzielle u. a.) Gaben zu unterstützen, während er sonst bewusst auf Unterstützung durch die Gemeinden verzichtet (vgl. 1Kor 9; 2Kor 11).

1,3–26 zeigt, dass sich der Apostel zur Zeit der Abfassung des Phil in einer für ihn äußerst bedrohlichen Lage befand. Er ist gefangen (1,7.13.16f) und muss mit dem Todesurteil rechnen, obwohl er Hoffnung hat (1,21–26). Aus 1,13 geht hervor, dass Paulus offenbar nicht wegen seiner Evangeliumspredigt inhaftiert worden ist, sondern ihm irgendein strafrechtlich relevanter Sachverhalt vorgeworfen wurde. 1,16f scheint nahezulegen, dass sein Prozess unter den Christen am Ort seiner Gefangenschaft nicht unumstritten war. In dieser Situation hatten die Philipper Epaphroditus zu Paulus geschickt, der die Gaben der Gemeinde überbracht hat (die Haft des Paulus kann also nicht gar zu streng sein). Zur Zeit der Abfassung des

Briefes will Epaphroditus nach Philippi zurückreisen (2,25f), nachdem er eine bedrohliche Krankheit überstanden hat. Möglicherweise hatte Paulus auch davon gehört, dass die Gemeinde in Philippi in Schwierigkeiten gekommen ist (1,30).

3,2–4,1 setzt voraus, dass Irrlehrer die Gemeinde bedrohen. Allem Anschein nach handelt es sich um judenchristliche Missionare, die die Beschneidung der Heidenchristen verlangen. Dafür spricht neben dem Duktus der Argumentation mit seinen starken Parallelen zum Gal die sarkastische Warnung vor der „Zerschneidung" in 3,2 (vgl. Gal 5,12). Die Gegner des Apostels scheinen aber noch keinen unmittelbaren Einfluss in der Gemeinde erlangt zu haben (vgl. die Bemerkung in 3,18). Paulus sieht aber – möglicherweise aufgrund der bitteren Erfahrungen in Galatien – diese Gefahr und warnt die Philipper.

Die Datierung des Phil hängt davon ab, wo man die Gefangenschaft des Apostels lokalisiert. Wenn Rom als Ort der Gefangenschaft angesehen wird, ist der Phil der späteste authentische Paulusbrief und muss ca. 60 angesetzt werden. Diese These ist aber mit einigen Problemen behaftet, so dass in neuerer Zeit meist eine Entstehung des Phil in Ephesus angenommen wird. Die Apg weiß zwar nichts von einer Gefangenschaft des Apostels in Ephesus, aber 2Kor 1,8f legt eine solche nahe (vgl. auch die Aussage über Priska und Aquila in Röm 16,3f, die sich nach 1Kor 16,19 vorher in Ephesus befanden). Setzt man eine Entstehung des Phil in Ephesus voraus, kommt man als Datum des Briefes auf den Winter 54/55. Falls der Abschnitt 3,2–4,1 ein selbständiger Brief ist, muss er während der Reise nach Korinth, also 56 datiert werden.

1, 1f	Präskript
1, 3–26	Proömium
1,27 – 2,18	Mahnungen zum rechten Leben als Gemeinde
2, 19–30	Pläne des Apostels
3, 1	Beginn der Paränese
3,2 – 4,1	Auseinandersetzung mit judaisierenden Irrlehrern
4, 2–9	Fortsetzung der Paränese (Schlussparänese)
4, 10–20	Dank für die Unterstützung aus Philippi
4, 21–23	Postskript

Grobgliederung des Phil

Im Phil ist vor allem die paulinische Argumentation in 3,2–21 von Interesse, da der Apostel in diesem Abschnitt seine Rechtfertigungslehre ganz von seiner persönlichen Offenbarungserfahrung her entfaltet. In 2,6–11 zitiert Paulus ein Traditionsstück, das meist als **„Chris-**

tushymnus“ bezeichnet wird, obwohl es sich um gehobene Prosa handelt. Der Text gewährt uns wichtige Einblicke in die vorpaulinische Theologie.

Der Philipperbrief trägt Züge des antiken **Freundschaftsbriefes**.

1, 1f	Präskript
1, 3–11	Danksagung
1, 12–26	Briefliche Selbstempfehlung

Im Präskript (1,1f) finden wir die älteste Erwähnung von Bischöfen im Neuen Testament. Sie sind in Philippi offenbar Teil einer kollektiven Gemeindeleitung.

In der Danksagung betont Paulus das herzliche Verhältnis zur Gemeinde in Philippi (1,3–11).

Die briefliche Selbstempfehlung ist ein Bericht über die Lage des gefangenen Apostels. Paulus hofft darauf, Christus in der Öffentlichkeit zu verherrlichen (1,20). Trotz seiner Sehnsucht, mit Christus vereinigt zu werden, ist es im Interesse der Gemeinde notwendiger, dass er am Leben bleibt (1,12–26).

1, 27–30	Der einmütige Kampf für den Glauben an das Evangelium
2, 1–11	**Mahnung zur Einheit der Gemeinde in der Liebe**
2, 12–18	Mahnung, Gottes Kinder zu sein
2, 19–30	Pläne des Apostels

Mahnungen zum rechten Leben als Gemeinde, Pläne des Apostels

Im Zentrum dieses Abschnitts steht die Mahnung an die Philipper, einmütig in der Liebe zu sein. Das Leben aus der Liebe konkretisiert sich in einem Leben in Demut, das das Wohl der anderen immer mit im Blick hat. Damit widerspricht Paulus diametral den Wertehierarchien der Umwelt der frühen christlichen Gemeinden.

Wohl nicht zufällig zitiert er deshalb an dieser Stelle den „Christushymnus“ als Beleg. Der Weg der Liebe ist der Weg der Niedrigkeit, den Christus mit seiner Selbsterniedrigung ans Kreuz gegangen ist (2,1–11).

Den Philippern muss aber bewusst sein, dass Gott sowohl Wollen als auch Vollbringen bewirkt – über ihren guten Willen hinaus (2,13). Sie sollen Kinder Gottes sein, die als Lichter in der Welt leuchten. Am Ende der Mahnungen steht der Aufruf zum eschatologischen Jubel (2,17f).

Im Anschluss teilt Paulus seine Pläne mit. Vermutlich hat Epaphroditus nach seiner Genesung den Brief nach Philippi überbracht (2,19–30).

3, 1	Beginn der Paränese
3, 2f	Scharfe Warnung vor den Irrlehrern und Abwehr ihrer Lehre
3, 4–11	Das Paradigma des Lebensweges des Apostels
3, 12–16	Die Suche nach der Glaubensgerechtigkeit
3,17 – 4,1	Zusammenfassung, abschließende Mahnung

Beginn der Paränese, Auseinandersetzung mit judaisierenden Irrlehrern

In 3,1 greift Paulus den Freudenruf aus 2,17f auf und setzt zur Schlussparänese an. In 3,2 folgt relativ unvermittelt eine scharfe Warnung vor Irrlehrern (Hunde). Die wahren Beschnittenen sind die (Heiden)Christen, die im Geist Gottes dienen und sich (nur) in Christus rühmen.

Der Apostel schildert seinen eigenen Lebensweg als Paradigma (3,4–11). Er hat „um Christi willen" (3,7) eine radikale Wende in seinem Leben erfahren. **3,8** macht in seiner Zugespitztheit die Radikalität dieser Wende deutlich. Alles wird von Christus her neu bewertet. „Nicht meine eigene Gerechtigkeit suche ich, die aus dem Gesetz hervorgeht, sondern jene, die durch den Glauben an Christus kommt, die Gerechtigkeit, die Gott aufgrund des Glaubens schenkt. Christus will ich erkennen und die Macht seiner Auferstehung und die Gemeinschaft mit seinen Leiden; sein Tod soll mich prägen. So hoffe ich, auch zur Auferstehung von den Toten zu gelangen." (3,9–11) Diese Suche ist ein ständiges Unterwegssein (3,12–14).

Der Aufruf an die Vollkommenen zum Festhalten am Erreichten (3,15f) leitet zum abschließenden Teil der Auseinandersetzung über. Noch einmal werden die Gegner scharf attackiert. Sie haben nur Irdisches im Sinn, die Heimat der wahren Christen aber ist der Himmel. 4,1 zieht in Form der Mahnung zur Gemeinschaft mit dem Herrn noch einmal ein letztes Fazit.

4, 2–9	Schlussparänese
4, 10–20	Dank für die Unterstützung aus Philippi
4, 21–23	Postskript

Die Schlussparänese (4,2–9) greift nach der Mahnung zur Einmütigkeit das Motiv der eschatologischen Freude auf. Alles Handeln der Christen ist ein Handeln angesichts des nahen Herrn. Die in der

Umwelt der Christen geltenden Normen sollen (kritisch) aufgenommen werden. Am Ende aber steht der Verweis auf das Beispiel des Apostels und seine Unterweisung.

Paulus dankt den Philippern für die Unterstützung, die sie ihm durch Epaphroditus haben zukommen lassen. Sie ist letztlich eine Opfergabe an Gott, der sie vergelten wird. Eine kurze Doxologie, Grüße und der Gnadenwunsch schließen den Brief ab.

Der Kolosserbrief (Kol)

Der Kol erhebt den Anspruch, von Paulus und Timotheus verfasst worden zu sein (1,1). Dieser Anspruch wird durch den handschriftlichen Gruß des Apostels in 4,18 unterstrichen. Nach 4,10 ist Paulus im Gefängnis (vgl. 1,24; 4,18).

In der Forschung zeichnet sich ein breiter Konsens darüber ab, die paulinische Verfasserschaft als literarische Fiktion zu betrachten. Der Kol steht den authentischen Paulusbriefen zwar sehr nahe, aber die Unterschiede sind doch deutlich. Sie betreffen vor allem die Christologie und die Eschatologie, wo der Autor des Briefes sehr viel stärker als Paulus mit räumlichen und kosmologischen Kategorien argumentiert. Deswegen kann er sagen, dass die Christen bereits mit Christus auferstanden sind (2,12f; 3,1; vgl. dagegen Röm 6,4f). Darüber hinaus zeigen die „Selbstaussagen" des Paulus im Kol, dass die apostolische Tradition bis zu einem gewissen Grad bereits als verbindliche Tradition betrachtet wird (vgl. auch die Aussagen zum Stichwort „Glauben" in 1,23; 2,5.7). Aufgrund dieser neuen Akzentsetzungen wird man den Kol auf einen Paulusschüler zurückführen können, der wohl aus dem Umfeld der Gemeinden im Lykostal stammt. Genauere Identifikationsversuche, z. B. Timotheus, müssen Spekulation bleiben.

Der Brief ist an die christliche Gemeinde in Kolossä gerichtet. Die Stadt liegt an einer wichtigen Handelsstraße in Phrygien, hat aber im 1. Jh. ihre Glanzzeit schon hinter sich. Die Gemeinde in Kolossä ist nicht von Paulus selbst gegründet worden, sondern geht auf seinen Mitarbeiter Epaphras zurück (1,7; vgl. 4,12f; 2,1). Sie ist heidenchristlich geprägt (2,13; vgl. 1,21.27). Zumindest aus dem Umfeld der Gemeinde muss aber auch mit starken jüdischen Einflüssen gerechnet werden. Antiochus III. hatte in der Stadt Juden angesiedelt.

Die Empfänger des Kol werden ausdrücklich aufgefordert, mit der Gemeinde in Laodizea die Briefe zu tauschen (4,16). Außerdem wird die Gemeinde in Hierapolis erwähnt (4,13). Der Kol ist also in gewisser Hinsicht ein **Rundschreiben**.

Unmittelbarer Anlass für die Abfassung des Briefes ist das Auftreten einer Irrlehre, die in 2,8 als „Philosophie und falsche Lehre" bezeichnet wird, „die sich nur auf menschliche Überlieferung stützt". Zentraler Bestandteil dieser Lehre war offensichtlich die Beachtung der Weltelemente (2,8; vgl. 2,20), die vermutlich als personale Schicksalsmächte (vgl. die in 2,18 genannten Engel) betrachtet worden sind. Daneben werden asketische Speise- und Sexualgebote (2,16.21.23) und die Forderung nach Beachtung bestimmter Festzeiten (2,16) erwähnt. Auch Visionen spielen eine Rolle (2,18). Vielleicht darf man aus der Argumentation in 2,11f (Taufe als geistliche Beschneidung) schlussfolgern, dass die Vertreter dieser Lehre die Beschneidung der Heidenchristen gefordert haben. Die religionsgeschichtliche Einordnung dieser Irrlehre fällt schwer. Sicher scheint, dass sich die Anhänger der „Philosophie" selbst als Christen verstanden haben. Sie haben allerdings bedeutende Anleihen bei der zeitgenössischen Volksfrömmigkeit gemacht. Darin sieht der Verfasser des Kol eine Abkehr von Christus.

Die relativ große theologische Nähe zu den authentischen Paulusbriefen ist der einzige Hinweis zur Datierung des Kol. Im Allgemeinen wird eine Abfassung zwischen 70 und 80 angenommen.

1, 1f	Präskript
1, 3–11	Proömium
1,12 – 2,23	Auseinandersetzung mit der „Philosophie"
3,1 – 4,1	Paränese
4, 2–6	Schlussparänese
4, 7–18	Postskript

Grobgliederung des Kol

Der Kol folgt im Aufbau den authentischen Paulusbriefen. Das Präskript bildet eine deutliche Parallele zu 2Kor 1,1f. Die Grußliste im Postskript lehnt sich an Phlm an.

Der Verfasser nutzt für seine Argumentation intensiv die frühchristliche Tradition. So zitiert er in 1,15–20 einen **Lobpreis Christi** (häufig als „**Christushymnus**" bezeichnet), der als Ausgangspunkt und Grundlage der Auseinandersetzung mit den Irrlehrern dient. Im paränetischen Teil werden lange **Laster- und Tugendkataloge** aufgenommen (3,5.8.12). Am Ende steht eine **Haustafel**, die nur wenig christlich überarbeitet zu sein scheint.

1, 1f	Präskript
1, 3–11	Proömium (**beachte die Trias Glaube, Liebe, Hoffnung in 1,4f)**

Nach dem paulinisch geprägten Präskript dankt der Verfasser im Proömium für den Glauben der Gemeinde. Sie hat das wahre Wort des Evangeliums von Epaphras empfangen. Jetzt trägt es Früchte. Die Fürbitte richtet sich auf die vollständige Erkenntnis des Willens Gottes durch die Gemeinde und ein dem Herrn würdiges Leben der Christen.

1, 12–20	Grundlegung (**15–20 „Christushymnus“**)
1, 21–23	Anwendung des Hymnus auf die Gemeinde
1,24 – 2,7	Der Dienst des Apostels und der Glauben der Gemeinde
2, 8–23	Warnung vor der Irrlehre

Auseinandersetzung mit der „Philosophie“

Im Zentrum der Grundlegung für die Auseinandersetzung mit der Irrlehre steht ein in gehobener Prosa verfasster Lobpreis Christi, der ihn als Schöpfungsmittler und Versöhner des Alls rühmt. Sehr wahrscheinlich beschreibt der Text die anerkannte Tradition, auf die sich der Verfasser in seiner Argumentation beziehen kann.

Auch die Adressaten haben dieses Versöhnungswerk erfahren. Deshalb müssen sie am Glauben festhalten und dürfen sich nicht von der Hoffnung abbringen lassen. Grundlage der Hoffnung ist das Evangelium, das in der ganzen Schöpfung verkündigt worden ist.

Der Abschnitt 1,24–2,7 greift das paulinische Selbstverständnis auf, dass seine irdische leidende Existenz als Apostel dem Evangelium vom Kreuz entspricht (vgl. 1Kor 4,9–13; 2Kor 11,23–33 u.ö.) und er von Gott zu den Heiden gesandt ist (vgl. Gal 1,16 u.ö.). Die Leiden des Apostels sollen die Gemeinde stärken. Deshalb kann der Autor davon reden, dass Paulus „für den Leib Christi, die Kirche“ leidet (1,24).

„Paulus“ wendet die allgemeinen Ausführungen dann unmittelbar auf die Adressaten an. Sie sollen getröstet werden und in Liebe zusammenhalten, „um die tiefe und reiche Einsicht zu erlangen und das göttliche Geheimnis zu erkennen, das Christus ist“. Niemand soll die Gemeinde durch Überredungskünste täuschen können.

Die eigentliche Auseinandersetzung mit der Irrlehre baut auf dieser Grundlage auf (2,8–23). Ihre Anhänger stützen sich nur auf menschliche Überlieferung und berufen sich auf die Elementarmächte, nicht auf Christus (2,8). Dagegen verweist der Verfasser des Kol auf das Heilswerk Gottes durch Christus, das den Christen in der Taufe zugesprochen worden ist. Die asketischen Forderungen der Irrlehrer werden mit Hilfe von antiken anatomischen Kenntnissen zurückgewiesen. Dahinter steht die Vorstellung von der Kirche als Leib mit dem Haupt Christus (vgl. 1,18).

3, 1–4	Christologische Begründung der Paränese
3, 5–17	Tugend- und Lasterkataloge, allgemeine Mahnungen
3,18 – 4,1	**Haustafel**

Paränese

Wieder beginnt der Verfasser mit einer kurzen theologischen Grundlegung. Die Auferweckung mit Christus in der Taufe erfordert ein Streben nach den himmlischen Dingen, denn die Offenbarung des Lebens der Christen erfolgt erst mit der Offenbarung Christi (in der Parusie).

Deshalb sollen die Adressaten alles Irdische an sich „töten", denn es fordert den Zorn Gottes heraus. Sie sind zu einem neuen Menschen geworden und sollen entsprechend leben. „Wo das geschieht, gibt es nicht mehr Griechen oder Juden, Beschnittene oder Unbeschnittene, Fremde, Skythen, Sklaven oder Freie, sondern Christus ist alles und in allem." (3,11; vgl. Gal 3,28)

Die Haustafel, die die Paränese abschließt, richtet sich an die paarweise zugeordneten Gruppen Frauen / Männer, Kinder / Väter und Sklaven / Herren. Alles, was angeordnet wird, soll „im Herrn" geschehen (3,18.20; vgl. 3, 23; 4,1). In 3,24b.25 ist die traditionelle Haustafel um die Mahnung, dem Herrn Christus zu dienen, erweitert.

4, 2–6	Schlussparänese
4, 7–17	Sendung des Tychikus, Grüße und Grußaufträge
4, 18	Eigenhändiger Schlussgruß (Eschatokoll)

Die Schlussparänese (4,2–6) mahnt zum Beharren im Gebet und zur Fürbitte für den Apostel. Außerdem wird zur Weisheit und Schlagfertigkeit im Umgang mit Außenstehenden aufgefordert.

Grüße und letzte Anweisungen schließen den Brief ab (4,7–17.18). Bei vielen der genannten Personen werden ausdrücklich ihre Verdienste genannt. Wichtig ist die Anweisung, den Kol und den an die Gemeinde in Laodizea geschriebenen Brief miteinander auszutauschen. Hier werden wohl erste Ansätze zur Entstehung einer Sammlung von Paulusbriefen sichtbar.

Der 1. Thessalonicherbrief (1Thess)

Der 1Thess ist der älteste uns erhaltene Paulusbrief. Im Vergleich zu den anderen authentischen Briefen des Apostels zeigt er einige theologische Besonderheiten. So fehlen Aussagen sowohl zur Kreuzes- als auch zur Rechtfertigungstheologie. Deshalb sehen einige Exegeten im 1Thess das Zeugnis einer Frühphase der theologischen Entwicklung des Apostels, während ihn andere als Dokument der antiochenischen Gemeindetheologie lesen wollen.

Thessalonich war zur Zeit der Abfassung des Briefes Hauptstadt der kaiserlichen Provinz Mazedonien und Sitz des Prokonsuls. Die Stadt besaß aber trotzdem in ihrem Territorium die Verwaltungshoheit. Die demokratische Verfassung und die günstige verkehrstechnische Lage (guter Hafen an der nordöstlichen Ecke des thermäischen Golfes, die durch die Stadt führende Via Egnatia verband Rom mit dem Osten des Reiches) bewirkten die Entwicklung der Stadt zu einem wichtigen Handelsplatz. Die Kulte der Isis, des Sarapis, des Dionysos und der Kabiren sind archäologisch oder literarisch nachgewiesen. Apg. 17,1 setzt die Existenz einer Synagoge voraus.
Die christliche Gemeinde in Thessalonich besteht offensichtlich in ihrer großen Mehrheit aus Heidenchristen (1,9; 2,14). Paulus hat die Gemeinde vor nicht allzu langer Zeit gegründet, sie dann aber zwangsweise verlassen müssen (2,17; vgl. Apg 17,5–9). Jetzt hat er durch Timotheus neue Nachrichten von der Gemeinde bekommen (3,6). Diese Nachrichten sind für den Apostel Grund zur Freude und zum Dank. Es ist aber auch zu einer gewissen Verunsicherung in der Gemeinde gekommen, weil einige Christen gestorben sind (4,13). Zugleich hat Paulus erfahren, dass die Gemeinde Pressionen von ihren Mitbürgern zu ertragen hat (2,14). Auch gegen den Apostel selbst sind wohl Verleumdungen gestreut worden. Jedenfalls verwahrt er sich in 2,1–12 gegen eine Gleichsetzung mit gewissenlosen Wanderpredigern, die nur ihren eigenen Vorteil suchen und ihre Anhänger einem ungewissen Schicksal überlassen.

Im Präskript werden neben Paulus, Silvanus und Timotheus als Mitabsender genannt. Nach 2Kor 1,19 haben diese drei gemeinsam die Gemeinde in Korinth gegründet. Die Notizen in 3,1f und das Fehlen von Grüßen am Ende des 1Thess sprechen für eine Abfassung des Briefes zu Beginn des korinthischen Aufenthalts, da in Korinth offenbar noch keine christliche Gemeinde existiert, die Grüße ausrichten lassen könnte. Der 1Thess ist also 50 / 51 in Korinth geschrieben worden.

1, 1	Präskript
1,2 – 2,12	Proömium
2,13 – 3,13	Die Bewährung des Evangeliums durch die Gemeinde
4,1 – 5,11	Mahnung und Tröstung der Gemeinde
5, 12–22	Schlussparänese
5, 23–28	Postskript

Grobgliederung des 1Thess

Der 1Thess ist inhaltlich deutlich zweigeteilt. Während im 1. Teil (Kap. 1–3) die Danksagung dominiert, steht der 2. Teil (Kap. 4f) unter dem Leitthema der „Heiligung" (3,13; 4,3.4.7; 5,23). Durch den gesamten Brief ziehen sich Verweise auf die Parusie Jesu Christi, die meist am Ende von Sinnabschnitten stehen (1,9f; 2,19; 3,13; 4,16f; 5,23). Die Gemeinde wird von Paulus ermahnt, ihre „Erwählung" (1,4) angesichts der kurz bevorstehenden Parusie zu bewähren. Die Bestimmung der literarischen Form des Briefes ist schwierig. Am ehesten ist 1Thess wohl als **epideiktischer Brief** zu bezeichnen.

Auch im 1Thess benutzt der Apostel mehrfach Traditionsstücke in seiner Argumentation. Exemplarisch seien 1,9f; 2,15f und 4,16f genannt. Aber auch in 5,1–11 sind verschiedene „Traditionssplitter" erkennbar.

1,1	Präskript
1, 2–10	Danksagung
2, 1–12	Briefliche Selbstempfehlung

Im Präskript (1,1) fehlt der Aposteltitel (vgl. Phil 1,1; Phlm 1; 2Thess 1,1). In der Danksagung (1,2–10) erinnert Paulus an die Aufnahme, die das Evangelium bei der Gemeinde gefunden hat. Er beschreibt den Zustand der Gemeinde mit der Trias Glaube-Liebe-Hoffnung. In der freudigen Aufnahme des Wortes sind die Thessalonicher ein Vorbild für die Gläubigen in Mazedonien und Achaia geworden. „Denn man erzählt sich überall, welche Aufnahme wir bei euch gefunden haben und wie ihr euch von den Götzen zu Gott bekehrt habt, um dem lebendigen und wahren Gott zu dienen und seinen Sohn vom Himmel her zu erwarten, Jesus, den er von den Toten auferweckt hat und der uns dem kommenden Gericht Gottes entreißt." (**1,9f**). Die briefliche Selbstempfehlung (2,1–12) knüpft an die Erinnerung der Mission in Thessalonich an. Dabei verteidigt Paulus sich und seine Mitarbeiter gegen den Vorwurf, nur aus Eigennutz das Evangelium zu verkündigen. Vielmehr ist ihnen das Evangelium von Gott selbst anvertraut worden, dem allein sie zu gefallen suchen. Ihren Unterhalt haben sie durch Arbeit verdient.

2, 13–16	Gottes Wort ist unter Bedrängnissen wirksam
2,17 – 3,10	Vergebliche Versuche des Apostels, die Gemeinde zu besuchen; Sendung und Bericht des Timotheus
3, 11–13	Segenswunsch des Apostels

Die Bewährung des Evangeliums durch die Gemeinde

Da die Gemeinde die Verkündigung des Apostels als Gottes Wort angenommen hat, kann sie in den Bedrängnissen bestehen, die sie von ihren Mitbürgern erleiden muss. Das stellt die Adressaten den Gemeinden in Judäa gleich, die ihrerseits von den Juden verfolgt werden. Paulus benutzt hier traditionelle Topoi der innerjüdischen Gerichtspredigt und des antiken Antijudaismus, um die Schuld der Juden zu beschreiben. Es ist fraglich, ob er mit dieser harten Polemik andeuten will, dass auch in Thessalonich die Juden Urheber der Verfolgung seien (2,13–16).

Angesichts der Formulierungen, die Paulus in Röm 9–11 findet, erscheinen die Verse 2,15f als äußerst anstößig. Es gibt aber keine Indizien, für eine sekundäre Hinzufügung dieser Passage. Wir müssen uns also der Problematik der paulinischen Argumentation stellen und sie etwa an Röm 11,31f messen.

Paulus ist unfreiwillig von der Gemeinde geschieden und hat seitdem mehrfach vergeblich versucht, sie zu besuchen. Schließlich hat er Timotheus von Athen aus nach Thessalonich geschickt, damit dieser die Gemeinde in den zu erwartenden Bedrängnissen stärke (3,1–5). Der Bericht des Timotheus ist über die Maßen positiv ausgefallen. Um so größer ist der Wunsch des Apostels, die Gemeinde wiederzusehen (3,6–10; 2,17–3,10).

Mit einem Segenswunsch schließt Paulus den 1. Teil des Briefes ab (3,11–13).

4, 1–12	Mahnung zur Heiligung der Gemeinde
4, 13–18	**Trostrede über die verstorbenen Christen in der Parusie**
5, 1–11	Die eschatologische Existenz der Christen

Mahnung und Tröstung der Gemeinde

Die Mahnung zu einem Leben in der Heiligung (4,1–12) beginnt mit der Erinnerung an die Ermahnungen, die Paulus der Gemeinde bei der Gründung gegeben hat. Gott will die Heiligung der Gemeinde. Beispielhaft nennt der Apostel die Enthaltsamkeit von „leidenschaftlicher (sexueller) Begierde“ und den Verzicht auf geschäftliche Übervorteilung des Mitchristen. Wer diesen Weg der Heiligung verwirft, „der verwirft also nicht Menschen, sondern Gott, der euch seinen Heiligen Geist schenkt.“ (4,8)

Dem Verweis auf die Bruderliebe, in der die Adressaten noch vollkommener werden sollen, folgt schließlich die Mahnung, „vor denen, die nicht zu euch gehören, ein rechtschaffenes Leben (zu) führen“ (4,12). Die Christen sollen also nach außen durch ihren moralischen Lebenswandel keinen Anstoß erregen.

Nach diesen grundsätzlichen Fragen wendet sich Paulus dem Problem zu, das allem Anschein nach für einige Unruhe unter den Adressaten gesorgt hatte (4,13–18). Sie sind in Sorge, was mit den verstorbenen Gemeindegliedern bei der Parusie geschehen wird. Paulus verweist in seiner Antwort zunächst auf Tod und Auferstehung Jesu Christi als den Grund christlicher Hoffnung. Dann entfaltet er eine Art „apokalyptischen Fahrplan“, dessen Ziel die endgültige Vereinigung aller Christen mit dem Herrn ist. In dieser Hoffnung sollen die Thessalonicher einander trösten.

Das einmal angeschnittene Thema nutzt der Apostel zu Ausführungen, die den Adressaten ihre Existenz im Angesicht der nahe bevorstehenden Parusie dringlich ins Gedächtnis rufen. Unter Zuhilfenahme zahlreicher traditioneller Bilder (Dieb in der Nacht, Wehen der Endzeit, geistliche Waffenrüstung) mahnt er zur Wachheit und Nüchternheit. Gott hat die Christen als Kinder des Lichts durch Jesus Christus zum Heil und nicht zum Gericht bestimmt (5,1–11).

5, 12–22	Schlussparänese
5, 23–28	Postskript

In der Schlussparänese (5,12–22) bemüht sich der Apostel, eine zwischenzeitlich entstandene Gemeindestruktur zu stärken. Nach einer erneuten Mahnung zu korrektem Verhalten folgt eine Reihe von Einzelanweisungen, die in ihrer Allgemeinheit zunächst enttäuschen. Trotzdem vermitteln sie holzschnittartig, was dem Apostel für das Leben der christlichen Gemeinde wichtig ist.

Das Postskript (5,23–28) ist weitgehend traditionell. Der Segenswunsch erbittet noch einmal die Heiligung der Gemeinde.

Der 2. Thessalonicherbrief (2Thess)

Der 2Thess erhebt in 1,1 den Anspruch, wie der 1Thess von Paulus, Silvanus und Timotheus verfasst worden zu sein. Dann müsste er kurz nach dem 1Thess entstanden sein, da die beiden im Absender genannten Mitarbeiter Paulus unseres Wissens nur während der 2. Missionsreise begleitet haben.

Gegen diese Einordnung spricht der Abschnitt 2,1–12, in dem der Verfasser eine Eschatologie entfaltet, die vollkommen andere Akzente setzt als 1Thess 4,13–18. Während dort die Parusie des Auferstandenen im Mittelpunkt steht (vgl. 1Kor 15,23), ist 2,1–12 ganz auf die Erscheinung des Antichristen und seine Vernichtung ausgerichtet. Nimmt man Paulus als Verfasser des 2Thess an, müsste er also in einem erheblichen zeitlichen Abstand vom 1Thess geschrieben worden sein. Dazu kommt, dass die Argumentation in 2,1–12 insgesamt untypisch für den Apostel ist.

Deshalb wird in der Forschung heute weithin die Annahme vertreten, dass der 2Thess das Schreiben eines unbekannten Verfassers ist, der unter dem Pseudonym des Apostels schrieb. Als Vorlage dieses pseudepigraphen Schreibens diente der 1Thess. Die Makrostruktur dieses Briefes ist komplett übernommen worden.

Daneben stimmen ganze Passagen im Wortlaut beinahe überein (vgl. 1Thess 1,1 mit 1,1f; 1Thess 3,11 mit 2,16 u.ö.). Die Benutzung des 1Thess als literarische Vorlage geschieht so extensiv, dass gelegentlich sogar die These vertreten worden ist, 2Thess habe 1Thess als authentischen Paulusbrief verdrängen wollen (vgl. 2,2). Sehr viel wahrscheinlicher hatte der Verfasser des 2Thess die Absicht, die seiner Meinung nach authentische Interpretation der paulinischen Eschatologie in einer neuen Situation vorzulegen.

Die literarische Fiktion führt im Falle des 2Thess dazu, dass man über 2,1–12 hinaus kaum genaues zu der Situation sagen kann, in der der Brief entstanden ist. In 1,4 spricht der Verfasser zwar von Verfolgungen, tut das aber in so allgemeiner Weise, dass sich daraus nichts gewinnen lässt. Auch die zunächst so konkret scheinenden Missstände in 3,6–12 gehören möglicherweise zur literarischen Fiktion (vgl. 1Thess 5,13f). Nirgendwo ist eine Verbindung zu der in 2,2f genannten Irrlehre angedeutet.

So bleibt allein die von einigen frühchristlichen Propheten (vgl. 2,2) vertretene Meinung, dass der Tag des Herrn schon da sei, als Anlass des 2Thess übrig. Der Verfasser reagiert auf diese enthusiastische Variante frühchristlicher Eschatologie mit dem Rückgriff auf die Autorität des Apostels Paulus. Allerdings entwickelt er die paulinische Theologie nicht kreativ weiter. Vielmehr argumentiert er an der entscheidenden Stelle gerade unpaulinisch. Paulinische Wendungen nimmt er eher mechanisch auf. Von daher stellt sich die Frage, ob der Verfasser überhaupt der paulinischen Schule zuzurechnen ist.

Die wenigen konkreten Angaben des 2Thess machen eine genaue Lokalisierung und Datierung unmöglich. Das theologische Profil des Briefes (positive Wertung der Parusieverzögerung, Traditionstheologie, Charakter der Paränese) spricht für eine Datierung an das Ende des 1. Jh. Ob der Brief tatsächlich für die Gemeinde in Thessalonich geschrieben wurde, ist nicht sicher. Häufig wird Kleinasien als Abfassungs- und Adressatenort vermutet.

1, 1f	Präskript
1, 3–12	Proömium
2, 1–12	**Das Erscheinen des Antichrist als Vorbedingung der Parusie**
2,13 – 3,5	Dank für die Erwählung der Gemeinde, Fürbitte, Bitte um Fürbitte der Gemeinde
3, 6–12	Müßiggänger in der Gemeinde und das Vorbild des Apostels
4, 10–20	Dank für die Unterstützung aus Philippi
4, 21–23	Postskript

Aufriss des 2Thess

Die klare Gliederung des 2Thess folgt weitgehend dem 1Thess. Nur der Abschnitt 2,1–12 hat dort keine Parallele. Der literarischen Form nach kann der 2Thess als **allgemeines Mahn- und Lehrschreiben** bezeichnet werden.

Im Proömium (1,3–12) geht „Paulus" breit auf das kommende gerechte Gericht Gottes ein. Die Verfolgungen, welche die Gemeinde zu erleiden hat, sind Anzeichen dieses Gerichtes. In ihm wird Gott Vergeltung an den Bedrängern der Gemeinde üben. Der Autor bittet für die Gemeinde, dass sie von Gott ihrer Berufung würdig gemacht werde.

In der Gemeinde sind frühchristliche Propheten aufgetreten, die sich auf einen angeblichen Paulusbrief berufen, und die Gegenwart der Parusie Jesu Christi verkünden. Ihre Lehre hat offenbar zu Verwirrungen unter den Adressaten geführt (2,2). „Paulus" erinnert an seine schon früher bei den Adressaten vorgetragene Lehre, dass vor der Parusie erst der Abfall von Gott und der Antichrist kommen müssen. Jetzt existiert noch eine Größe, die den Antichrist zurückhält. Erst wenn sie beseitigt ist, wird der jetzt geheim wirkende „gesetzwidrige Mensch" (2,8) offenbar werden. Sein Auftreten und seine

Vernichtung während der Parusie des Herrn Jesus wird die Verlorenen, die sich von ihm verführen lassen, mit in die Vernichtung reißen (2,1–12).

Über die Größe, die den Antichrist zurückhält, ist in der Wirkungsgeschichte des Textes viel spekuliert worden. Am wahrscheinlichsten ist die Deutung auf das Imperium Romanum, aber eine eindeutige Entschlüsselung der rätselhaften Aussagen scheint nicht möglich zu sein. Eindeutig scheint hingegen, dass das Wirken dieser Größe dem Willen Gottes entspricht (vgl. 2,6 – „zur festgesetzten Zeit"). Damit sieht der Verfasser in der Verzögerung der Parusie letztlich Gott am Werk.

Ein erneuter Dank des Verfassers, seine Fürbitte für die Gemeinde und die Bitte um deren Fürbitte (2,13–3,5) leiten zur Paränese (3,6–12) über. In ihr wendet sich „Paulus" gegen Brüder, die „ein unordentliches Leben führen" (3,11; vgl. 3,6). Sie dienen als Exempel für jeden, der „sich nicht an die Überlieferung hält, die ihr von uns empfangen habt" (3,6). Die Lehre des Apostels und sein Leben dienen als Maßstab christlichen Lebens.

Die Schlussparänese (3,13–16) betont die Verbindlichkeit der Mahnungen des Briefes. Wer auf sie nicht hört, soll gemieden werden. Ebenso dient die Betonung der Eigenhändigkeit des Abschlussgrußes der Autorität des Briefes. Der Gnadenwunsch schließt den Brief ab, in dem Grüße fehlen.

Die Pastoralbriefe

Unter diesem Namen werden drei Briefe zusammengefasst, die im corpus Paulinum überliefert sind – 1Tim, 2Tim, Tit. Der Name ergibt sich aus dem Inhalt der Briefe. In allen drei Briefen steht das Bemühen um die Begründung und inhaltliche Füllung des kirchlichen Hirtenamtes (pastor [lat.] – Hirte) im Mittelpunkt.

Die Briefe sind an Einzelpersonen gerichtet, aber sie sind keine Privatbriefe. Dagegen sprechen ihr autoritativer Charakter und die Allgemeingültigkeit der Anweisungen zur rechten Ausübung des Hirtenamtes.

Schon lange bestehen erhebliche Zweifel an der Verfasserschaft des Apostels Paulus. Die detaillierten Angaben zur Situation des Apostels in den Pastoralbriefen lassen sich weder mit den Angaben der Apg noch mit denen der authentischen Paulusbriefe in Übereinstimmung bringen. Die Briefe setzen eine Gemeinde- und Ämterstruktur voraus, die eine deutliche Weiterentwicklung gegenüber den authentischen Paulusbriefen bedeutet, und stützen diese theologisch. Zentrale Begriffe der paulinischen Theologie fehlen. „Glaube" wird im Sinne von „Glaubensgut" (parallel zu „Lehre") verstanden. Er wird zum rechten Glauben im Gegensatz zur Irrlehre und kann in einer Reihe mit anderen Tugenden genannt werden (vgl. 1Tim 6,11). Schließlich unterscheidet sich auch die Sprache erheblich von der der authentischen Paulusbriefe. Diese Gründe sind so gravierend, dass die überwiegende Mehrheit der Forscher die Briefe für deuteropaulinisch hält.

Die Briefe stimmen in der vorausgesetzten Gemeindesituation im wesentlichen überein. Auch die theologische Sprache und Argumentationsweise sind weitgehend identisch. Deshalb kann man wohl davon ausgehen, dass die drei Briefe auf einen Verfasser (oder eine Verfassergruppe) zurückgehen. Er ist sicher zu den Paulusschülern der zweiten Generation zu rechnen, da der theologische und kirchengeschichtliche Abstand zum Apostel bereits erheblich ist. Vermutlich handelt es sich um einen Christen aus Kleinasien, der über eine gewisse hellenistische Bildung verfügte. Ob er Juden- oder Heidenchrist war, lässt sich kaum entscheiden.

Zumindest verfügte er über Kenntnisse des jüdischen Legendengutes (2Tim 3,8 werden Jannes und Jambres erwähnt).

Die Adressaten der Briefe sind laut Präskript Timotheus und Titus. Da es sich hierbei um fiktive Angaben handelt, sind die intendierten Leser wohl eher im Umfeld des Verfassers zu suchen. In beiden Timotheusbriefen wird auf die Situation in Kleinasien Bezug genommen (1Tim 1,3–7; 2Tim 1,15–18), speziell wird Ephesus genannt. Man geht deshalb wohl nicht fehl, hier die eigentliche Adresse der Briefe zu suchen.

Die Briefe setzen sozial weit differenzierte Gemeinden voraus. Mehrfach werden christliche Hausbesitzer erwähnt. 1Tim 6,17–19 bietet eine separate Unterweisung der Oberschicht. 1Tim 6,2a setzt voraus, dass es christliche Sklavenbesitzer gibt. Auf der anderen Seite richtet sich die Anweisung 1Tim 6,1f gerade an christliche Sklaven. 1Tim 5,17f rechnet damit, dass genügend finanzielle Mittel vorhanden sind, um die Presbyter zu bezahlen.

Unmittelbarer Anlass für die Abfassung der Pastoralbriefe dürfte das erfolgreiche Auftreten von frühchristlichen Lehrern in den Gemeinden gewesen sein, deren Lehre vom Verfasser energisch bekämpft wird. Die bekämpfte Irrlehre vereinigt in sich ganz verschiedene Elemente. Ihre Vertreter behaupten „Erkenntnis" (γνῶσις / gnosis) zu besitzen (1Tim 6,20f). Sie erheben bestimmte asketische Forderungen (1Tim 4,3) und meinen, die Auferstehung sei schon geschehen (2Tim 2,18). Der Verfasser der Pastoralbriefe wirft ihnen vor, Fabeln (Mythen) und endlose Genealogien zu lehren (1Tim 1,4; 2Tim 4,4; Tit 1,14 u.ö.). Da Tit 1,14 ausdrücklich von „jüdischen Fabeln" redet, ist wohl auch mit jüdischen Elementen in der bekämpften Lehre zu rechnen. Dafür sprechen auch die Bemerkungen 1Tim 1,7 (Anspruch, Gesetzeslehrer zu sein) und Tit 1,10 (Herkunft „aus der Beschneidung").

Die genaue zeitliche Einordnung der Pastoralbriefe ist schwierig. Die vorausgesetzte Ämterstruktur und das theologische Profil der bekämpften Irrlehre sprechen für die Zeit um 100. Vermutlich sind die Briefe in der Reihenfolge 1Tim, Tit, 2Tim zu lesen. 1Tim 3,14; 4,13 kündigen noch an, dass der Apostel bald kommen wird. Tit enthält keine entsprechenden Äußerungen. 2Tim setzt dann explizit voraus, dass „Paulus" dem Tode entgegengeht und nicht mehr kommen kann (2Tim 4,6f).

Der 1. Timotheusbrief (1Tim)

1, 1f	Präskript
1, 3–20	Die Aufgabe des Timotheus - Bekämpfung der Irrlehre nach dem Vorbild des Paulus
2,1 – 6,2a	Die Ordnung der Gemeinde
6, 2b–19	Schlussparänese
6, 20f	Postskript

Grobgliederung des 1Tim

Der Vergleich der literarischen Form des 1Tim mit Parallelen aus der Umwelt des Neuen Testaments zeigt, dass wir es mit einer **amtlichen brieflichen Instruktion an eine Einzelperson** zu tun haben. Diese Form begegnet sonst meist in Briefen von Herrschern an ihre Beamten.

Der Verfasser des 1Tim nutzt dabei die ganze Fülle frühchristlicher Traditionen. Exemplarisch seien die **Bekenntnisformel** in 2,5f und der **Christushymnus** in 3,16 genannt.

1, 1f	Präskript
1, 3–11	Der Kampf gegen die „Gesetzeslehrer“
1, 12–17	Danksagung
1, 18–20	Übergabe der Ermahnung an Timotheus

Präskript und Aufgabe des Timotheus

Der Brief ist an Timotheus, einen der engsten Mitarbeiter des Apostels Paulus adressiert (1,1f). Er erscheint in vielen authentischen Paulusbriefen als Mitabsender und bot sich daher als Adressat eines fiktiven Paulusbriefes an.

Timotheus wird vom Verfasser des 1Tim gleichsam als Beauftragter des Apostels Paulus zur Bekämpfung der Irrlehrer in Ephesus eingeführt (1,3–11). Er soll ihnen „verbieten, falsche Lehren zu verbreiten und sich mit Fabeleien und endlosen Geschlechterreihen abzugeben“ (1,4). Das Ziel der (rechten) Unterweisung dagegen ist „Liebe aus reinem Herzen, gutem Gewissen und ungeheucheltem Glauben“ (1,5). Die Irrlehrer berufen sich offensichtlich auf die Tora, aber „Paulus“ wirft ihnen vor, dass sie deren Sinn nicht verstanden hätten. Nach der Lehre des Apostels sei das Gesetz nur für „Gesetzlose und Ungehorsame“, nicht aber für die Gerechten bestimmt (1,9).

Das folgende Danklied (1,12–17) betrachtet den Lebensweg des Apostels exemplarisch als „ein Vorbild für alle, die in Zukunft an ihn glauben“ (1,16).

„Paulus“ fordert Timotheus auf, im Sinne dieser Ermahnung, „den guten Kampf“ zu kämpfen (1,18). Die Führer(?) der Irrlehrer, Hymenäus und Alexander, dagegen hat er zur Strafe dem Satan übergeben (vgl. 1Kor 5,5; 1,18–20).

2, 1–7	Aufforderung zum Gebet für alle Menschen und die Obrigkeit
2, 8–15	Männer und Frauen im Gottesdienst
3, 1–7	Bischofsspiegel
3, 8–13	Diakonenspiegel
3,14 – 4,5	Das rechte Bekenntnis und die Irrlehre
4,6 – 5,25	Anweisungen an Timotheus betreffs verschiedener Gemeindegruppen
6, 1–2a	Anweisungen an christliche Sklaven

Ordnung der Gemeinde

„Paulus“ fordert zum Gebet für alle Menschen und die Machthaber auf (2,1–7). Ziel ist ein ungestörtes und ruhiges Leben der Christen. Motivation ist der Heilswille Gottes, der allen Menschen gilt. Als Belege werden eine kerygmatische Formel und die Glaubwürdigkeit des Apostels der Heiden aufgeführt.

Die Anweisungen für das Verhalten im Gottesdienst (2,8–15) bestehen aus einer Zusammenstellung verschiedener Traditionen. Der extensive Versuch, die Frauen in eine untergeordnete Stellung zu drängen, zeigt, wie weit sich die Gemeinden der Pastoralbriefe bereits von Selbstverständlichkeiten der Anfangszeit entfernt haben (vgl. 1Kor 11,5.11).

Der Bischofsspiegel (3,1–7) fordert, dass der Amtsinhaber ein guter Hausherr sein muss, kein Neubekehrter sein darf und auch bei den Außenstehenden einen guten Ruf haben muss. Die Anweisungen hinsichtlich der Diakone (3,8–13) sind ganz parallel. 3,11 scheint auch für deren Frauen bestimmte Eigenschaften zu fordern.

„Paulus“ versteht seine Anweisungen als Verhaltensmaßregeln für das Hauswesen (οἶκος / oikos) Gottes, die Kirche (3,14–4,5). Sie ist das Fundament der Wahrheit. Als Inhalt des Geheimnisses des frommen Glaubens wird der Christushymnus (3,16) zitiert. Auf der anderen Seite steht die Irrlehre, die durch den Geist vorhergesagt worden ist. Ihre asketischen Forderungen verleugnen die Bestimmung der Schöpfung Gottes, die unter Danksagung genutzt werden soll.

Timotheus soll ein vorbildlicher Diener Christi, „erzogen in den Worten des Glaubens und der guten Lehre“ (4,6), sein (4,6–16). Als Lehrer soll er Frömmigkeit gegen gottlose Altweiberfabeln setzen. Ein Tugendkatalog (4,12) und eine Kette von Einzelmahnungen (4,13–16) folgen.

„Paulus“ gibt Timotheus Anweisungen zum Verhalten gegenüber verschiedenen Gruppen in der Gemeinde (ältere und jüngere Männer und Frauen, Witwen und Älteste, [5,1–25]). Bei den letzten beiden Gruppen wird die Verhaltensmaßregel für Timotheus unversehens wieder zur Anweisung des Autors für diese Gruppen.

Nach dem Ratschlag, der Krankheiten wegen auch Wein zu trinken, schließt der Verweis auf die (im Gericht) offenbar werdenden Sünden und guten Werke als nochmalige Motivation die Reihe der Anweisungen ab. Die Regelungen für die Sklaven folgen wie ein Nachtrag (6,1–2a).

6, 2b–10	Abwehr der Irrlehre
6, 11–16	Mahnung an Timotheus
6, 17–19	Spezielle Anweisungen für reiche Gemeindeglieder
6, 20–21a	Schlussmahnung
6, 21b	Gnadenwunsch

Schlussparänese und Postskript

Am Beginn der Schlussparänese wendet sich „Paulus“ erneut gegen die Irrlehrer, die „sich nicht an die gesunden Worte Jesu Christi, unseres Herrn, und an die Lehre unseres Glaubens“ (6,3) halten (6,2b–10). Typisierend werden Irrlehre und rechte Frömmigkeit gegenübergestellt. Die (echte) Frömmigkeit bringt wirklichen reichen Gewinn, die der Irrlehre Anhängenden aber sind der Habsucht verfallen und streben nur nach irdischem Gewinn.

Timotheus wird noch zur Distanz von der Irrlehre und zum „guten Kampf des Glaubens“ (6,12) aufgefordert (6,11–16). Er legt wie Jesus vor Pilatus das gute Bekenntnis ab. Am Ende dieser Mahnung eröffnet der Verweis auf die Parusie die eschatologische Perspektive.

Eine spezielle Anweisung betreffs der reichen Gemeindeglieder beendet die Schlussparänese. Sie sollen ihre Hoffnung nicht auf irdischen Reichtum setzen, sondern auf Gott. Timotheus soll sie zu guten Werken (Wohltätigkeit) mahnen.

Im Postskript ermahnt „Paulus“ Timotheus noch einmal, sich von der Irrlehre (Gnosis) fernzuhalten und das anvertraute Gut zu bewahren. Ein knapper Gnadenwunsch schließt den Brief ab.

Der 2.Timotheusbrief (2Tim)

1, 1f	Präskript
1, 3–14	Proömium
1, 15–18	Gegner und Freunde des Apostels
2,1 – 4,8	Mahnungen an Timotheus
4, 9–18	Schlussparänese
4, 19–22	Postskript

Grobgliederung des 2Tim

Der 2Tim ist seiner literarischen Gestalt nach eine **testamentarische Mahnrede**. Die engste Parallele innerhalb des Neuen Testaments findet sich in Apg 20,17–35 (Abschiedsrede des Paulus in Milet). Der Brief schöpft aus reichen Personaltraditionen über den Apostel Paulus.

1, 1f	Präskript
1, 3–5	Danksagung
1, 6–14	Briefliche Selbstempfehlung
1, 15–18	Gegner und Freunde des Apostels

Nach dem Präskript (1,1f) erinnert „Paulus“ in einem Dankgebet (1,3–5) den Glauben von Mutter und Großmutter des Timotheus. Dieser Glaube lebt auch in ihm.

Die briefliche Selbstempfehlung (1,6–14) hat die Gestalt einer Erinnerung an das Charisma, das Timotheus bei seiner Berufung (Handauflegung) empfangen hat. Ihm ist ein Geist „der Kraft, der Liebe und der Besonnenheit“ (1,7) gegeben worden. Timotheus soll sich an die gesunde Lehre halten und das anvertraute kostbare Gut bewahren (beachte **1,9f**).

Das Verhalten der Christen in Kleinasien und das treue Bemühen des Onesiphorus werden als negatives und positives Beispiel zitiert (1,15–18).

2, 1–13	Aufforderung zum rechten Dienst für Christus
2, 14–26	Anweisungen zum Verhalten im Hinblick auf die Irrlehrer
3, 1–9	Das Auftreten der Irrlehrer als Zeichen der Endzeit
3, 10–17	Timotheus als Nachfolger des Apostels
4, 1–8	Testamentarische Schlussmahnung

Mahnungen an Timotheus

Timotheus wird aufgefordert, stark in der Gnade zu sein und die Überlieferung, die er vor Zeugen von Paulus empfangen hat, an zuverlässige Menschen weiterzugeben. Soldat, Sportler und Bauer werden als Beispiele für volle (auch leidensbereite) Konzentration auf eine Aufgabe angeführt. Ziel und Grundlage der Argumentation ist der Verweis auf die Auferstehung Jesu Christi, die die Hoffnung der Christen begründet (vgl. Röm 6,3f) (2,1–13).

Diese Tradition soll Timotheus der Gemeinde ins Gedächtnis rufen, um sie dem Einfluss der Irrlehrer zu entziehen. Als Hauptaussage der Irrlehrer wird zitiert, dass sie die Auferstehung für schon geschehen halten. Eine Argumentation dagegen findet nicht statt. „Ein Knecht des Herrn soll nicht streiten, sondern zu allen freundlich sein, ein geschickter und geduldiger Lehrer, der auch die mit Güte zurechtweist, die sich hartnäckig widersetzen.“ (2,24f) Ziel ist die Rückgewinnung derer, die der Irrlehre anhängen („Umkehr zur Erkenntnis der Wahrheit“ [2,25], 2,14–26).

Das Auftreten der Irrlehrer ist Zeichen der Gegenwart gewordenen Endzeit (3,1–9). Timotheus aber ist Paulus in allem gefolgt. Damit wird er zum positiven Gegenbild der Irrlehrer und zum legitimen Nachfolger des Apostels (3,10–17). Vor dem Abfall schützt das Festhalten an der Lehre und der Schrift.

In der testamentarischen Schlussmahnung (4,1–8) warnt „Paulus“ in Form einer eschatologischen Weissagung erneut vor den Irrlehrern. Timotheus aber soll treu seinen Dienst erfüllen, da der Apostel seinen Lauf vollendet hat.

4, 9–18	Schlussparänese
4, 19–22	Postskript

In der Schlussparänese erteilt „Paulus“ einige Anweisungen, warnt vor dem Schmied Alexander und berichtet über den bisherigen Prozessverlauf. Grüße und Segenswünsche schließen den Brief ab.

Der Titusbrief (Tit)

1, 1–4	Präskript
1, 5–16	Ordnung der Gemeinde
2, 1–15	Ständeordnung
3, 1–7	Verhalten gegenüber der Obrigkeit und allen Menschen
3, 8–11	Meiden törichter Auseinandersetzungen
3, 12–14	Schlussparänese
3, 15	Postskript

Aufriss des Tit

Ein Vergleich mit dem 1Tim zeigt, dass es sich auch beim Tit um eine **amtliche briefliche Instruktion an eine Einzelperson** handelt.

Das ausführliche Präskript (1,1–4) nennt Titus, einen engen Mitarbeiter des Apostels, als Adressaten. Er hat sich vor allem um das Verhältnis zwischen dem Apostel und der Gemeinde in Korinth verdient gemacht (vgl. 2Kor).

„Paulus" hat ihn auf Kreta zurückgelassen, damit er die dortigen Gemeindeverhältnisse abschließend regelt (1,5–16). Vor allem soll er Presbyter einsetzen. Ab V.7 geht der Presbyterspiegel dann in einen Bischofsspiegel über. Kandidaten für diese Ämter müssen unbescholten sein. Bei den Presbytern wird das ausdrücklich auch auf die Kinder ausgedehnt. Die Irrlehrer soll Titus zum Schweigen bringen. Sie müssen streng zurechtgewiesen werden, damit ihr Glaube wieder gesund wird. „Sie beteuern, Gott zu kennen, durch ihr Tun aber verleugnen sie ihn; es sind abscheuliche und unbelehrbare Menschen, die zu nichts Gutem taugen." (1,16)

Anweisungen für ältere und jüngere Männer, Frauen und Sklaven folgen (2,1–15). Sie werden ausdrücklich als der gesunden Lehre entsprechend bezeichnet. Motivation für das Tun der Christen ist das Gnadenhandeln Gottes.

Die Christen sollen sich der Obrigkeit unterordnen und freundlich und gütig zu allen Menschen sein (3,1–7). Auch dieses Verhalten wird damit begründet, dass Gott die Christen, die einstmals in die Irre gingen, durch die Taufe gerettet hat. Sie haben in ihr die Erneuerung durch den Heiligen Geist erfahren.

Titus wird gemahnt, für dieses Wort einzutreten. Ein Häretiker, der zweimal ermahnt worden ist, kann nur noch gemieden werden. Er spricht sich durch seine Sünde sein eigenes Urteil (3,8–11).

Schlussparänese, knappe Grüße und ein Gnadenwunsch schließen das Schreiben ab.

Der Philemonbrief (Phlm)

Mit dem Phlm haben wir einen sehr persönlich gehaltenen Paulusbrief vor uns. Trotzdem handelt es sich nicht um einen Privatbrief, denn in V.2 wird die Hausgemeinde, die sich bei Philemon trifft, ausdrücklich mit angesprochen. Die Adressaten sind wohl in Kolossä zu suchen (vgl. 23f mit Kol 4,10ff).

Paulus schreibt an Philemon, um für dessen Sklaven Onesimus zu bitten, der sich bei ihm aufhält. Onesimus ist seinem Herrn entflohen. Die Gründe für die Flucht werden nicht ganz deutlich. Möglicherweise hat er bei seiner Flucht auch noch einen Griff in die Kasse seines Herrn getan (V.18). Wir wissen auch nicht, warum sich der entflohene Sklave ausgerechnet an Paulus gewandt hat, der zudem selbst im Gefängnis sitzt (V. 1.9.13). Im Gefängnis hat ihn Paulus für Christus gewonnen (V. 10.16). Jetzt schickt er Onesimus zu seinem Herrn zurück. Da entflohene Sklaven mit empfindlichen (z. T. grausamen) Strafen rechnen mussten, wenn sie ergriffen wurden bzw. zurückkehrten, dient der Phlm auch dazu, Onesimus vor einem solchen Schicksal zu bewahren. Außerdem gibt der Apostel der Erwartung Ausdruck, Philemon werde ihm Onesimus für weitere Dienste zur Verfügung stellen (V.13).

Die Datierung und der Abfassungsort des Phlm sind in der Forschung umstritten. Die relativ freien Haftbedingungen des Apostels lassen zunächst an Rom denken (vgl. Apg 28, 16.30f). Dazu will aber nicht recht passen, dass der entflohene Sklave Onesimus unbehelligt geblieben ist. In Rom wäre er sofort ergriffen worden, da dort die Fahndung nach entflohenen Sklaven im 1. Jh. bereits weitgehend perfektioniert worden war. Deshalb ist doch wohl eher an die aus 1Kor 15,32; 2Kor 1,8f; 11,23f zu erschließende Gefangenschaft des Apostels in Ephesus zu denken (vgl. Phil). In Kleinasien griff das System der Verfolgung entflohener Sklaven erst im 2. Jh. Auch die Reisepläne des Apostels (V.22) passen besser nach Ephesus. Der Brief rückt dann zeitlich nahe an den Phil, ist also ca. in den Winter 54/55 zu datieren.

1–3	Präskript
4–7	Proömium
8–16	Die Bitte für Onesimus
17–20	Epilog
21–25	Postskript

Aufriss des Phlm

Formgeschichtlich handelt es sich beim Phlm um einen **Bittbrief** (vgl. V. 9.10.17), der in V. 10b–13 **Elemente eines Empfehlungsschreibens** aufnimmt. Paulus setzt auch in diesem Brief bewusst rhetorische Elemente ein. Das wird insbesondere in den V. 17–20 deutlich, die den Charakter eines Epilogs haben. Hier wird das bisher Gesagte mit gesteigertem Pathos zusammengefasst und unterstrichen. Zugleich häufen sich in diesen Versen die juristisch-finanztechnischen Ausdrücke. Das belegt, dass sich der Apostel auch der vermögensrechtlichen Aspekte der Flucht des Onesimus durchaus bewusst war.

Die neben Philemon genannten Adressaten Aphia, Archippus sowie die Hausgemeinde machen deutlich, dass der Apostel die im Brief behandelte Problematik nicht intern, sondern vor der Gemeinde Jesu Christi behandelt wissen will.

Folgerichtig benennt das Proömium die Verdienste Philemons um die „Heiligen“ (V. 5.7). Sie sind durch seine Liebe ermutigt worden.

Das Stichwort „Liebe“ nimmt Paulus am Beginn seiner Bitte an Philemon auf. Er, der „für Christus Jesus im Kerker liegt“ (V.9), befiehlt nicht, sondern bittet, obwohl er „durch Christus volle Freiheit (hat), dir (Philemon) zu befehlen, was du tun sollst“ (V.8). Paulus ist Onesimus im Gefängnis zum Vater geworden, und schickt ihn jetzt zu Philemon zurück. Geschickt verweist er darauf, dass Onesimus seinem Herrn – und ihm (Paulus) – im Gegensatz zu früher jetzt recht nützlich sei. V.13 sagt dann explizit, dass Paulus den zu Christus bekehrten Sklaven gern zu seiner Unterstützung bei sich behalten würde, aber dieser Wunsch wird in V.14 sofort wieder zurückgenommen. Philemon soll aus eigenem Entschluss handeln.

Zum Abschluss der Bitte formuliert der Apostel die vollkommen neuen Rahmenbedingungen, unter denen Onesimus zu seinem Herrn zurückkehrt. Er soll jetzt für Philemon „geliebter Bruder“ sein (V.16) – sowohl irdisch (ἐν σαρκί [en sarki] / im Fleisch) als auch im Herrn (ἐν κυρίῳ [en kyrio]).

Als Fazit fordert V.17 Philemon auf, das Verhältnis zum Apostel auf Onesimus zu übertragen. Paulus will für alle finanziellen Forderungen Philemons aufkommen – aber eigentlich schuldet dieser sich selbst dem Apostel (V. 18f). Also kann Paulus von Philemon „im Herrn“ einen Nutzen erwarten (V.20).

Im Postskript verweist Paulus auf das Vertrauen, das er in den Gehorsam Philemons hat (V.21). Er bittet um Unterkunft für den erhofften Fall seiner Freilassung (V.22). Grüße und Segenswunsch schließen den Brief ab.

Der Hebräerbrief (Hebr)

Der Hebr ist ursprünglich anonym abgefasst worden. Ein Präskript, das Hinweise auf den Verfasser liefern könnte, fehlt. Der Briefschluss (13,22–25) lehnt sich an das paulinische Briefformular an. In 13,23 wird der Paulusmitarbeiter Timotheus erwähnt. Beides könnte als Indiz dafür gewertet werden, dass der Verfasser sein Werk in die Tradition der paulinischen Briefe stellen wollte. Die sprachlichen und sachlich–theologischen Differenzen sowohl zu den authentischen Paulusbriefen als auch zu den Deuteropaulinen sind allerdings so groß, dass der Verfasser des Hebr nicht einmal als Paulusschüler bezeichnet werden kann. Er vertritt vielmehr eine ganz eigene theologische Position, die stark von der jüdisch–alexandrinischen Theologie beeinflusst ist.

Der Verfasser des Hebr war offensichtlich ein sprachlich und theologisch geschulter Mann. Er hatte eine umfassende Kenntnis der frühchristlichen Bekenntnistraditionen und des Alten Testaments, das er in der LXX-Fassung zitiert. Weite Passagen des Hebr sind im Grunde genommen Schriftauslegung. In der Argumentation bedient sich der Verfasser der gängigen jüdisch–hellenistischen Auslegungsmethoden seiner Zeit. Er nutzt aber auch rhetorische Elemente der antiken oratio. Die Formulierung in 2,3 (Bestätigung der Verkündigung des Herrn durch die Ohrenzeugen) weist den Autor des Hebr als einen Vertreter der 2. frühchristlichen Generation aus. Wahrscheinlich war er ein frühchristlicher Lehrer. Eine genauere Identifikation des Verfassers ist nicht möglich. Zu dieser Auffassung war im Übrigen schon der Kirchenvater Origines gelangt: „Wer den Brief geschrieben hat – die Wahrheit weiß Gott allein."

Auch die Adressaten des Hebr lassen sich kaum genauer lokalisieren. Die sekundäre Überschrift „An die Hebräer" hilft nicht weiter. Der Gruß in 13,24 sagt über den Wohnort der Adressaten auch nichts Verwertbares, liefert aber den Hinweis auf Italien. Dieses schwache Indiz wird durch 1Clem 36,2–5 gestärkt, da dort auf Hebr 1,3f Bezug genommen worden zu sein scheint. Selbst wenn es sich nur um gemeinsame Tradition handeln sollte, wird eine Entstehung des Hebr in Italien doch wahrscheinlicher. Dann dürften auch die Adressaten dort zu suchen sein.

Deutlicher ist die Situation der Adressaten. Sie gehören wie der Verfasser der zweiten bzw. dritten frühchristlichen Generation an (2,3; 10,32ff; 13,7). Sehr wahrscheinlich handelt es sich um eine heidenchristliche Gemeinde. Der Verfasser warnt nämlich in 3,12 ganz allgemein vor einem Abfall vom Glauben und nicht vor einem Rückfall ins Judentum. Außerdem nutzt er in 6,1ff Topoi der traditionellen jüdischen Heidenmissionspredigt. Auch der schriftgelehrte Charakter des Briefes spricht nicht gegen eine Einordnung der Adressaten als heidenchristlich. Schließlich war das Alte Testament die Heilige Schrift aller Christen. Auch die Auslegungsmethoden des Verfassers dürften den Adressaten vertraut sein. Letztlich wird man aber sagen müssen, dass das Verhältnis Judenchristen – Heidenchristen im Hebr keine Rolle spielt. Der Verfasser spricht die christliche Gemeinde als ganze an.

Anlass für die Abfassung des Briefes sind akute Ermüdungserscheinungen in der Gemeinde der Adressaten, die vielleicht aus dem auf ihr lastenden Druck einer abweisenden bis feindseligen Umwelt resultieren. Zweifel an der Gültigkeit der Verheißungen Gottes werden laut (10,23.35f). Die angeschriebenen Christen sind glaubensmüde geworden (6,12; vgl. 5,11 „schwerhörig"). Der Verfasser sieht die Gefahr, dass sie ihre Glaubenszuversicht „wegwerfen" könnten (10,35–39). Er meint, dass sie noch einmal bei den Grundlagen des Glaubens anfangen müssten (5,12–6,2). Einige Gemeindeglieder bleiben den Gemeindeversammlungen fern (10,25). Insgesamt ergibt sich das Bild einer zutiefst verunsicherten Gemeinde im nachapostolischen Zeitalter, die mit der Erfahrung der sich dehnenden Zeit bis zur Parusie nicht fertig wird. Um die erschlafften Hände und die wankenden Knie (12,12) zu stärken, schreibt der Autor des Hebr dieser Gemeinde eine „Mahnrede" (13,22).

Da der Hebr wohl vor den 1Clem zu datieren ist, dürfte er zwischen 80 und 90 geschrieben worden sein.

1,1 – 4,13	Gottes endgültige Rede in seinem Sohn (narratio)
4,14 – 10,18	Christus, der Hohepriester nach der Ordnung Melchisedeks, sein einmaliges Opfer und dessen für immer gültige Wirkung (argumentatio)
10,19 – 13,21	Mahnung zur Bewährung des Glaubens (peroratio)
13, 22–25	Briefschluss

Grobgliederung des Hebr

Der Hebr ist durch einen ständigen Wechsel von lehrhaften und paränetischen Abschnitten geprägt. Dabei sind die paränetischen Passagen nichts anderes als die – im Sinne des Autors notwendige – Schlussfolgerung aus den vorangegangenen lehrhaften Ausführungen. Eine wichtige Rolle spielen im Hebr Stichwörter, die sowohl einzelne Abschnitte miteinander verbinden als auch längeren Passagen als Leitworte dienen. Häufig kündigt der Verfasser am Ende von Abschnitten das Thema des folgenden bereits an. Und schließlich nutzt er Chiasmen und Inklusionen, um seine Mahnrede zu strukturieren.

Auf die intensive Verwendung des Alten Testaments als Argumentationsbasis im Hebr ist oben schon hingewiesen worden. Weitere (frühchristliche u. a.) Traditionen werden benutzt, ohne dass dies als Zitat im Einzelnen erkennbar ist. Am Beginn des Schreibens (**1,3**) zitiert der Verfasser eine **Bekenntnisformel**.

Formgeschichtlich kann der Hebr als **Mahnrede mit brieflichem Schluss** eingeordnet werden.

1, 1–4	Exordium (Einführung zum Thema)
1, 5–14	Die Erhabenheit des Sohnes über die Engel (Entfaltung des Exordiums)
2, 1–4	Ermahnung an die Leser, das Gehörte zu bewahren
2, 5–18	Die Erniedrigung des Sohnes als Grundlegung des Heils (2,17 erstmalig der Titel „Hoherpriester“)
3,1 – 4,13	Mahnung zum Hören auf Gottes Wort

1. Hauptteil (narratio)

Der Autor des Hebr beginnt seine „Mahnrede“ mit grundsätzlichen Aussagen, die den theologischen Horizont der gesamten Rede umreißen (1,1–4).

Die letzte Aussage des Exordiums belegt der Verfasser des Hebr durch eine ganze Reihe von Zitaten aus dem Alten Testament, vor allem aus den Psalmen (Ps 2,7; 104,4; 45,7f; 102,26–28; 110,1; [1,5–14]). Die Schlussfolgerung für die Adressaten folgt in 2,1–4: Wenn schon die Botschaft der Engel (die Tora) bei Strafe zu befolgen war, um wie viel mehr ist dann auf die Botschaft des Sohnes zu hören.

Der Sohn ist für kurze Zeit unter die Engel erniedrigt worden (Ps 8,5–7). Er hat wie die Menschen, seine Brüder, Fleisch und Blut angenommen, um durch seinen Tod den Teufel zu entmachten. „Denn da er selbst in Versuchung geführt wurde und gelitten hat, kann er denen helfen, die in Versuchung geführt werden.“ (2,18; 2,5–18)

Deshalb sollen die Adressaten auf Jesus schauen und auf Gottes Wort hören (3,1–4,13). Jesus, dem das Bekenntnis gilt, hat größere Herrlichkeit empfangen als Mose. Dieser war Gott treu als Diener, jener aber ist treu als Sohn, der über das Haus Gottes gesetzt ist. Die Wüstengeneration wird als warnendes Beispiel für das Schicksal derer angeführt, die ihr Herz verhärten und nicht auf das Wort Gottes hören. Es soll als Mahnung dienen, nicht zurückzubleiben, solange die Verheißung gilt. Das Wort der Verheißung hat der Wüstengeneration nichts genützt, weil es sich nicht durch den Glauben mit den Hörern verband. Die Verheißung des Landes der Ruhe gilt den Christen, die gläubig geworden sind. Am Ende beschreibt der Verfasser mit eindringlichen Worten die Wirkungsmacht des Wortes Gottes, das das innerste Wesen des Menschen offenbar macht (**4,12f**).

4, 14–16	Überleitung
5, 1–10	**Der Sohn als „Hoherpriester nach der Ordnung Melchisedeks"**
5,11 – 6,12	Paränetische Vorbereitung der Rede von den vollkommeneren Dingen
6, 13–20	Die Unverbrüchlichkeit der Verheißung
7,1 – 10,18	**Entfaltung der „Hohenpriester–Christologie"**

2. Hauptteil (argumentatio)

In einer kurzen Überleitung verknüpft der Autor den Grundgedanken des 1. Hauptteils mit der „Hohenpriester–Christologie", die den zweiten Hauptteil prägt. Jesus, der Sohn Gottes, ist ein Hoherpriester, der den Himmel durchschritten hat. Zugleich kann er mit den Menschen mitfühlen, denn er ist wie sie in Versuchung geführt worden, **aber ohne Sünde** (4,15; χωρὶς ἁμαρτίας / choris hamartias; 4,14–16).

Jeder Hohepriester wird aus den Menschen von Gott ausgewählt, zum Dienst für die Menschen. So ist es auch mit Christus geschehen. „Obwohl er der Sohn war, hat er durch Leiden den Gehorsam gelernt; zur Vollendung gelangt, ist er für alle, die ihm gehorchen, der Urheber des ewigen Heils geworden." (5,8f; 5,1–10)

Die Adressaten sind „schwerhörig" geworden. Deshalb müssten ihnen eigentlich noch einmal die Anfangsgründe der christlichen Lehre beigebracht werden. Der Verfasser will aber darauf verzichten und sich den vollkommeneren Dingen zuwenden. Er warnt eindringlich vor dem Abfall vom Glauben, denn wer vom Glauben abfällt, kann nicht wieder umkehren; er schlägt nämlich durch seinen Abfall den Sohn Gottes erneut ans Kreuz (**6,4–6**). Für die Adressaten hat der Verfasser aber noch Hoffnung, und wünscht, dass sie nicht müde werden (5,11–6,12).

Abraham wird den Adressaten als Vorbild vor Augen gestellt denn er hat das Verheißene durch seine Geduld erlangt. Die Verheißung und der sie bekräftigende Schwur – die beiden Taten Gottes in 6,18 – sind Ansporn für die Christen, die die Hoffnung ergriffen haben. Diese Hoffnung ist ein fester Anker der Seele, der bis hinter den Vorhang (zum Allerheiligsten) reicht. Hinter diesen Vorhang ist Jesus als Vorläufer der Christen gegangen (6,13–20). Damit schafft der Verfasser den Übergang zum zentralen Teil seiner „Mahnrede", in dem er die „Hohenpriester–Christologie" entfaltet (7,1–10,18).

Melchisedek wird unter Bezugnahme auf Gen 14,17–20 eingeführt. Er bleibt Priester für immer, denn die Schrift nennt weder seine Eltern, noch berichtet sie von seiner Geburt und seinem Tod (7,1–3). Weil er Abraham segnete und den Zehnten von ihm nahm, ist er Abraham und dem levitischen Priestertum überlegen (7,4–10).

Mit Christus ist ein Priester nach dem Vorbild Melchisedeks eingesetzt worden, „nicht ... aufgrund leiblicher Abstammung ..., sondern durch die Kraft unzerstörbaren Lebens" (7,16). Damit ist das frühere Gebot aufgehoben, weil das Gesetz nicht die Vollendung gebracht hat. Christus ist der Bürge eines besseren Bundes. Die Überlegenheit seines Priestertums wird auch darin deutlich, dass im levitisch–aaronidischen Priestertum viele Priester aufeinander folgen, da alle sterben. Christus aber bleibt auf ewig. „Darum kann er auch die, die durch ihn vor Gott hintreten, für immer retten; denn er lebt allezeit, um für sie einzutreten." (7,25) (7,11–25)

Christus ist als Auferstandener Priester des wahren Zeltes (Heiligtums), das Gott selbst im Himmel aufgeschlagen hat. Die irdischen Priester dagegen dienen an einem Heiligtum, das nur Abbild des himmlischen ist. Diese Urbild–Abbild–These prägt die weitere Argumentation. Gott spricht in Jer 31,31–34 von einem **neuen** Bund. Damit erklärt er den ersten für veraltet. Mittler des neuen, besseren Bundes ist Christus (8,1–13).

In 9,1–10 beschreibt der Verfasser des Hebr unter Bezugnahme auf Ex 25f die Kultordnung des Alten Bundes. Sie ist nur Sinnbild, das auf die gegenwärtige Zeit hinweist. Christus aber ist **ein für allemal (9,12)** in das Heiligtum hineingegangen und hat „sich selbst kraft ewigen Geistes Gott als makelloses Opfer dargebracht" (9,14). Sein Tod war notwendig, weil nur durch den Tod des Erblassers der Neue Bund wirksam werden konnte (der Verfasser operiert hier mit der Doppeldeutigkeit der griechischen Vokabel διαθήκη / diathēkē – Bund / Testament). Außerdem wird Sühnung nach dem Gesetz durch Blut bewirkt. Christus hat durch sein einmaliges Opfer im himmlischen Heiligtum die Sünde getilgt (9,11–28).

Die Opfer, die nach dem Gesetz vollzogen werden, können keine Sünden hinwegnehmen. Christus hebt durch sein Auftreten den alten Opferkult auf (Ps 40,7–9 wird ihm in den Mund gelegt) und setzt den neuen in Kraft. Er gibt seinen Leib hin und führt dadurch die, die geheiligt werden, **ein für allemal** zur Vollendung (10,1–18).

10, 19–39	Einleitung der Mahnung
11, 1–40	Die Wolke der Zeugen des Glaubens
12,1 – 13,17	Ausgeführte Mahnungen
13, 18–21	Bitte um Fürbitte, Segenswunsch

3. Hauptteil (peroratio)

Der Verfasser des Hebr leitet in 10,19–39 von den lehrhaften Ausführungen endgültig zur Paränese über. Jesus hat den Christen den neuen und lebendigen Weg erschlossen. Daraus folgt: „Lasst uns an dem unwandelbaren Bekenntnis der Hoffnung festhalten, denn er, der die Verheißung gegeben hat, ist treu." (10,23). Für den, der vorsätzlich sündigt, gibt es kein Entrinnen vor dem Gericht Gottes. Mit dem Hinweis auf die Vergangenheit der Gemeinde ruft der Autor zur Geduld auf, um den Willen Gottes zu erfüllen.

Nach einer Beschreibung des Wesens des Glaubens (**11,1**) führt der Verfasser die Glaubenszeugen des Alten Testaments auf. „Doch sie alle, die aufgrund des Glaubens anerkannt wurden, haben das Verheißene nicht erlangt, weil Gott erst für uns etwas Besseres vorgesehen hatte; denn sie sollten nicht ohne uns vollendet werden." (11,39f; Kap. 11)

Angesichts dieser Wolke von Glaubenszeugen werden die Adressaten aufgefordert, alle Last und Fesseln der Sünde abzuwerfen (12,1–13,17). Sie sollen dabei auf Jesus, „den Urheber und Vollender des Glaubens" (12,2) blicken. Verfolgungen werden als Züchtigungen Gottes gedeutet. „Darum macht die erschlafften Hände wieder fest, und ebnet die Wege für eure Füße, damit die lahmen Glieder nicht ausgerenkt, sondern geheilt werden." (12,12f)

Die Sinaioffenbarung und die Offenbarung, die die Christen erfahren haben, werden noch einmal nach dem Schema alt / irdisch / unvollkommen – neu / himmlisch / vollkommen einander gegenübergestellt. Die Christen empfangen ein unerschütterliches Reich und sollen Gott deshalb in ehrfürchtiger Scheu dienen (12,18–29).

Im Zentrum der sich anschließenden Einzelmahnungen steht eine kurze lehrhafte Ausführung, die in die Aufforderung mündet, die zukünftige Stadt zu suchen, d. h. sich nicht irdisch einzurichten (13,1–17).

Am Ende der Paränese stehen die Bitte um Fürbitte und ein Segenswunsch (13,18–21).

13, 22–25	Briefschluss

Im Briefschluss werden die Adressaten um die bereitwillige Annahme der „Mahnrede“ gebeten. Timotheus ist freigelassen worden und der Autor wird nach seiner Ankunft mit ihm die Gemeinde besuchen. Grüße und ein letzter Gnadenwunsch schließen den Hebr ab.

Die katholischen Briefe

Im Neuen Testament sind 7 Briefe (Jak, 1+2Petr, 1–3Joh, Jud) überliefert, die zum ersten Mal von Euseb (ca. 264–340) in seiner Kirchengeschichte als katholische Briefe bezeichnet wurden (h.e. II, 23, 25). Er wollte damit ausdrücken, dass sie an die gesamte Christenheit gerichtet seien (καθολικός / katholikos – allgemein). Seitdem hat sich diese Bezeichnung durchgesetzt.

Der Jakobusbrief (Jak)

Der Jak ist an „die zwölf Stämme, die in der Zerstreuung leben" (1,1), adressiert, d. h. er wendet sich an die gesamte Christenheit außerhalb Palästinas. Als Absender nennt das Präskript „Jakobus, Knecht Gottes und Jesu Christi, des Herrn". Damit ist offenbar der Bruder Jesu gemeint (vgl. Gal 1,19; Apg 15,13 u. ö.), denn der Brief will von einem in der ganzen Frühchristenheit anerkannten Lehrer (vgl. 3,1) geschrieben sein. An der Authentizität dieser Angabe bestehen erhebliche Zweifel. Zum einen schreibt der Autor ein gutes Griechisch und besitzt eine gewisse rhetorische Bildung, was bei Jakobus nicht unbedingt zu erwarten ist. Zum anderen – und dieser Grund ist gewichtiger – setzt der Brief eine Gemeindesituation voraus, die in die Zeit nach dem Tod des Jakobus im Jahr 62 weist. Da der Briefschreiber einem weisheitlich geprägten Judenchristentum zuzurechnen ist, hat er bewusst an die Autorität des Jakobus angeknüpft, denn dieser genoss vor allem im Judenchristentum hohes Ansehen.

Im Jak werden sozial weit differenzierte Gemeinden vorausgesetzt (2,1–13; vgl. 5,1–6), in denen es zu Streitigkeiten gekommen ist (4,1–12). Daneben sieht der Verfasser die Gefahr, dass ein (missverstandener) Paulinismus dazu führen könnte, dass innerhalb der Gemeinde die barmherzigen Werke verweigert werden (2,14–26).

Die Entstehungszeit und der Abfassungsort des Jak lassen sich nur indirekt eingrenzen. Die mehrfachen Parallelen zu auch im Matthäusevangelium verwendeten Traditionen, die aber keinerlei literarische Abhängigkeiten erkennen lassen, weisen auf ein ähnliches geistiges Milieu.

Als Entstehungsgebiet wird deshalb häufig Syrien genannt. Die Datierung hängt davon ab, ob man eine eigenständige Tradierung „matthäischer" Traditionen auch nach dessen Abfassung und schneller Verbreitung noch für wahrscheinlich hält. Wer die Frage bejaht, datiert den Brief allgemein auf das späte 1. Jhd., sonst wird man eher an die erste Hälfte der 80er Jahre denken.

1, 1	Präskript
1, 2–18	Versuchungen als Prüfungen des Glaubens
1, 19–27	**Hören und Tun des Wortes**
2, 1–13	Arme und Reiche in der Gemeinde
2, 14–26	**Rechtfertigung aus Werken und Glauben**
3, 1–12	Mahnung zur Vollkommenheit im Wort
3, 13–18	Irdische und himmlische Weisheit
4, 1–12	Gegen Streit und Verleumdung in der Gemeinde
4, 13–17	**Gott ist Herr über das Leben und die Zeit** (4,15 – conditio Jacobea)
5, 1–6	Drohwort gegen die unsozialen Reichen
5, 7–11	Mahnung zum geduldigen Ausharren bis zur Parusie
5, 12–20	Mahnungen zum Verhalten in der Gemeinde

Aufriss des Jak

Im Aufbau des Jak ist eine klare Linie nicht ohne weiteres erkennbar. Formal wird das Schreiben durch die wiederholte persönliche Anrede „Brüder" und Motive, die in verschiedenen Zusammenhängen mehrfach begegnen, zusammengehalten. Inhaltlich steht es unter dem Leitgedanken der **„Vollkommenheit"**. Die Christen haben das Wort erhalten (1,21), das sie zum Tun des „vollkommenen Gesetzes der Freiheit" (1,25) befähigt.

Der Verfasser des Jak benutzt vielfältiges **Traditionsmaterial**, das zu weiten Teilen **aus der jüdischen Weisheitstheologie** stammt. Mehrfach gibt es Berührungspunkte zur synoptischen Tradition. Am deutlichsten ist die Parallele zwischen 5,12 und Mt 5,33–37.

Trotz des Präskripts fehlen dem Jak beinahe vollständig die brieflichen Elemente. Man kann ihn als **weisheitliches Mahn- und Lehrschreiben** bezeichnen, das als Rundbrief firmiert.

Nach dem Präskript (1,1) wendet sich „Jakobus" dem Verhalten von Christen in Versuchungen zu (1,2–18). Diese sollen als Prüfungen des Glaubens verstanden werden, aus denen letztlich ein „vollendetes Werk" (1,4) erwächst. In diesem Zusammenhang klingen die Themen des Briefes an: Bitte um Weisheit, Polemik gegen die Reichen, Gott als Geber des Guten – die Begierde als Urheberin des Bösen. Gott hat die Christen durch „das Wort der Wahrheit" als Erstlingsfrucht seiner Schöpfung geboren.

Damit ist das Stichwort für den zweiten Gedankengang (1,19–27) des Briefes gefallen. Der Briefschreiber ermahnt seine Brüder, das Wort nicht nur anzuhören, sondern danach zu handeln (Konkretion in 1,27). Mit dieser gleichsam vertikalen Perspektive ist die zweite, horizontale, untrennbar verbunden, die vom Hören und Reden in der Gemeinschaft spricht (vgl. Kap 3).

Zunächst aber wendet sich „Jakobus“ entschieden gegen Tendenzen, Standesunterschiede in der Gemeinde zu machen (2,1–13). Gott hat die Armen in der Welt auserwählt. Die Reichen hingegen sind Unterdrücker und Lästerer. Das Liebesgebot soll Verhaltensprinzip in der Gemeinde sein. Wenn nach dem Ansehen der Person geurteilt wird, wird das Gesetz der Freiheit übertreten. „Denn das Gericht ist erbarmungslos gegen den, der kein Erbarmen gezeigt hat. Barmherzigkeit aber triumphiert über das Gericht.“ (2,13)

An diesen Gedanken anknüpfend lehnt „Jakobus“ die Meinung ab, dass der Glaube allein retten könne (2,14–26). Abraham und die Dirne Rahab werden als alttestamentliche Belege für eine Rechtfertigung aufgrund der Werke beigebracht. Dabei kombiniert „Jakobus“ in jüdischer Auslegungstradition stehend Gen 15,6 mit Gen 22. Zentralsatz: **„So ist auch der Glaube für sich allein tot, wenn er nicht Werke vorzuweisen hat.“** (2,17)

Es folgt der Abschnitt des Jak, der in der neueren Forschung das meiste Interesse auf sich gezogen hat. Der Briefschreiber denkt über die Macht von Sprache (in seiner Diktion: „der Zunge“) nach (3,1–12). Sprache hat gewaltige Wirkungen. Sie ist aber zugleich ambivalent (vgl. 3,9f). „Jakobus“ fordert seine Leser auf, deshalb nicht zu Viele Lehrer werden zu lassen (3,1), denn nur ein vollkommener Mann verfehlt sich in den Worten nicht.

Danach stellt er irdische und himmlische Weisheit einander gegenüber (3,13–18). Wo die Weisheit von oben wirkt, herrscht Frieden. Dieses Stichwort nimmt „Jakobus“ auf und polemisiert gegen die Streitigkeiten und Kriege unter den Christen (4,1–12). Sie rühren daher, dass sich die Christen von den Leidenschaften beherrschen lassen, d. h. Freunde der Welt sind (4,4). Sie sollen sich Gott unterordnen und seine Nähe suchen. Verleumdung des Bruders ist Verleumdung des Gesetzes.

Die nächsten beiden Abschnitte richten sich erneut gegen die Wohlhabenden. Zunächst wird ihr selbstsicheres Planen mit der Souveränität Gottes über Leben und Zeit konfrontiert (4,13–17). Dann wendet sich „Jakobus“ mit aller Schärfe gegen ihr unsoziales Verhalten (5,1–6). Die Reichen wird im Gericht das Elend treffen, die Klagerufe der geprellten Arbeiter aber dringen zu den Ohren Gottes.

Der Brief endet mit einer Mahnung zum geduldigen Ausharren bis zur Parusie Christi (5,7–11) und Einzelanweisungen zum Verhalten in der Gemeinde: Warnung vor dem Schwören, Aufforderung zum Gebet in jeder Lebenssituation, Umgang mit Irrenden (5,12–20).

Der 1. Petrusbrief (1Petr)

Der 1Petr erhebt im Präskript den Anspruch, vom Apostel Petrus verfasst worden zu sein. Dieser Anspruch ist in der Alten Kirche auch weithin anerkannt worden. Eine ganze Reihe von Indizien sprechen aber dafür, dass es sich um ein pseudepigraphes Schreiben handelt. Der Brief ist im Stil der literarischen Koine abgefasst worden. Griechisch muss deshalb die Muttersprache des Verfassers gewesen sein. Außerdem zeigt der Brief zahlreiche Verbindungen zu den Paulusbriefen. Diesen Indizien hat man entgegengehalten, dass in 5,12 Silvanus / Silas als der Schreiber des Briefes genannt wird, womit sicherlich der Paulusmitarbeiter (1Thess 1,1; 2Kor 1,19 u.ö.) gemeint ist.

Trotzdem sollte der pseudepigraphe Charakter des Briefes nicht bezweifelt werden, denn er bietet mehrfach Anachronismen für die Zeit des Apostels Petrus. So bezeichnet sich der Verfasser in 5,1 als „Mitpresbyter" der angesprochenen Gemeindeleiter. Wichtigste Indizien sind aber wohl die Situation und Ausbreitung des Christentums in Kleinasien, die im 1Petr vorausgesetzt werden, aber für die Zeit vor dem Tod des Petrus (64?) nicht belegbar sind.

Der Brief ist „an die Auserwählten" gerichtet, die „in der Diaspora" (1,1) leben. Die dabei genannten römischen Provinzen umfassen fast ganz Kleinasien. Das Christentum hat also bereits jene Ausbreitung erreicht, die Plinius d. J. ca. 111 / 112 in seinem Brief an den Kaiser Trajan voraussetzt. Die Gemeinden, an die der 1Petr gerichtet ist, bestehen offenbar mehrheitlich aus Heidenchristen. Der Verfasser verweist mehrfach auf ihren früheren heidnischen Lebenswandel (4,3; vgl. 1,18 u.ö.) und redet davon, dass sie einst nicht Gottes Volk waren (2,10). Die innere Struktur der Gemeinden ist durch ein Nebeneinander von Gemeindeleitung durch die Presbyter (die „Ältesten") (5,1–4) und charismatischen Diensten (4,10f) bestimmt.

Unmittelbarer Anlass des Briefes ist eine äußere Konfliktsituation, in der sich die Adressaten befinden. Dabei muss man zwischen allgemeinen sozialen Pressionen und behördlicher Verfolgung unterscheiden. Der 1Petr redet davon, dass die Adressaten „als Übeltäter verleumdet" werden (2,12; vgl. 3,16; 4,4). Das setzt zunächst nicht mehr als soziale Ausgrenzung voraus.

Wenn dann aber in 4,12 von einer „Feuersglut" die Rede ist, die als Prüfung über die Adressaten gekommen sei, müssen wohl doch behördliche Verfolgungsmaßnahmen in Betracht gezogen werden (vgl. 4,15f).

Diese Verfolgungssituation und die dezidierte Unterscheidung zwischen Kaiser und Kyrios bzw. Gott (2,13.17) werden üblicherweise als Indizien für eine Datierung des Briefes in die Regierungszeit des Kaisers Domitian (81-96) gedeutet. Die Parallelen zu den von Plinius d.J. geschilderten Christenprozessen könnten aber auch an die Regierungszeit Trajans (98-117) denken lassen.

5,13 nennt als Abfassungsort „Babylon". Apk 17,9 zeigt, dass mit dieser Chiffre Rom gemeint ist. Die Adressatenangabe und die Aufnahme paulinisch geprägter Theologie lassen jedoch eher an Kleinasien als Abfassungsort denken. 5,13 wäre dann Teil der Verfasserfiktion „Petrus".

1, 1f	Präskript
1, 3–12	Proömium
1,13 – 2,10	Das neue Leben der Wiedergeborenen
2,11 – 3,12	Die Christen in den menschlichen Ordnungen
3,13 – 4,11	Verhalten angesichts der Verleumdungen der Heiden
4, 12–19	Verfolgung als Anteil am Leiden Christi
5, 1–11	Schlussparänese
5, 12–14	Postskript

Grobgliederung des 1Petr

Der Verfasser des 1Petr steht in einem **breiten Strom frühchristlicher Überlieferung**. Er greift sowohl liturgische (?) Traditionen (1,18–21 u.ö.) als auch antike / frühchristliche Haus- und Ständetafeln (2,11–3,7) auf. Außerdem kann der 1Petr in die Wirkungsgeschichte der paulinischen Theologie eingeordnet werden (vgl. „in Christus" 3,16; 5,10.14 u.a.).

Aufgrund des Präskripts lässt sich der 1Petr als **briefliches Rundschreiben** einordnen.

1, 1f	Präskript
1, 3–12	Proömium

Im Präskript (1,1f) begegnen bereits zwei wichtige Grundgedanken des Briefes. Zum einen versteht „Petrus" die Christen als in der Zerstreuung lebend (vgl. 2,11). Zum anderen sind sie ausersehen, um mit Jesu Christi Blut besprengt zu werden (vgl. 4,13).

Das Proömium (1,3–12) erinnert die Adressaten an Grundlage und Ziel ihres Glaubens. Die Hoffnung der Christen bewirkt, dass sie trotz der Prüfungen, unter denen sie leiden müssen, voller Freude sind. Die Prüfungen dienen zur Bewährung des Glaubens. Ziel des Glaubens ist das Heil, nach dem die Propheten geforscht haben (beachte die Abfolge: Leiden Christi und die darauf folgende Herrlichkeit in 1,11).

1, 13–25	Aufforderung zu einem Leben in Heiligkeit, Gottesfurcht und Bruderliebe
2, 1–10	**Das Wesen der Gemeinde**

Das neue Leben der Wiedergeborenen

„Petrus“ fordert die Adressaten mit einer Kette von christologisch bzw. theologisch begründeten Mahnungen zu einem Leben auf, das dem Evangelium entspricht (1,13–25). Im Zentrum steht der Verweis auf das Christusgeschehen. Dabei setzt der Briefschreiber den Akzent deutlich auf Kreuz und Auferstehung. Die Mahnungen bleiben relativ allgemein.

Der Abschnitt 2,1–10 führt den Gedankengang fort und spitzt ihn auf das Wesen der Gemeinde zu. Dabei kombiniert „Petrus“ ausgehend von Jes 28,16 eine Reihe von alttestamentlichen Zitaten. Jesus Christus wird als der Eckstein interpretiert, die Gemeinde als eine heilige Priesterschaft (**2,9**–Priestertum aller Gläubigen).

2, 11–17	Christen in der heidnischen Umwelt
2, 18–25	Christliche Sklaven (beachte: **2,21–25**)
3, 1–7	Frauen und Männer
3, 8–12	Allgemeine Mahnungen

Die Christen in den menschlichen Ordnungen

Die Christen sind „Fremde und Gäste“ in der irdischen Welt. Deshalb sollen sie den irdischen Begierden nicht nachgeben, sich aber „um des Herrn willen“ den menschlichen Ordnungen unterwerfen (2,11–17; beachte 2,12.15).
Unter Aufnahme von Elementen der spätantiken Haustafel gibt „Petrus“ spezielle Verhaltensmaßregeln für christliche Sklaven (2,18–25), Frauen und Männer (3,1–7). Unter den Anweisungen für die Sklaven begegnet erstmals die später wieder aufgenommene Unterscheidung zwischen rechtmäßig erlittenen Strafen für Verfehlungen und unschuldigem Leiden. Dieses geschieht in der Nachfolge Christi (früheste explizite Aufnahme von Jes 53 im Frühchristentum). Der Ab-

schnitt wird durch wiederum alttestamentlich begründete (Ps 34,13–17) allgemeine Mahnungen abgeschlossen (3,8–12).

3, 13–22	Als Gerechte leiden
4, 1–6	Leiden als Ende der Sünde
4, 7–11	Besinnung auf das Wesentliche

Verhalten angesichts der Verleumdungen der Heiden

Im Anschluss an diesen Versuch, den Ort der Christen in der heidnischen Gesellschaft zu beschreiben, führt „Petrus" den Gedanken aus, der in 2,12.15 bereits angeklungen war und kombiniert ihn mit der bei den Sklaven eingeführten Unterscheidung zwischen schuldigem und unschuldigem Leiden. Wenn die Christen als Gerechte leiden, werden sie ihre Verleumder beschämen. Ihre Hoffnung gründet auf dem Sühnetod Christi und seiner Auferstehung, deren rettende Kraft durch die Taufe vermittelt wird (3,13–22; nur hier im NT die Tradition der Höllenfahrt Christi → Glaubensbekenntnis).

Wie Christus durch sein Leiden der Sünde ein Ende gesetzt hat, so sollen die Christen ein Leben nach dem Willen Gottes führen und sich von dem „heidnischen Treiben" fernhalten. Gerade damit aber erregen sie Anstoß in ihrer Umwelt (4,1–6). Angesichts des nahen Endes aller Dinge mahnt „Petrus" zu einer Besinnung und Konzentration auf die Dinge, die das Wesen der christlichen Gemeinde ausmachen. „So wird in allem Gott verherrlicht durch Jesus Christus." (4,11)

4, 12–19	**Verfolgung als Anteil am Leiden Christi**
5, 1–11	Schlussparänese
5, 12–14	Postskript

Mit einer Zusammenfassung der bisher geäußerten Gedanken zum Leiden der Christen in ihrer heidnischen Umwelt (4,12–19) leitet „Petrus" zum Schlussteil seines Briefes über. Die Verfolgungen werden als Anbruch des Endgerichtes interpretiert.

Die Schlussparänese (5,1–11) regelt vor allem die Hierarchie in der Gemeinde (Älteste als Hirten, Leitgedanke der Demut) und mahnt zur Glaubenswachsamkeit.

Im Postskript (5,12–14) ist die unscheinbare Formulierung 5,12b zu beachten, denn hier macht „Petrus" abschließend noch einmal deutlich, dass er „Gnade" in einem ganz spezifischen Sinne verstanden wissen will (vgl. 2,20).

Der 2. Petrusbrief (2Petr)

Der 2Petr nennt im Präskript Simon Petrus als Absender (1,1). Vor allem aus dem Abschnitt 1,13–15 geht hervor, dass der Brief das Testament des Apostels sein will. Dieser Anspruch erweist sich spätestens in 3,4 als Fiktion. Der Verfasser zitiert „Spötter", die an der verheißenen Parusie Christi zweifeln, und als Begründung für diesen Zweifel darauf verweisen, dass die Väter, d. h. die erste Generation der Christen, tot sei. Zu diesen entschlafenen Vätern gehört aber Petrus selbst!

Die Sprache des 2Petr belegt, dass sein Verfasser ein hellenistisch gebildeter Judenchrist war, der im Namen des Petrus ein Schreiben an die gesamte Christenheit richtete (1,1).

Anlass des Schreibens sind die schon erwähnten „Irrlehrer" (2,1), denen „Petrus" mit dem gesamten Arsenal gängiger Polemik zu begegnen sucht. Gerade diese im Grunde austauschbare Gegnerpolemik macht es für den heutigen Leser schwer, die Gegner genauer zu charakterisieren. Sicher scheint, dass sie für die traditionellen (juden)christlichen Parusievorstellungen nur Hohn und Spott übrig hatten (3,3f; vgl. 2,12). Die ausbleibende Parusie hat sie sogar zu der Ansicht geführt, dass Gott die Erfüllung der Verheißung verzögere (3,9). Aus der Sicht des Briefschreibers verleugnen sie damit den Herrn (2,2). Er wirft ihnen vor, ihren Anhängern eine falsche Freiheit zu versprechen. Da er ausdrücklich davor warnt, Weissagungen der Schrift willkürlich auszulegen (1,20f) und in 3,16 davon redet, dass die Unwissenden die eschatologischen Passagen der paulinischen Briefe verdrehen würden, haben sich die Irrlehrer wohl auf Paulus berufen. Manche Forscher meinen, in ihnen eine Frühform der Gnosis erkennen zu können. Dafür könnte sprechen, dass der Verfasser den Terminus „Erkenntnis" (ἐπίγνωσις / epignōsis) mehrfach ausdrücklich für seine Theologie in Anspruch nimmt (vgl. 1,3; 2,20).

Aufgrund des behandelten Problems und seiner Bewältigung sowie der literarischen Abhängigkeit des 2Petr vom Jud wird jener etwa auf 110 datiert. Der Brief selbst gibt keinen Hinweis auf den Entstehungsort. Da der Verfasser in 3,1 aber auf den 1Petr Bezug nimmt, ist wohl an Kleinasien zu denken.

1, 1f	Präskript
1, 3–11	Proömium
1, 12–21	**Der scheidende Apostel und die Notwendigkeit der Erinnerung**

2, 1–22	Auseinandersetzung mit den Irrlehrern
3, 1–13	**Die Gewissheit der Parusie**
3, 14–18	Schlussparänese; Schlussdoxologie

Aufriss des 2Petr

Der 2Petr hat die ganze Fülle jüdisch–christlicher Enderwartung aufgenommen. Dabei benutzt er den Jud als literarische Vorlage, lässt aber auffälligerweise die Bezugnahmen auf die pseudepigraphe jüdische Tradition aus. Auch die Ankündigung, dass die Gegner die Einheit der Gemeinde zerstören werden (Jud 19), fehlt. 1,17f zeigt, dass der Verfasser des 2Petr vermutlich das Mt gekannt hat.

Im 2Petr finden sich neben brieflichen Elementen solche der literarischen Gattung Testament. Da der briefliche Charakter dominiert, kann der 2Petr als **Testament in Briefform** bezeichnet werden.

Bereits das Präskript des 2Petr (1,1f) verrät durch seine Sprache („der gleiche kostbare Glaube wie wir"), dass der Verfasser in den Kategorien von Orthodoxie und Irrlehre denkt. In 1,1 ist die Bezeichnung Jesu Christi als Gott zu beachten.

Im Proömium (1,3–11) verbindet „Petrus" den Rückblick auf die Berufung der Christen mit der Mahnung, sich um eine immer tiefere Erkenntnis Jesu Christi zu bemühen. Die „kostbaren und überaus großen Verheißungen" wurden geschenkt, damit die Christen der Begierde entfliehen und „an der göttlichen Natur Anteil erhalten" (Übernahme hellenistischer Terminologie).

Der Abschnitt 1,12–21 dient dazu, die Autorität des Apostels zu betonen. Als exklusiver Offenbarungsempfänger (Verklärung Jesu) kann er seine Lesart der Prophetenworte als vom Heiligen Geist inspirierte für verbindlich erklären. Deshalb sollen sich die Leser auch nach seinem Tod jederzeit an das erinnern, was er geschrieben hat (typische testamentarische Wendung).

So wie es falsche Propheten gab, wird es in der Gemeinde Irrlehrer geben (Futur ist Teil der Verfasserfiktion). „Petrus" charakterisiert sie als Verleugner des Herrn, in Ausschweifungen Lebende und Habgierige. Gott aber wird sie am Tag des Gerichts bestrafen (Beispiele: sündige Engel, Sintflut, Sodom und Gomorra). Ab 2,10b wird die einleitende Kurzcharakteristik der Irrlehrer wieder aufgenommen und ausgeführt. Sie lästern die überirdischen Mächte und lassen sich erneut vom Schmutz der Welt einfangen (2,1–22).

Erst die Argumentation in 3,1–13 lässt erkennen, wo der eigentliche Dissens mit den bekämpften Irrlehrern liegt. „Petrus" hält den Leugnern der Parusie des Herrn 4 Hauptargumente entgegen: Es gab bereits ein Gericht durch Wasser (diese Welt wird durch Feuer vergehen); Gott hat ein anderes Zeitmaß (Tausend Jahre wie ein Tag); die angebliche Verzögerung der Parusie ist in Wirklichkeit Langmut Gottes; der Tag des Herrn kommt wie ein Dieb in der Nacht (es gibt also keine Vorzeichen). Aus diesen Argumenten wird ersichtlich, wie sich der Verfasser bemüht, die apokalyptische Weltsicht mit der Erfahrung der sich dehnenden Zeit bis zur Parusie Jesu Christi zu verbinden.

In der Schlussparänese (3,14–18) wendet sich „Petrus" wiederum (vgl. 1,20f) gegen eine „Verdrehung" der Schrift, hier speziell der Paulusbriefe. Nach einer erneuten Mahnung, in der Gnade und Erkenntnis Jesu Christi zu wachsen, schließt er sein Schreiben mit einer Doxologie ab.

Die Johannesbriefe

Im Neuen Testament sind 3 Briefe überliefert, die traditionell dem Zebedaïden Johannes zugeschrieben werden. Diese Verfasserangabe hat insofern ein gewisses Recht, als die Briefe aufgrund ihrer Sprache und Theologie dem Gemeindekreis zuzuordnen sind, dem wir auch das Johannesevangelium verdanken. Da aber das Evangelium sicher nicht vom Zebedaïden abgefasst worden ist, müssen ihm auch die Briefe abgesprochen werden.

Die historische Abfolge der Entstehung der Briefe ist in der Forschung umstritten. Vermutlich ist aber an der überlieferten Reihenfolge festzuhalten, da der 2Joh die Eskalation des Konfliktes voraussetzt, den der Verfasser des 1Joh noch argumentativ bewältigen will. Der 3Joh scheint dann in V.9 auf den 2Joh Bezug zu nehmen.

Der 1. Johannesbrief (1Joh)

Der 1Joh nennt weder Absender noch Adressaten. Er ist abgefasst worden, um den Einfluss von Irrlehrern einzudämmen, die in der Gemeinde aufgetreten sind, zu der auch der Verfasser gehört. Diese Irrlehrer haben allem Anschein nach eine Christologie vertreten, in der die Fleischwerdung (vgl. 4,2f) und der Heilstod am Kreuz (vgl. 5,6f) keine Rolle spielen. Für sie hatte Jesus Christus mit seinem Kommen in die Welt ein für allemal das Heil gebracht, das ihnen aufgrund ihres pneumatischen Selbstbewusstseins als unverzichtbarer

Besitz galt (vgl. 1,8–10). Sie haben daraus möglicherweise den Schluss gezogen, dass aus dem Heilszuspruch Gottes keine Forderung nach entsprechendem irdischen Wandel ableitbar sei (vgl. 3,11–18).

Die Argumentation im 1Joh zeigt, dass sein Verfasser erhebliche Mühe hat, der Lehre seiner Gegner entgegenzutreten, da sie sich offenbar auf die gleiche Traditionsbasis bezogen wie er (vgl. 2,19). Es handelt sich also um Christen, die die johanneische Tradition – möglicherweise unter dem Einfluss griechischer Denkweise – einseitig interpretierten (Ultrajohanneer).

Da der Konflikt, der im 1Joh ausgetragen wird, auch die Endfassung des Joh beeinflusst hat, dürfte der Brief vor der Endredaktion des Evangeliums entstanden sein. Dafür spricht auch, dass der Briefschluss (5,13) auf den ursprünglichen Evangelienschluss 20,31 anspielt. Der 1Joh ist deshalb an das Ende des 1. Jh. zu datieren.

1, 1–4	Prolog
1,5 – 2,17	Gemeinschaft mit Gott und Gotteserkenntnis
2,18 – 3,24	Bewährung des Glaubens in der letzten Stunde
4,1 – 5,12	Unterscheidung der Geister (Auseinandersetzung mit den Irrlehrern)
5, 13	Briefschluss
5, 14–21	Nachtrag

Grobgliederung des 1Joh

Der literarischen Form nach ist der 1Joh eigentlich kein Brief. Die mehrfach wiederholte Wendung „ich schreibe euch“ (2,1.7.12–14 u. ö.) zeigt aber, dass der Autor sein Werk als Brief verstand. Da es im 1Joh um die rechte Interpretation der johanneischen Tradition geht, kann man ihn näherhin als **briefartige Homilie** bezeichnen.

Der 1Joh argumentiert ganz aus der joh Tradition. Der Vergleich mit dem Joh zeigt, dass der Verfasser des Briefes theologisch der Endredaktion des Evangeliums nahesteht, da er wie diese apokalyptische Traditionen aufnimmt (2,18).

Das Ende des Briefes bietet ein Problem, da nach der abschließenden Wendung 5,13 noch ein Abschnitt folgt, der plötzlich zwischen der Sünde, die zum Tode führt, und der Sünde, die nicht zum Tode führt, unterscheidet. Auch die Warnung vor den Götzen (5,21) überrascht im Zusammenhang des übrigen Briefes. Der Abschnitt 5,14–21 wird deshalb von vielen Forschern für einen späteren Nachtrag gehalten.

1, 1–4	Prolog

Der Prolog des 1Joh dient dazu, den Verfasser als Zeugen der Offenbarung des Wortes zu legitimieren. Er betont ausdrücklich, dass er geschaut, gehört und mit den Händen angefasst hat. Die spätere Auseinandersetzung mit der Auffassung der Gegner zeigt, dass schon hier gegen sie die sinnliche Erfahrbarkeit der Offenbarung akzentuiert wird. Ziel der Verkündigung des Briefes ist die Gemeinschaft der Adressaten mit den Zeugen der Offenbarung.

1, 5–7	**Leben im Licht**
1,8 – 2,2	Vergebung der Sünden
2, 3–11	Die Gebote Gottes halten
2, 12–17	Glaubensgewissheit und Verhalten in der Welt

Gemeinschaft mit Gott und Gotteserkenntnis

Der Verfasser beginnt den eigentlichen Brief mit einer Darlegung dessen, was aus seiner Sicht das Wesen von christlicher Gemeinde ausmacht. Dazu benutzt er im ersten Teil seiner Ausführungen mehrfach **Kennzeichensätze** (Form: Wenn wir sagen ... und Verhalten ... Schlussfolgerung).

Grundaussage der Botschaft des Briefes ist nach 1,5: „Gott ist Licht, und keine Finsternis ist in ihm." Dem hat das Leben der Christen zu entsprechen (1,5–7). Wenn die Christen im Licht leben, reinigt das Blut Jesu von aller Sünde. Diese am Ende des ersten Argumentationsganges gezogene Schlussfolgerung führt der Autor aus (1,8–2,2). Dabei legt er Wert darauf, dass Sünden bekannt werden müssen, und wendet sich gegen behauptete Sündlosigkeit.

Wahre Gotteserkenntnis wird durch das Halten der Gebote sichtbar. Zentrales Gebot ist das Gebot der Bruderliebe (2,3–11). Der Verfasser schließt diesen einleitenden Teil mit einer Reihe von Glaubensgewissheiten, die er den verschiedenen Altersgruppen in der Gemeinde zuspricht. Aus dem Wesen der Gemeinde folgt, dass sie sich von der Welt und ihrem Wesen fernhalten soll (2,12–17).

2, 18–27	Das Bekenntnis zu Jesus als dem Sohn Gottes als Kriterium
2,28 – 3,10	Heilserwartung und Sündlosigkeit der Gotteskinder
3, 11–24	Bruderliebe und Gebot Gottes

Bewährung des Glaubens in der letzten Stunde

Die letzte Stunde ist nach Ansicht des Briefschreibers bereits angebrochen, da viele Antichristusse aufgetreten sind. Auf diese Weise ordnet er das Auftreten von Irrlehrern in der Gemeinde in einen apokalyptisch gefärbten eschatologischen Horizont ein. Sie leugnen Jesus als den Christus und damit Gott selbst. Die Gemeinde muss gegen sie nur in der Wahrheit bestärkt werden (Garant ist die empfangene Salbung, d. h. der Geist; 2,18–27).

Die Adressaten sollen im Geist bzw. in Christus bleiben, damit sie bei der Parusie nicht gerichtet werden. Sie sind Kinder Gottes. Deren Wesen entspricht, dass sie nicht sündigen. Diese Zusage, die zunächst 1,8 zu widersprechen scheint, wird im Kontext sofort paränetisch gewendet: Am Tun der Gerechtigkeit entscheidet sich, wer Kind des Teufels bzw. Kind Gottes ist (2,28–3,10).

Dieses Tun wird wieder auf die Bruderliebe zugespitzt. Kain wird als der Brudermörder schlechthin eingeführt. Jeder, der die Bruderliebe nicht lebt, folgt seinem Typus. Die Adressaten hingegen sind gerufen, dem Vorbild Jesu zu folgen (3,17–Konkretion der Bruderliebe auf materielle Unterstützung Notleidender). Gott gegenüber können die Christen Zuversicht haben, denn er hat ihnen seinen Geist gegeben (3,11–24).

4, 1–6	Geist der Wahrheit und Geist des Irrtums
4, 7–21	**Gott ist die Liebe**
5, 1–12	Der Glaube als Sieg über die Welt

Auseinandersetzung mit den Irrlehrern

Der Verfasser des 1Joh fordert seine Adressaten auf, zwischen den Geistern zu unterscheiden (4,1–6). Als Kriterien führt er das Bekenntnis und das Verhältnis zur „Welt“ an (vgl. 2,15).

Die bisherige Argumentation des 1Joh hatte gezeigt, dass sein Verfasser in der (Bruder)Liebe **das** charakteristische Wesensmerkmal der Christen sieht. Hier, im Zusammenhang der Bekenntnisfrage, setzt er zu einer ausführlichen theologischen Begründung dieser Aussage an (4,7–21). Im Zentrum der Argumentation steht der berühmte Satz: **„Gott ist die Liebe, und wer in der Liebe bleibt, bleibt in Gott, und Gott bleibt in ihm.“ (4,16b)** Die Liebe Gottes ist durch die Sendung des Sohnes und seinen Sühnetod offenbar geworden.

In 5,1–12 wird zunächst das Bekenntnisthema wieder aufgenommen. Noch einmal unterstreicht der Autor, dass Glaube und Bruderliebe unmittelbar zusammengehören, denn alle Glaubenden sind aus Gott geboren. Er führt drei Zeugen des Glaubens an: Wasser, Blut und Geist (Zeugenregel aus Dtn 19,15). Jeder, der glaubt, trägt das Zeugnis Gottes in sich und hat das (ewige) Leben.

5,13	Briefschluss

5, 14f	Gebetserhörung
5, 16f	Bitten für den Sünder
5, 18–20	Glaubenswissen
5, 21	Schlussmahnung

Nachtrag

Der ursprüngliche Briefschluss (5,13) betont die Absicht des 1Joh, die Glaubensgewissheit der Adressaten zu stärken. Der Nachtrag (5,14–21) fügt eine kurze Paränese an, die das Gebet zum Inhalt hat. Dabei werden Brüder, die eine Sünde zum Tode begehen (d. h. Irrlehrer), ausdrücklich von der Fürbitte ausgenommen. Eine Reihung von Glaubensgewissheiten, die den Brief wohl zusammenfassen sollen, und die Warnung vor den Götzen schließen den Nachtrag ab.

Der 2. Johannesbrief (2Joh)

Der 2Joh ist von einem „Presbyter" (Ältester; 1) verfasst worden, der seinen Namen nicht nennt. Er war also den Adressaten unter dieser Ehrenbezeichnung bekannt. In der neueren Forschung wird erwogen, ihn mit dem von Papias bezeugten Presbyter Johannes zu identifizieren.

Der Brief ist an „die von Gott auserwählte Herrin und an ihre Kinder" (1) gerichtet. Damit sind eine christliche Gemeinde und ihre Glieder gemeint. Der Autor bedient sich einer in der Antike häufigen Redefigur, knüpft aber auch an alttestamentliche Vorbilder an (vgl. „Jungfrau Israel" [Jer 31,21]).

Anlass der Abfassung sind dieselben Irrlehrer, gegen die auch der 1Joh argumentiert (vgl. 7 mit 1Joh 4,2). Der Presbyter agiert aber schärfer als der Verfasser des 1Joh (dort Argumentation, hier Abbruch der sozialen Beziehungen). Der 2Joh dürfte kurz nach dem 1Joh am Ende des 1. Jh. entstanden sein.

1–3	Präskript
4	Danksagung
5f	Das Gebot der Nächstenliebe
7–11	Auseinandersetzung mit den Irrlehrern
12f	Postskript

Aufriss des 2Joh

Beim 2Joh handelt es sich um einen echten **Brief**, der nur ein Papyrusblatt umfasst haben dürfte.

Der 3. Johannesbrief (3Joh)

Der 3Joh hat denselben Verfasser wie der 2Joh, allerdings schreibt der Presbyter diesmal an eine Privatperson, „den geliebten Gaius", einen Christen, der uns sonst unbekannt ist. Er ist einer der Vertrauensleute, die der Verfasser in der Gemeinde, zu der Gaius gehört, noch hat (3.5). In der Gemeinde hat nämlich ein gewisser Diotrephes die Oberhand gewonnen, der gegen den Presbyter und seine Anhänger agiert.

Die historischen Hintergründe des Konflikts bleiben aufgrund der Kürze des Briefes für uns weitgehend im Dunkeln. Keines der in der Forschung diskutierten Erklärungsmodelle vermag restlos zu überzeugen. Da der Konflikt aber wohl innerhalb einer der johanneischen Gemeinden spielt, liegt es nahe, ihn mit der Auseinandersetzung um die Irrlehrer zu verbinden. Möglicherweise hat Diotrephes gegen die Anhänger des Presbyters gerade das Mittel der sozialen Abgrenzung angewandt, das jener in 2Joh 10 gegen die Irrlehrer empfohlen hatte.

1f	Präskript
3f	Danksagung
5–8	Bitte um weitere Unterstützung der Missionare durch Gaius
9f	Der Konflikt mit Diotrephes
11	Schlussparänese
12	Empfehlung des Demetrius
13–15	Postskript

Aufriss des 3Joh

Der 3Joh ist kurz nach dem 2Joh am Ende des 1. Jh. entstanden. Er hat die Form eines antiken Privatbriefes. Da der eigentliche Zweck des Briefes wohl die Empfehlung des Demetrius war, handelt es sich genauer um einen **Empfehlungsbrief**.

Der Judasbrief (Jud)

Als Verfasser des Jud wird im Präskript Judas, Bruder des Jakobus genannt (1). Dieser Bruder Jesu erscheint sonst nur in der synoptischen Tradition (Mt 13,55; Mk 6,3). Es gibt allerdings gewichtige Gründe gegen die Authentizität der Verfasserangabe. Der Traditionsbegriff des Jud (vgl. 3.20) gehört eindeutig in die nachapostolische Zeit. Der Autor weist zudem selbst auf den zeitlichen Abstand zu den Aposteln hin (17). Der Jud dürfte also den Namen des Herrenbruders benutzt haben, um sich so indirekt auf die Autorität des Jakobus beziehen zu können. Über den Autor lässt sich wenig mehr sagen, als dass er wohl Judenchrist war, denn er benutzt apokryphe und pseudepigraphe jüdische Traditionen.

Unmittelbarer Anlass für die Abfassung des Jud ist das Auftreten von Irrlehrern bei den Adressaten. Der Briefschreiber wirft ihnen vor, dass sie die Macht des Herrn missachten und die überirdischen Mächte lästern (8). Außerdem unterstellt er den Anhängern dieser Lehre, dass sie ein „zügelloses Leben" führen würden (4). Der Vorwurf eines sittenlosen Lebenswandels gehört allerdings traditionell zur antiken Gegnerpolemik, so dass sich die Auseinandersetzung wohl wesentlich auf die Frage der Engelverehrung beschränkte. Die Gegner gehören offenbar zur Gemeinde (12) und haben mit ihrer Lehre bei manchen Gemeindegliedern für Zweifel gesorgt (22).

Da das Präskript keine konkrete Adresse nennt, bleibt der geographische Ort der angeschriebenen Christen im Dunkeln.

Da der Jud im 2Petr verwendet worden ist, wird er wohl ebenfalls in Kleinasien entstanden sein. Mehr als Vermutungen sind aber nicht möglich.

Das Traditionsverständnis des Jud, der vom Verfasser selbst empfundene zeitliche Abstand zu den Aposteln und eine gewisse Nähe zum Jak sprechen für eine Datierung des Jud auf die Zeit um 100.

1f	Präskript
3f	Anlass des Briefes
5 – 16	Auseinandersetzung mit den Irrlehrern
17 – 23	**Erinnerung und Mahnung** der Adressaten
24f	Schlussdoxologie

Aufriss des Jud

Der Autor des Jud greift in seiner Polemik gegen die Irrlehrer auf eine ganze Reihe traditioneller Elemente zurück. Dabei fällt auf, dass er offenbar in der jüdischen Tradition zu Hause ist. Er zitiert aus dem **äthiopischen Henochbuch** (14f) und greift wohl auch auf die **Assumptio Mosis**, eine nur in Fragmenten erhaltene frühjüdische Schrift, zurück (9).

Das benutzte Briefformular stellt den Jud in die Tradition des **apostolischen Briefes**.

Nach dem Präskript (1f) ermahnt „Judas" die Adressaten, für den überlieferten Glauben zu kämpfen, „der den Heiligen ein für allemal anvertraut ist" (3). Er versteht den Glauben also als Glaubensgut, das durch das Auftreten der Irrlehrer gefährdet ist. Diese führen ein zügelloses Leben und verleugnen Christus, sind aber für das Endgericht vorgemerkt (3f).

In der eigentlichen Auseinandersetzung mit den Irrlehrern (5–16) wechseln sich Charakteristiken der Gegner und Androhungen des Gerichts über sie ab. Die Polemik steigert sich, nachdem „Judas" darauf verwiesen hat, dass die Irrlehrer als „Schandfleck" an den Liebesmahlen der Gemeinde teilnehmen. Man gewinnt den Eindruck, dass er ihrem verderblichen Einfluss durch eine ganze Kette von Negativcharakteristiken begegnen will. Zusätzlich führt er als Beleg ihrer Gerichtsverfallenheit das Zitat aus äthHen 1,9 an.

Das Auftreten der Irrlehrer ist bereits durch die Apostel vorausgesagt worden. Daran sollen sich die Adressaten erinnern und auf dem hochheiligen Glauben weiter bauen. „Judas" fordert sie auf, sich der im Glauben gefährdeten Mitchristen zu erbarmen. Dabei lässt die Textüberlieferung keine sichere Entscheidung zu, ob im Jud zwischen zwei (so entscheidet sich die Einheitsübersetzung) oder drei (so die Lutherübersetzung) Gruppen unterschieden wird. Deutlich ist in jedem Fall, dass die Irrlehrer selbst (die letzte Gruppe) nicht ausgeschlossen werden, jeder direkte Kontakt mit ihnen aber vermieden werden soll. „Erbarmen" bedeutet dann in Bezug auf sie vermutlich Fürbitte.

Eine ausführliche Doxologie (24f) schließt den Brief ab.

Die Offenbarung des Johannes (Johannesapokalypse, Apk)

Der Titel dieser Schrift geht auf ihr erstes Wort zurück (ἀποκάλυψις / apokalypsis – Offenbarung). Damit ist sie namengebend für eine ganze literarische Gattung und ihre Trägerkreise geworden.

Der Autor nennt in einem an das paulinische Briefpräskript angelehnten brieflichen Anfang seinen Namen: Johannes (1,4; vgl. 1,1.9). Er bezeichnet sein Werk mehrfach als Prophetie (1,3; 19,10; 22,7 u. ö.), ist also nach eigenem Selbstverständnis ein christlicher Prophet (vgl. 10,11). Die Auditionen und Visionen, die er in seinem Werk niedergeschrieben hat, hat er auf der Insel Patmos empfangen. Dort befand er sich „um des Wortes Gottes willen und des Zeugnisses für Jesus" (1,9). Dieser Satz wird in der Regel als Hinweis auf eine Verbannung des Autors gedeutet.

Erst die frühkirchliche Tradition (Justin, Irenäus) identifiziert den Autor der Apk mit dem Zebedaïden und dann mit dem Verfasser des Joh. Die Unterschiede zwischen dem Corpus Johanneum und der Apk sind aber sowohl sprachlich als auch theologisch so groß, dass eine identische Autorenschaft nicht in Frage kommt. Allerdings werden in jüngerer Zeit mögliche Verbindungslinien wieder ernsthaft diskutiert.

Als Adressaten der Apk werden in 1,4 „die sieben Gemeinden in der Provinz Asien" genannt, die dann in 1,11 aufgezählt werden: Ephesus, Smyrna, Pergamon, Thyatira, Sardes, Philadelphia und Laodizea. Offenbar hat Johannes in diesen Gemeinden des ehemaligen paulinischen Missionsgebietes gewirkt. Er wendet sich in den sieben Sendschreiben direkt an jede einzelne von ihnen.

Die Gemeinden sind großen Bedrängnissen von innen und außen ausgesetzt. Die Sendschreiben nennen Irrlehrer, die in den Gemeinden wirken (2,2; 2,6.15; 2,14; 2,20ff). Ihre genaue Einordnung fällt schwer, da Johannes z. T. mit alttestamentlichen Tarnnamen (Bileam, Isebel) arbeitet. Aus der Sicht des Propheten führt ihr Wirken dazu, dass die Identität der Gemeinden verloren geht (vgl. 2, 14.20 – Verführung zum Essen von Götzenopferfleisch und Unzucht; vgl. die Regelungen in Apg 15,20).

Von Seiten der Gesellschaft leiden die Gemeinden vor allem unter der Bedrängnis durch die zunehmende Propagierung des Kaiserkultes (vgl. vor allem Kap. 13). Daneben scheint es örtlich zu Konflikten mit der Synagogalgemeinde gekommen zu sein (vgl. 2,9; 3,9). Die Teilnahme am Kaiserkult konnte als Zeichen der Loyalität der römischen Herrschaft gegenüber verstanden werden. In der Apk wird vorausgesetzt, dass die Weigerung von Christen, sich an diesem Kult zu beteiligen, zu lokalen Verfolgungen geführt hat (vgl. 2,10.13). Der berühmte Briefwechsel zwischen Plinius d. J. und dem Kaiser Trajan (111/12) zeigt, dass im Umfeld eines als Loyalitätsbezeugung verstandenen Kaiserkultes schnell ein Klima der Denunziation entstehen konnte. Der Briefwechsel bezeugt zugleich, dass Christen schon seit 20 Jahren mit dem Kaiserkult in Konflikt geraten waren.

Die Situation der angesprochenen Gemeinden ist zugleich der wichtigste Fingerzeig zur Datierung der Apk. Der Kaiser Domitian (81–96) ließ sich seit 85 „dominus et deus noster“ (unser Herr und Gott) nennen. Damit ging eine stärkere Propagierung des Kaiserkultes einher. Gegen Ende seiner Regierungszeit ging er überdies gewaltsam gegen Oppositionelle vor. Die Quellen wissen zwar nichts von einer allgemeinen Christenverfolgung unter diesem Kaiser, aber die Situation der Apk würde sich gut in das unter ihm entstandene Klima der Verunsicherung einfügen. Man datiert sie daher traditionell in den Zeitraum 90–95. Neuere Untersuchungen plädieren hingegen für eine spätere Datierung in die Regierungszeit der Kaiser Traian (98–117) oder sogar Hadrian (117–138). Beide waren in der Provinz Asia persönlich sehr präsent und die inschriftlichen und literarischen Quellen belegen einen damit einhergehenden Aufschwung des Kaiserkults (Traianeum in Pergamon, Olympieion in Ephesos), vor dessen Hintergrund Apk 13 gelesen werden kann. Die gematrische Verschlüsselung des Namens des Tieres in 13,18 trägt hingegen nichts zur Datierung bei, da wir den Code nicht kennen, den Johannes benutzt.

1, 1–20	Bucheinleitung
2,1 – 3,22	Die sieben Sendschreiben
4,1 – 22,5	Die Visionen
22, 6–21	Buchschluss

Grobgliederung der Apk

Johannes rahmt die Niederschrift seiner Offenbarung durch eine **briefliche Einleitung** und einen Buchschluss, der am Ende (22,21) ebenfalls briefliche Züge annimmt. Dabei hat sich der Autor vermutlich bewusst an den Stil der paulinischen Briefe angelehnt. Man wird die Apk formgeschichtlich deshalb als eine **Apokalypse** einordnen, **die als Rundbrief stilisiert worden ist**.

Die Apk besteht aus zwei Teilen (Kap. 2f; 4,1–22,5), die mit einem Rahmen versehen sind. Beide Hauptteile sind mit Hilfe der Siebenzahl strukturiert.

In der Schilderung seiner Visionen nutzt Johannes ausführlich die biblische und außerbiblische apokalyptische Tradition. Dabei zitiert er relativ wenig. Vielmehr gestaltet er unter Zuhilfenahme traditioneller Elemente einen neuen Text. Die Schilderungen der Visionen des 2. Hauptteils werden dabei mehrfach durch **hymnische Stücke** unterbrochen, die jeweils an exponierter Stelle begegnen (vgl. 5,9–12.13 u.ö.). Vermutlich stammen diese Stücke aus dem Gottesdienst der Gemeinden. In der Apk haben sie gleichsam die Funktion des Chores in der antiken Tragödie. Das Geschehen wird kommentiert bzw. den Schrecken der Bedrängnis wird die Herrlichkeit Gottes gegenübergestellt. Damit sind diese Stücke wesentliche Träger der Botschaft der Apk, die ihre Adressaten angesichts der aktuellen Bedrängnisse an den Sieg erinnern will, den Christus bereits errungen hat (5,5).

1, 1–3	Vorwort
1, 4–8	Briefliche Einleitung
1, 9–20	Beauftragungsvision

Bucheinleitung

Das Vorwort (1,1–3) führt die Offenbarung auf Gott zurück, der sie Jesus Christus gegeben hat. Dieser soll sie „seinen Knechten“ zeigen. Als Mittler zu den übrigen Knechten erscheint Johannes, der das Geschaute bezeugt. Inhalt der Offenbarung ist „das, was bald geschehen muss“. Am Ende werden Vorleser, Hörer und Bewahrer der Prophetie selig gepriesen.

In der brieflichen Einleitung (1,4–8) ist der Gruß stark erweitert. Daran schließen sich eine Doxologie und eine Gerichtsankündigung an. Die Gottesrede in 1,8 bekräftigt diese Ankündigung.

Die Schilderung der Beauftragungsvision (1,9–20) bildet den Hauptteil des Eröffnungsrahmens. Johannes sieht am Herrentag den Auferstandenen (vgl. die **Selbstvorstellung** 1,17f), der ihm den Befehl zum Aufschreiben dessen gibt, „was du gesehen hast, was ist und was danach geschehen wird“ (1,19).

2, 1–7	Ephesus
2, 8–11	Smyrna
2, 12–17	Pergamon
2, 18–29	Thyatira
3, 1–6	Sardes
3, 7–13	Philadelphia
3, 14–22	Laodizea

Die sieben Sendschreiben

Die Sendschreiben haben einen streng parallelen Aufbau, den die folgende Übersicht verdeutlichen soll.

Schreibbefehl	2,1a; 2,8a; 2,12a; 2,18a; 3,1a; 3,7a; 3,14a
Botenformel (Christus als eigentlicher Absender, unterschiedliche Prädikate)	2,1b; 2,8b; 2,12b; 2,18b; 3,1b; 3,7b; 3,14b
Hauptteil (Einleitung: Ich kenne ...) Schilderung der Gemeindesituation mit Lob und Tadel; Aufruf zur Buße; Mahnung zum Bewahren; Heils- und Unheilsankündigungen	Ephesus: 2,2–6 Smyrna: 2,9f Pergamon: 2,13–16 Thyatira: 2,19–25 Sardes: 3,1c–4 Philadelphia: 3,8–11 Laodizea: 3,15–20
Überwinderspruch („Wer siegt, der ...“)	2,7b; 2,11b; 2,17b; 2,26–28; 3,5; 3,12; 3,21
Weckruf („Wer Ohren hat, der höre, was der Geist den Gemeinden sagt.“)	2,7a; 2,11a; 2,17a; 2,29; 3,6; 3,13; 3,22

4,1 – 5,14	Die Thronsaalvision
6,1 – 8,1	Die Sieben–Siegel–Vision
8,2 – 11,19	Die Sieben–Posaunen–Vision
12,1 – 14,20	**Die Gegner Gottes und der Gemeinde und die Ankündigung des Endgerichts**
15,1 – 16,21	Die Sieben–Schalen–Vision
17,1 – 19,10	Das Strafgericht über die Hure Babylon
19,11 – 20,15	Die Endereignisse
21,1 – 22,5	**Der neue Himmel und die neue Erde**

Die Visionen

Mit 4,1 beginnt die Schilderung einer **ekstatischen Himmelsreise**. Auf den Ruf Christi hin wird Johannes vom Geist ergriffen und schaut die im folgenden geschilderten Dinge.

Der Seher beschreibt zunächst den Thronsaal Gottes. In seiner Hand schaut er ein Buch mit sieben Siegeln. Allein das Lamm ist würdig, die Siegel zu brechen. Dabei betont Johannes durch die breite Schilderung in 5,5–12 nachdrücklich, dass das Lamm allein aufgrund seines Todes dazu würdig ist (vgl. vor allem 5,9f). Eine Doxologie aller Geschöpfe, die Gott und dem Lamm gilt, schließt die Thronsaalvision ab (4,1–5,14).

Das Lamm öffnet nacheinander die Siegel (6,1–8,1). Den ersten vier Siegeln entspringen die apokalyptischen Reiter (Krieg, Aufruhr, Teuerung, Tod). Das Erbrechen des fünften Siegels offenbart den ungeduldigen Ruf der Märtyrer nach dem Gericht Gottes. Das sechste Siegel bringt kosmische Katastrophen über die Erde, so dass die Menschen sich verbergen.

Kap. 7 unterbricht die Reihe der Siegel und wirkt als retardierendes Moment. Johannes schaut die Versiegelung der 144.000 Knechte Gottes. Sie werden Gott dienen und vom Lamm geweidet werden. 8,1 berichtet das Erbrechen des siebten Siegels. Danach tritt Schweigen ein.

8,2–5 eröffnen als eine Art Vorspiel die Sieben–Posaunen–Vision (8,2–11,19). Das Blasen der Posaunen bringt gewaltige Katastrophen über die Erde, die aber jeweils bewusst begrenzt sind. Nach der vierten Posaune ruft ein gewaltiger Adler ein dreifaches „Wehe!“ über den Erdbewohnern aus (8,13). Diese drei Unheilsrufe werden dann mit den letzten drei Posaunen identifiziert. Ziel der Plagen ist eigentlich die Umkehr der Menschen, aber sie halten weiter am Götzendienst fest (9,20f).

Wieder unterbricht ein retardierendes Zwischenstück (10,1–11,14) nach der sechsten Posaune die Kette der Plagen. Johannes schaut einen Engel mit einem kleinen aufgeschlagenen Buch in der Hand. Nachdem er gehindert worden ist, die Stimme der Donner aufzuschreiben, isst er das Buch. Er soll den Tempel vermessen und die dort Anbetenden zählen. Dann treten zwei Zeugen mit großer Macht auf. Letztlich tötet sie aber das Tier aus dem Abgrund. Ihre Auferstehung und Himmelfahrt löst eine Katastrophe aus, die mit dem zweiten Wehe verbunden wird. Jetzt endlich bekehren sich die Überlebenden. Die siebte Posaune ruft angesichts dieses Sieges den hymnischen Lobpreis hervor. Die Königsherrschaft über die Welt gehören Gott und seinem Messias. Jetzt wird der Tempel im Himmel geöffnet (11,15–19).

Das folgende Stück (12,1–14,20) wird gelegentlich als Apokalypse in der Apokalypse bezeichnet. Es liefert gleichsam den hermeneutischen Schlüssel für das Verständnis der Visionen. Eine mit kosmischen Attributen bekleidete Frau erscheint am Himmel. Der Seher schaut sie unter der Geburt. Ihr gegenüber erscheint ein Drache, der das Kind verschlingen will. Es wird zu Gott entrückt und die Frau flieht. Michael erringt mit seinen himmlischen Heerscharen den himmlischen Sieg über den Drachen (Satan), der auf die Erde gestürzt wird. Der Drache verfolgt auf Erden die Frau und ihre Nachkommen. Damit wird deutlich, dass Johannes die Frau als Symbol der Kirche versteht.

Dem Meer ersteigt ein Tier, das die Macht des Drachen von ihm erhält. Die Bewohner der Erde erweisen ihm göttliche Ehren (13,4). Es erhält (von Gott) den Freiraum, die Heiligen zu verfolgen und zu töten. Ein zweites Tier erscheint, das wie das Lamm aussieht, aber die Botschaft des Drachen redet. Es bewirkt Zeichen und Wunder. Die Bewohner der Erde werden gezwungen, ein Standbild des ersten Tieres anzubeten. Alle müssen das Siegel des Tieres tragen. Die in sich geschlossene Schilderung wird in **13,9f** durch ein kurzes Zwischenstück unterbrochen, das die Herrschaft des Tieres als Zeit der Bewährung für die Christen deutet (vgl. die entsprechenden Aussagen der Sendschreiben).

Dagegen schaut Johannes das Lamm und die 144.000 auf dem Zion. Sie sind die Geretteten. Drei Engel kündigen das Gericht an (Aufforderung zur Verehrung Gottes, Babylon ist gefallen, die Verehrer des Tieres müssen den Zornesbecher Gottes trinken). Das Gericht wird wie eine furchtbare Ernte beschrieben (Sichel, Kelter) (14,1–20).

Sieben Engel mit sieben Schalen treten auf, die die letzten Plagen enthalten (15,1–16,21). Nach einem Lobpreis Gottes „durch die Sieger über das Tier" gießen die sieben Engel die sieben Schalen über der Erde aus. Durch ein Engelswort nach der dritten (Rache für das Blut der Heiligen und Propheten) und eine Zwischenvision nach der sechsten (Gericht wie Dieb in der Nacht, Harmagedon) Schale werden die Plagen kommentiert. Die siebte Schale leitet zum Gericht über Babylon über.

Einer der Engel zeigt Johannes die Hure Babylon, sitzend auf einem Tier an vielen Gewässern. Der Engel deutet die Vision auf die Stadt Rom und das Römische Reich. Kap. 18 sagt das Gericht über Babylon an. Gerichtsanklage (18,1–3), Gerichtsrede (18,4–8), Klage über die zerstörte Stadt (18,9–19), Ruf zur Freude an Himmel und Heilige (18,20) und Zeichenhandlung (18,21–24) folgen aufeinander. 19,1–10 berichten vom Jubel im Himmel über den Fall Babylons. Die Verse bereiten zugleich die Schilderung des himmlischen Jerusalem vor (Stichwort: „Hochzeit des Lammes"; beachte **19,9**).

Dann beginnen die eigentlichen Endereignisse (19,11–20,15). Das Tier und sein Prophet werden samt ihren Heerscharen vom himmlischen Heer des „Königs der Könige" (19,16) geschlagen und getötet. Der Drache wird für tausend Jahre gefesselt in den Abgrund geworfen. Während dieser Zeit herrschen Christus und die bis zum Tod getreuen Christen. Nach der Wiederfreilassung des Satans entfacht dieser die letzte Schlacht. Er wird geschlagen. Dann folgt das Gericht über die Toten nach ihren Werken.

Johannes schaut einen neuen Himmel und eine neue Erde (21,1–22,5). Das neue Jerusalem, in dem Gott herrscht, kommt vom Himmel herab. Es ist die Braut des Lammes und wird als leuchtendes Gegenbild Babylons beschrieben. „Aber nichts Unreines wird hineinkommen, keiner, der Greuel verübt und lügt. Nur die, die im Lebensbuch des Lammes eingetragen sind, werden eingelassen." (21,27)

22, 6–21 Buchschluss

Der Buchschluss (22,6–21) betont vor allem die Zuverlässigkeit und Nähe dessen, was in dem „Buch mit seinen prophetischen Worten" (22,10) aufgezeichnet ist. Zugleich nutzt Johannes ihn zu einer letzten Mahnung an seine Adressaten. Jeder, der an der Integrität des Buches rüttelt, wird bedroht (22,18f), denn er würde den Willen Gottes verfälschen (vgl. 22,6).

Die Apostolischen Väter

Mit dem Namen „Apostolische Väter“ wird eine Gruppe von Schriften des frühen Christentums bezeichnet, die die älteste christliche Literatur außerhalb des Neuen Testaments umfasst. Die frühesten dieser Schriften sind mit den Spätschriften des Neuen Testaments etwa zeitgleich. Die meisten sind allerdings erst um die Mitte des 2. Jh. entstanden.

Die Kenntnis der Apostolischen Väter ermöglicht es uns, Entwicklungen im frühen Christentum weiter zu verfolgen, die in den jüngsten Zeugnissen des Neuen Testaments bereits erkennbar sind. Da in den Apostolischen Väter Traditionen verwendet wurden, die älter sind als die Schriften selbst, können sie auch helfen, das Bild des Christentums im letzten Drittel des 1. Jh. differenzierter zu gestalten.

Textausgaben: Schriften des Urchristentums. Griechisch und deutsch. Bd. 1 Die apostolischen Väter, Darmstadt 10 1993; Bd. 2 Didache (Apostellehre), Barnabasbrief, Zweiter Klemensbrief, Schrift an Diognet, Darmstadt 1984; Bd. 3 Papiasfragmente, Hirt des Hermas, Darmstadt 1998.
Die Apostolischen Väter. Griechisch–deutsche Parallelausgabe, Tübingen 1992.

Literatur: *W. Pratscher* (Hg.), Die Apostolischen Väter. Eine Einleitung, UTB 3272, Göttingen 2009.

Die Didache (Did)

Die Didache trägt in der einzigen vollständigen Handschrift den Doppeltitel „Lehre (διδαχή / didachē) der zwölf Apostel. Lehre des Herrn durch die zwölf Apostel für die Heiden“. Die altkirchlichen Zeugnisse bieten dagegen durchgängig den Kurztitel „Lehre(n) der Apostel“. Keiner dieser Titel dürfte ursprünglich sein, denn sie setzen voraus, dass die Apostel eine feste autoritative Größe sind. Dieses Apostelverständnis findet sich in der Did nun aber gerade nicht. 11,4–6 scheinen die Apostel als wandernde Lehrer zu schildern. Die Did erhebt auch mit keiner Silbe den Anspruch, autoritative Lehre der Apostel zu sein. Der Titel ist der Schrift also aufgrund ihrer Beliebtheit im Nachhinein beigefügt worden, um ihre Autorität zu stärken.

Verfasser, Abfassungsort und Abfassungszeit der Did sind unbekannt. Allenfalls kann versucht werden, den Ort und die Zeit etwas einzugrenzen. Die vorausgesetzte Wasserknappheit (7,2f) und das Brot von den Bergen (9,4) sprechen für den (ländlichen?) syrischen Raum als Abfassungsort. Häufig wird aber auch Antiochia genannt. Die in Kap. 15 benannte Gemeindeordnung und die fehlende Naherwartung in Kap. 16 lassen vermuten, dass die Did am Beginn des 2. Jh. verfasst worden ist. Genauerhin denkt man meist an die Zeit zwischen ca. 110 und 120.

Der unmittelbare Anlass der Abfassung der Did bleibt für uns im Dunkel. Das ist durch den literarischen Charakter der Schrift bedingt. Nur die Anweisungen in 7,2f (bei Mangel an fließendem Wasser) und 11–13 (die wandernden Apostel, Propheten und reisende bzw. niederlassungswillige Christen betreffend) lassen aktuelle Probleme erkennen. Das ausdrückliche Verbot des Genusses von Götzenopferfleisch (6,3) setzt voraus, dass die Adressaten Heidenchristen sind.

1,1 – 6,3		Die zwei Wege
	1, 1	Einleitung
	1,2–4,14	Der Weg des Lebens
	5, 1f	Der Weg des Todes
	6, 1–3	Schlussbemerkungen
7,1 – 10,8		Liturgische Anordnungen
	7, 1–4	Taufe (**7,1 trinitarische Formel**)
	8, 1	Fasten
	8, 2f	Beten (**8,2 Vaterunser**)
	9,1–10,7	Eucharistie
	10, 8	Salbung
11,1 – 13,7		Verhalten gegenüber verschiedenen Gruppen von Christen
	11, 1f	Aufnahme von Lehrern
	11, 3–12	Apostel und Propheten
	12, 1–5	Fremde Christen
	13, 1–7	Unterhaltspflicht der Gemeinde gegen-über Propheten und Lehrern
14,1 – 15,4		Anordnungen zum Gemeindeleben
	14, 1–3	Feier am Sonntag
	15, 1f	Wahl von Bischöfen und Diakonen
	15, 3f	Allgemeine Verhaltensregeln in der Gemeinde
16, 1–8		Eschatologische Unterweisung (vgl. Mt 24)

Aufriss der Did

Bei der Did handelt es sich um die älteste erhaltene **Gemeindeordnung**. Ihr Autor bietet keine theologischen Abhandlungen, sondern praktische und technisch-organisatorische Anweisungen für das christliche Leben im Alltag und in der Gemeinde. Er greift dabei auf mehr oder minder umfangreiche Traditionsstücke zurück. Man gewinnt daher den Eindruck, dass bereits Geltendes schriftlich kodifiziert werden soll. Die Vorschriften zu den einzelnen Themen sind blockartig zusammengestellt. Übergänge werden häufig durch Stichwortanschlüsse geschaffen.

Die Zwei–Wege–Lehre war ursprünglich ein selbständiger jüdisch geprägter Text (vgl. Barn 18–20). Erst im Zuge der Übernahme in den Gebrauch der christlichen Gemeinde ist der Abschnitt 1,3b–2,1 eingefügt worden, der deutlich christliche Züge trägt (Parallelen zur synoptischen Tradition). Der Verfasser der Did ordnet diese Tradition durch 7,1 in die Unterweisung der Taufbewerber (Katechumenen) ein.

Die in den Anordnungen zur Eucharistie überlieferten Gebete stammen ursprünglich offenbar aus dem jüdischen Mahlritus. Dagegen werden die jüdischen Fastentage (Montag und Donnerstag) als Brauch der „Heuchler" abgelehnt. Christliche Fastentage sind Mittwoch und Freitag. Bei den Anweisungen zur Eucharistie ist nicht eindeutig, ob sie sich auf ein Sättigungsmahl (Agape) oder ein Herrenmahl im engeren Sinne beziehen. Möglicherweise muss die Alternative im Sinne einer Abfolge (erst Agape, dann Herrenmahl) aufgelöst werden. In Kap. 14 versteht der Autor die Eucharistie als Opfer.

Die Anweisungen in Kap. 11–13 lassen einen gewissen Pragmatismus erkennen. Vermutlich stehen schlechte Erfahrungen im Hintergrund (vgl. Lukian, Peregrinus). Letztlich geht der Autor davon aus, dass wahre Apostel und Propheten durch Armut, Uneigennützigkeit, missionarischen Geist und Übereinstimmung von Worten und Taten gekennzeichnet sind.

15,1f weist auf eine Übergangsphase in der Gemeindeleitung hin. Die wandernden Propheten und Lehrer werden allmählich durch die Bischöfe und Diakone ersetzt, die noch als kollegiale Leitung erscheinen. Die Presbyter fehlen ganz.

Der Barnabasbrief (Barn)

Das Präskript des Barn nennt keinen Verfassernamen. Erst Clemens von Alexandrien schreibt ihn Barnabas, dem führenden Kopf der antiochenischen Gemeinde, zu. Diese Verfasserangabe wird heute von keinem Forscher mehr vertreten, da ihr sowohl die Abfassungszeit als auch die Theologie des Barn widersprechen.

Der unbekannte Autor des Schreibens war Heidenchrist, denn in 14,5 und 16,7 schließt er sich durch die pluralische Formulierung in die Beschreibung der Bekehrung vom Heidentum mit ein. Vermutlich war er ein christlicher Lehrer (vgl. die überzogen wirkenden Bescheidenheitsaussagen in 1,8; 4,9). Vor allem aber versteht sich der Verfasser als Ausleger der Schrift (vgl. 9,9) und authentischer Tradent der apostolischen Überlieferung (1,5.8; 4,9a u. ö.).

Der Adressatenkreis des Barn lässt sich nicht konkret eingrenzen. In Präskript und Proömium wendet sich der Autor an ein ideales christliches Publikum. Allenfalls in 4,6 (vgl. 10,12) wird eine gewisse Frontstellung sichtbar. Dort polemisiert der Verfasser gegen „gewisse Leute“, die behaupten: „der Bund gilt jenen [d. h. Israel] und uns“. Offensichtlich wendet sich der Verfasser des Barn hier gegen eine Auffassung der Heilsgeschichte, die im frühen Christentum gängig war.

Der Barn lässt sich ziemlich genau datieren, denn in 16,3f ist davon die Rede, dass der zerstörte Tempel in Jerusalem durch die Zerstörer wiedererrichtet werde. Das passt allein zu der durch Hadrian 130 befohlenen Errichtung eines Jupitertempels an der Stelle des zerstörten jüdischen Heiligtums. Da der Barn keine Kenntnis des durch den Befehl mitausgelösten Bar-Kochba-Aufstandes (132–135) verrät, muss er 130/131 geschrieben worden sein.

Der Entstehungsort des Barn ist weit weniger sicher. Anscheinend hat der Verfasser ihn programmatisch unbestimmt gelassen. Entsprechend breit gestreut sind die Versuche, ihn historisch zu bestimmen. Genannt werden Ägypten (speziell Alexandria), Syrien, Kleinasien und Griechenland. Die stärksten Indizien sprechen wohl für Kleinasien, denn der Barn zeigt eine gewisse Nähe zu den Pastoralbriefen. Zudem hat es den Anschein, dass Ignatius von Antiochien in IgnPhld 8,2 gerade gegen die Theologie polemisiert, die auch Barn vertritt.

1, 1		Präskript
1, 2–8		Proömium
2,1 – 16,10		Erkenntnis aus der Schrift
	2,1–3,6	Rechtsforderungen des Herrn nach der Schrift: Nicht Opfer und Fasten, sondern Gottesverehrung und Nächstenliebe
	4, 1–14	Mahnungen
	5,1–8,6	Das Leiden des Herrn und Gottessohnes
	8,7–10,12	Das den Juden verborgene rechte Hören und Verstehen der Christen
	11,1–12,11	Vorausoffenbarungen über Taufe und Kreuz
	13,1–14,9	Die Schrift zur Frage nach dem Erbvolk und dem Empfänger des Bundes
	15, 1–9	Das rechte Verständnis des Sabbats
	16, 1–10	Das rechte Verständnis des Tempels
17,1 – 18,1a		Überleitung
18,1b – 20,2		Erkenntnis und Lehre in den Zwei Wegen
21, 1–9a		Schlussparänese
21, 9b.c		Postskript

Aufriss des Barn

Der Verfasser des Barn will sein Werk als Brief verstanden wissen. Das zeigen die brieflichen Elemente zu Beginn und am Schluss. Sein Ziel ist es, den Adressaten neben ihrem Glauben „vollkommene Erkenntnis" zu vermitteln (1,5). Man hat den Barn deshalb mit einem gewissen Recht als in Briefform gekleidetes Propagandaschreiben bezeichnet.

Die Gliederung des Barn fällt im Detail schwer, da der Verfasser über weite Strecken auf traditionelles Material zurückgreift, das er in den Kap. 2–16 z. T. ineinander geschoben hat. Diese Kapitel beinhalten beinahe ausschließlich Schriftauslegung, wobei sich der Autor häufig der Allegorese bedient. Daneben begegnet auch die aus Qumran bekannte Peschermethode, d. h. die Aussagen eines Textes werden Zug um Zug auf die Gegenwart des Verfassers bezogen.

In den Kap. 18–20 findet sich ein Zwei-Wege-Schema, das aufgrund seiner großen Parallelen zu Did 1–5 ebenfalls als traditionell vorgegeben angesehen werden muss. Eine literarische Abhängigkeit zwischen Did und Barn kann daraus aber nicht geschlussfolgert werden, da im Barn die christlich geprägten Passagen Did 1,3b–2,1 fehlen. Der Verfasser des Barn erweitert das Schema zudem um die dualistisch gefärbte Einleitung in Kap. 18.

Die Theologie des Barn wird durch die Voraussetzung bestimmt, dass die Schrift **nur Vorausoffenbarung** des christologischen Heilsgeschehens ist. Die gesamte alttestamentliche Gesetzgebung war von Anfang an nicht „fleischlich“, sondern „geistlich“ gemeint. Der Bund, der von Gott gegeben worden ist, hat Israel nie erreicht, sondern Empfänger des Bundes sind ausschließlich die Christen.

Inhaltlich ist dieser Bund durch den Willen Gottes charakterisiert, der rechtes ethisches Verhalten verlangt. Damit ist er identisch mit dem „neuen Gesetz unseres Herrn Jesus Christus“ (2,6). Die Erkenntnis, die der Autor des Barn vermitteln will, ist also die „Erkenntnis des Weges der Gerechtigkeit“ (5,4). Hier liegt der innere Zusammenhang zwischen den Kap. 2–16 und 18–20.

Die Funktion des Christusereignisses besteht darin, den Christen diesen Bund vermittelt und seine Einhaltung ermöglicht zu haben. In der Passion hat Jesus stellvertretend für sie gelitten (5,1.5 u.ö.). In der Taufe erfährt der einzelne Christ Sündenvergebung (11,1). Dadurch kann er sein bisheriges sündiges Leben hinter sich lassen und ein neues Leben führen, das sich an den Rechtsforderungen Gottes orientiert.

Der 1. Clemensbrief (1Clem)

Das Präskript nennt als Absender dieses Briefes „die Kirche Gottes, die Rom als Fremde bewohnt“. Adressat ist die korinthische Gemeinde. Schon die älteste Erwähnung des Briefes nennt als Autor „Clemens“. Diese Notiz ist wohl historisch glaubwürdig. Der 1Clem selbst nennt diesen Namen nicht, sein gesamter Duktus spricht aber dafür, dass er von einem führenden Kopf der römischen Gemeinde verfasst worden ist.

Die römische Gemeinde sieht sich zum Eingreifen in Korinth veranlasst, weil sich die Korinther gegen ihre Presbyter aufgelehnt und sie des Amtes enthoben haben. Der 1Clem erweckt den Eindruck, dieser „Aufruhr“ sei nur durch ein oder zwei Leute (47,6) verursacht worden, die von „Eifersucht“ und „Neid“ getrieben seien. Bei näherem Hinsehen legt sich allerdings die Vermutung nahe, dass die Mehrheit der Gemeinde hinter dem „Aufruhr“ steht. Die Revolte scheint sich auch nicht gegen die Verfehlungen Einzelner im Amt, sondern gegen die Institutionalisierung des Presbyteramtes als solche gerichtet zu haben. Jedenfalls argumentiert der 1Clem immer für das

Amt, nie für Personen. Man hat auch nicht den Eindruck, dass die Anführer der Revolte nun ihrerseits nach dem Presbyteramt strebten.

Die Römer sehen in dem „Aufruhr“ die Gefahr, dass der in hohen Ehren stehende korinthische Name gelästert wird (1,1) und die ganze Kirche in Gefahr gerät (vgl. 3,2ff).

In 1,1 erwähnt der Verfasser des 1Clem eine gerade zu Ende gegangene Christenverfolgung, die ein früheres Schreiben verhindert habe. Diese Angabe wird traditionell auf eine Verfolgung unter Domitian (81–96) bezogen, deren Bezeugung allerdings spät und strittig ist. Für eine Datierung in das späte 1. Jh. kann hingegen die vorausgesetzte Gemeindestruktur (Leitung durch ein Presbyterium, kein Bischof an der Spitze) herangezogen werden. Damit ist der 1Clem der älteste Text unter den Apostolischen Vätern.

Präskript		
1,1		Die Situation der Absender und der Adressaten
1,2 – 2,8		Der frühere Zustand der korinthischen Gemeinde
3, 1–4		Der Umsturz
4,1 – 6,4		Geschichtliche Beispiele für Eifersucht und Neid
	4, 1–13	Biblische Beispiele
	5, 1–7	Das Beispiel der Apostel
	6, 1–4	Weitere Beispiele
7,1 – 8,5		Der Ruf zur Umkehr
9,1 – 12,8		Biblische Vorbilder für den Dienst für Gott
13,1 – 18,17		Mahnungen zur Demut
	13, 1–4	Worte Jesu und der Schrift
	14, 1–5	Wir sollen Gott gehorchen, nicht denen, die hochmütig nach Streit trachten
	15, 1–7	Mahnungen zum Frieden und biblisch begründete Warnung vor Heuchelei und Hochmut
	16, 1–16	Die Demut Christi
	16,17 – 18,17	Biblische Beispiele der Demut
19,1 – 20,12		Der Blick auf Gottes geordnete Schöpfung
21, 1–9		Die Konsequenzen für das Verhalten in der Gemeinde
22, 1–8		Das Zeugnis Christi in der Heiligen Schrift
23, 1–5		Gott gibt seine Gaben ganz gewiss
24,1 – 26,3		Sichere Anzeichen künftiger Auferstehung
27, 1–7		Die Bindung an die Allmacht Gottes
28, 1–4		Die Christen als Gottes erwählter „heiliger Teil“

29,1 – 32,4	Die Rechtfertigung durch den Glauben als Weg zum Segen
33,1 – 36,6	Die Notwendigkeit guter Werke nach dem Willen Gottes
37,1 – 38,4	Gehorsam und Unterordnung in der Gemeinde
39, 1–9	Ein Schriftzeugnis gegen die Überheblichen
40,1 – 45,8	Die dem Willen Gottes entsprechende Ordnung der Kirche
46, 1–9	„Haltet euch an die Heiligen" und wahrt die Einheit des Leibes Christi
47, 1–7	Das Urteil des Paulus über den Parteienstreit
48, 1–6	Aufruf zur Umkehr und Demut
49,1 – 50,7	Das Lob der Liebe
51,1 – 53,5	Aufforderung, die Verfehlungen zu bekennen
54,1 – 56,16	Freiwillige Auswanderung als Annahme göttlicher Zucht
57,1 – 58,2	Nehmt unseren Rat an – ihr werdet es nicht bereuen!
59,1 – 61,3	Schlussgebet
62, 1–3	Rückblickende Zusammenfassung des Briefes
63f	Schlussparänese
65, 1f	Postskript

Aufriss des 1Clem

Der Verfasser des 1Clem übernimmt das paulinische Briefformular. Er kennt den 1Kor und setzt voraus, dass dieser Brief den Korinthern vorliegt (47,1). Darüber hinaus hat er offenbar den Röm benutzt (vgl. 35,5f; 32,4–33,1). 36, 2–5 zeigt große Ähnlichkeit mit Hebr 1. Es ist allerdings nicht ganz sicher, ob man wirklich literarische Abhängigkeit annehmen muss (vgl. auch die Verwendung des Titels „Hoherpriester" für Christus. In 59,3–61,3 zitiert der Verfasser ein Gebet.

Auffällig sind die langen Zitate aus dem AT, das für den Verfasser selbstverständlich die „Heilige Schrift" ist.

Der Autor nennt sein Schreiben in 63,2 eine ἔντευξις (enteuxis). Darunter wird im Bereich des antiken Rechts eine Eingabe verstanden, die den König als Quelle des Rechts um einen Richterspruch bittet. Nimmt man diese Selbstbezeichnung ernst und stellt in Rechnung, dass der Verfasser die korinthischen Vorgänge mit dem politischen Begriff „Aufruhr" belegt, dann muss der 1Clem als der Versuch angesehen werden, die korinthische Gemeinde durch eine entsprechende Argumentation dazu zu bewegen, die Angelegenheit im Sinne der Römer zu regeln. Den Korinthern wird nicht ein Urteilsspruch von außen aufgezwungen, sondern sie werden zu Richtern in eigener Sache gemacht. Deshalb kann der 1Clem auch kaum als Ausdruck eines römischen Primatsanspruches bewertet werden.

Das Ziel des Briefes besteht darin, in Korinth „Frieden" und „Eintracht" wieder herzustellen. Das ist aus der Sicht des Verfassers nur möglich, wenn die abgesetzten Presbyter wieder in ihr Amt eingesetzt werden. Er hält es für angemessen, wenn die Anführer der Revolte freiwillig in die Verbannung gehen (54,1–56,16).

Die Argumentation ist von einem ganz starken Denken in den Kategorien Autorität, Ordnung, Gesetz und Gehorsam geprägt. Gott hat die Welt mit einer bestimmten, heilvollen Ordnung geschaffen (19,3–21,1; 33,2–7). Diese ist sowohl in der Alltagserfahrung (24,1–5) als auch in dem wunderbaren Geschehen um den Vogel Phönix (25,1–26,3) sichtbar. Auch für die Kirche gibt es eine gottgewollte Ordnung (40,1–45,8). Der Verfasser scheut sich nicht, das Beispiel des Militärs für die Notwendigkeit der Unterordnung heranzuziehen (37,1–4). In alledem zeigt sich der Einfluss der Stoa, einer der wirkungsvollsten philosophischen Strömungen der Spätantike. Daneben wirken Einflüsse judenchristlicher Kultordnungen und der Sukzessionsgedanke (42,4f).

Dem Ordnungsgedanken entspricht auch das Menschenbild des 1Clem. Der Verfasser setzt voraus, dass sich der Mensch bei entsprechender Anleitung für das Tun des Guten entscheiden kann.

Allerdings gilt – hier wird das Erbe der paulinischen Theologie wirksam –, dass der Mensch allein von Gott zu solchem Tun befähigt worden ist.

Der 2. Clemensbrief (2Clem)

In drei Handschriften ist mit dem 1Clem ein zweites Schreiben verbunden, das ebenfalls auf den römischen Clemens als Verfasser zurückgeführt wird. Es soll ein weiterer von ihm an die Gemeinde in Korinth gerichteter Brief sein.

Betrachtet man das Schreiben unabhängig vom 1Clem, stellt sich heraus, dass diese Angaben dem Schreiben sekundär hinzugefügt worden sind. 2Clem selbst nennt weder Verfasser noch Adressaten, es handelt sich nicht einmal um einen Brief (s. u.).

Die Abfassungssituation des Schreibens ist nur schwer genauer zu bestimmen. Direkte Polemik fehlt vollkommen. Da der Verfasser in 12,2 ein ursprünglich aus gnostischen Kreisen stammendes Herrenwort ethisch umdeutet und auch sonst gelegentlich gnostisches

Vokabular (vgl. 1,2b u. ö.) aufnimmt, kann man annehmen, dass es in seinem Umfeld gnostische Christen gegeben hat. Vor allem aus der Passage 8,6–9,11 mit ihrer Betonung des „Fleisches" scheint hervorzugehen, dass sich der Verfasser mit der in der Gnosis vertretenen radikalen Abwertung alles Irdischen auseinandersetzt.

Der Abfassungsort ist unbekannt. Aufgrund der Nähe zur Gnosis ist Ägypten vorgeschlagen worden. Daneben gibt es Indizien, die auf Syrien weisen. Die Abfassungszeit lässt sich nicht genauer als auf die Mitte des 2. Jh. festlegen.

1, 1–8		Proömium
2,1 – 7,6		Christi Heilstat und christliches Leben (1. Hauptteil)
	2, 1–7	Auslegung zweier Schriftzitate
	3, 1–5	Das Bekenntnis der Christen als Antwort auf Christi Heilstat
	4, 1–5	Das Tun der Gerechtigkeit als das wahre Bekenntnis zu Christus
	5,1 – 6,9	Aufruf, die Taufe rein und unbefleckt zu bewahren, um in das Reich Gottes hineinzukommen
	7, 1–6	Das Leben der Christen als Wettkampf
8,1 – 14,5		Mahnung zur Buße (2. Hauptteil)
	8, 1–3	Aufruf zur Buße in dieser Welt
	8,4 – 9,5	Das „Fleisch" wird gerichtet und auferstehen
	9, 6–11	Die Liebe als Erfüllung des Gotteswillens
	10, 1–5	Aufruf, die Gottlosigkeit zu fliehen
	11, 1–7	Warnung vor dem Zweifel, Aufruf zur Hoffnung
	12, 1–6	Vom Kommen des Gottesreiches
	13, 1–4	Mahnung zum Tun der den Worten Gottes entsprechenden Werke, damit „der Name" nicht gelästert wird
	14, 1–5	Die Verheißung der Zugehörigkeit zur geistlichen, präexistenten Kirche

15,1 – 18,2		Verheißung und Gericht (3. Hauptteil)
	15, 1–5	Die dem freimütigen Beten gegebene Verheißung
	16, 1–4	Aufruf, Buße und fromme Werke zu tun, solange noch Zeit ist
	17,1 – 18,2	Aufruf zur Buße angesichts des kommenden Gerichts (Schluss der Rede)
19,1 – 20,4		Zusammenfassende Bemerkungen mit besonderer Berücksichtigung des Problems des Reichtums der Ungerechten und der Not der Frommen (späterer Zusatz)
20,5		Schlussdoxologie

Aufriss des 2Clem

Der 2Clem bezeichnet sich selbst als „Rat über die Enthaltsamkeit" (15,1). Der Form nach handelt es sich nicht um einen Brief, da alle brieflichen Elemente fehlen, sondern um eine **Mahnrede** (vgl. 19,1). Häufig wird das Schreiben auch als Homilie bezeichnet. Das hat sein Recht darin, dass die Rede offenbar nach der Schriftlesung vorgetragen worden ist (vgl. die Wendung „nachdem der Gott der Wahrheit geredet hat" in 19,1).

Die Gliederung des 2Clem fällt schwer, da weder ein strenger Aufbau noch ein klare Gedankenführung erkennbar sind. So ist der hier gebotene Aufriss nur eine von mehreren Möglichkeiten der Strukturierung. Ein zusätzliches Problem bedeutet der Abschnitt 19,1–20,4, der sich formal und inhaltlich von den vorangegangenen Kapiteln unterscheidet (vgl. z. B. die veränderte Anrede). Vermutlich ist er nach der schriftlichen Fixierung der eigentlichen Mahnrede verfasst worden und bildete ihre Einleitung bei erneutem Vortrag. Als 2Clem mit 1Clem verbunden wurde, rutschte die Passage an ihren jetzigen Platz vor die Schlussdoxologie der Mahnrede. Dieser neue Platz ist insofern sinnvoll, als 19,1–20,4 zugleich eine gewisse Zusammenfassung der ursprünglichen Rede bilden.

Im 2Clem finden sich eine Reihe von Zitaten. Der Verfasser zitiert sowohl aus der Schrift (AT) als auch Herrenworte. Dabei fällt auf, dass viele der zitierten Herrenworte zwar der synoptischen Tradition nahestehen, aber nicht aus einem der kanonischen Evangelien stammen. Darüber hinaus finden sich auch Herrenworte, die keine oder nur sehr entfernte Parallelen im NT haben (4,5; 5,2–4; 12,2; 13,2). Möglicherweise hat der Autor eine Evangelienschrift benutzt, die später als apokryph aus der Überlieferung verschwand.

Inhaltlich bietet der 2Clem überwiegend Mahnungen zum Tun der Gerechtigkeit und zur Buße. Der Verfasser ermahnt seine Adressaten, „die Taufe rein und unbefleckt“ zu bewahren und „im Besitz frommer und gerechter Werke“ erfunden zu werden (6,9). Er redet von der „Gegenleistung“ und der „Frucht“, die die Christen Christus schulden (1,3). Man sollte den 2Clem trotzdem nicht einfach unter das Stichwort „Werkgerechtigkeit“ fassen, sondern ernstnehmen, dass der Verfasser die frommen Werke und die Buße als Antwort auf das Heilshandeln Jesu Christi und die Güte Gottes versteht (vgl. 1,2f; 9,7–10).

Dieser Zug wird durch den Autor der Kap. 19,1–20,4 noch verstärkt, der ausdrücklich betont, dass es den Christen um Gottesverehrung und nicht um einen Handel mit Gott (fromme Werke gegen Heil) gehen soll (20,4).

Die Briefe des Ignatius von Antiochien

Ignatius, Bischof der christlichen Gemeinde in Antiochien, war während einer Christenverfolgung verhaftet worden. Er wurde zusammen mit anderen Christen nach Rom gebracht, um dort wilden Tieren vorgeworfen zu werden (IgnEph 1,2; IgnRöm 4,1f). Auf dem Transport schrieb er sieben Briefe: vier von Smyrna aus (an die Gemeinden in Ephesus [IgnEph], Magnesia [IgnMagn], Tralles [IgnTrall] und Rom [IgnRöm]), wenig später drei von Troas aus (an die Gemeinden in Philadelphia [IgnPhld] und Smyrna [IgnSm] sowie an den Bischof Polykarp [IgnPol]). Damit sind unsere Kenntnisse über den Verfasser auch schon erschöpft, wenn man davon absieht, dass der Bischof Polykarp in seinem Brief an die Gemeinde in Philippi den Märtyrertod des Ignatius voraussetzt (Polyk 9). Die Datierung der Ereignisse ist nicht ganz sicher, meist denkt man an die zweite Hälfte der Regierungszeit des Kaisers Trajan (98–117).

Die Briefe liegen in drei Rezensionen vor. In der Forschung hat sich allgemein die Meinung durchgesetzt, dass die sogenannte mittlere Rezension, die die oben genannten sieben Briefe enthält, die ursprüngliche sei. Die verwickelte Überlieferungsgeschichte ist neben den vielen Zitaten bei den Kirchenvätern ein Indiz für die große Wirkungsgeschichte der Briefe in der frühen Kirche.

Präskript (lat. inscriptio)	
1,1 – 2,2	Lobender Rückblick auf den Besuch der ephesinischen Delegation; Bitte, den Diakon Burrus zu seiner Unterstützung bei ihm zu lassen
3, 1f	Bitte um Gehör für die folgenden Mahnungen
4,1 – 6,2	Aufforderung, sich dem Bischof (und dem Presbyterium) unterzuordnen
7,1 – 9,2	Warnung vor Irrlehrern; Anerkennung für das Verhalten der Epheser Ihnen gegenüber
10, 1–3	Verhalten gegenüber den Nichtchristen; Aufforderung zum Gebet für sie
11,1 - 12,2	In den angebrochenen letzten Zeiten ist es allein wichtig, in Christus erfunden zu werden.
13, 1f	Mahnung zu häufigeren gottesdienstlichen Zusammenkünften der Gemeinde
14, 1f	Alles gründet auf dem Glauben und der Liebe
15, 1–3	Schweigen und Reden
16, 1f	Die Irrlehre führt ins Verderben
17,1 – 19,3	Das Christusgeschehen – Heil und Leben für die Christen; dem Fürsten der Weltzeit blieb das Geheimnis verborgen (**19,2f** – „Hymnus" auf die Offenbarung Gottes)
20, 1f	Schlussparänese (**20,2** – Eucharistie als „Medizin zur Unsterblichkeit")
21, 1f	Postskript

Aufriss des IgnEph

Präskript (inscriptio)	
1, 1–3	Begründung und Ziel der Bemühungen des Ignatius um die Gemeinden
2	Rückblick auf den Besuch der Delegation aus Magnesia
3,1 – 4,1	Mahnung, sich dem Bischof trotz seines jugendhaften Alters unterzuordnen
5, 1f	Die zwei Prägungen (Mahnung, das Ziel [oder Ende] der Taten zu bedenken)
6,1 – 7,2	Aufforderung zur Herstellung vollkommener Einheit aller Gemeindeglieder (keine Angelegenheit ohne den Bischof und die Presbyter regeln)

8,1 – 11,1	Warnung vor judaisierender Irrlehre
12	Wendungen der Bescheidenheit
13, 1f	Schlussparänese
14f	Postskript

Aufriss des IgnMagn

Präskript (inscriptio)	
1, 1f	Freude über den Besuch des Bischofs Polybius und seine Nachrichten von der Gemeinde
2,1 – 3,3	Mahnung zur Unterordnung unter den Bischof und das Presbyterium und zur Ehrfurcht den Diakonen gegenüber
4,1 – 5,2	Ignatius und der Gemeinde fehlt vieles, damit sie Gott nicht verfehlen
6,1 – 11,2	Warnung vor doketischer Irrlehre; Mahnung zu christlichen Tugenden
12, 1–3	Schlussparänese
13, 1–3	Postskript

Aufriss des IgnTrall

Präskript (inscriptio)	
1, 1f	Lobpreis des Bischofs
2,1 – 4,1	Mahnung, dem Bischof zu folgen, um der Irrlehre und der Spaltung der Gemeinde zu entgehen
5, 1f	Hoffnung, durch die Fürbitte der Adressaten auf Gott hin vollendet zu werden; auch die Propheten sind im Glauben an Jesus Christus gerettet worden
6,1 – 9,2	Auseinandersetzung mit der judaisierenden Irrlehre; Rückblick auf die Wirksamkeit in Philadelphia
10,1 – 11,1	Aufforderung, einen Diakon nach Syrien zu senden; Dank für Hilfe für Philo und Rheus Agathopus
11,2	Postskript

Aufriss des IgnPhld

Präskript (inscriptio)	
1,1 – 8,3	Inständige Bitte an die Gemeinde in Rom, dem Martyrium kein Hindernis in den Weg zu legen
9,1 – 10,3	Postskript

Aufriss des IgnRöm

Präskript (inscriptio)	
1,1 – 3,3	Lobpreis Jesu Christi für den Glauben der Smyrnäer
4,1 – 7,2	Polemik gegen die, welche Leben und Wirken des Herrn in Schein auflösen und sich von Eucharistie und Gebet fernhalten (doketische Irrlehre)
8,1 – 9,1	Mahnung, dem Bischof und dem Presbyterium zu folgen
9,2 – 10,2	Dank für Unterstützung für Ignatius, Philo und Rheus Agathopus
11, 1–3	Aufforderung, jemanden nach Syrien zu senden und die dortigen Gemeinden zum Ende der Verfolgung zu beglückwünschen
12,1 – 13,2	Postskript

Aufriss des IgnSm

Präskript (inscriptio)	
1,1 – 3,2	Mahnung an Polykarp, seiner Stellung gerecht zu werden (vor allem im Kampf gegen die Irrlehre)
4,1 – 5,2	Paränetische Einzelmahnungen an Polykarp
6, 1f	Gemeindeparänese
7,1 – 8,1	Aufforderung, jemanden nach Syrien zu senden; Polykarp soll Grußbotschaften nach Syrien koordinieren
8, 2f	Postskript

Aufriss des IgnPol

Ignatius beachtet in seinen Briefen einerseits die Formalien des antiken Briefstils. Dabei fallen vor allem die sorgfältig formulierten Präskripte auf. Andererseits tragen die Briefe des Bischofs ein ganz individuelles Gepräge. Sie sind offenbar diktiert worden, denn sie machen den Eindruck unmittelbar gesprochener Rede. Ignatius geht souverän mit der Sprache um und nutzt häufig rhetorische Stilmittel.

Gelegentlich finden sich aber auch abgebrochene Satzperioden und verunglückte Bilder. Der souveräne Umgang mit der vorgegebenen Tradition zeigt sich in der Schwierigkeit, diese zu rekonstruieren. An einzelnen Stellen kann angenommen werden, dass er z. B. christologisches Formelgut nutzt (vgl. IgnEph 7,2; 19,2). Ignatius kennt neutestamentliche Schriften, vor allem mehrere Paulusbriefe (vgl. IgnEph 12,2). Es lassen sich aber keine Zitate nachweisen.

Die Briefe sind thematisch sehr einheitlich: Kampf gegen die Irrlehre; Mahnung, dem Bischof zu gehorchen; Hoffnung, durch das Martyrium zu Gott zu gelangen.

Es fällt schwer, die in den Briefen bekämpften Irrlehren exakt zu rekonstruieren, da Ignatius seine Gegner häufig zwar mit heftigster Polemik bedenkt, sie dabei aber kaum inhaltlich charakterisiert. Zudem gilt auch bei ihm das generelle methodische Problem, dass er seine Gegner natürlich aus dem Blickwinkel seiner Theologie schildert. Bei aller Vorsicht wird man trotzdem sagen können, dass es Ignatius mit zwei verschiedenen Irrlehren zu tun hatte. In Ephesus, Tralles und Smyrna bekämpft er Christen, die die irdische Existenz Jesu nur als eine scheinbare ansehen wollten (Doketen). Dabei gewinnt man den Eindruck, dass diese Leute durchaus keine marginale Minderheit waren.

Als zweite Irrlehre bekämpft Ignatius Christen, die gewisse jüdische Sitten beibehalten (IgnMagn 9,1 nennt explizit den Sabbat) und das Alte Testament sehr hoch schätzen (IgnPhld 8 – sie prüfen am AT die Gültigkeit und das Recht des Evangeliums).

Ignatius betrachtet die Irrlehren zum einen unter dem ekklesiologischen Aspekt und sieht durch sie die Einheit der Kirche gefährdet. Garant dieser Einheit ist der Bischof (vgl. IgnMagn 6,1; 7,1; IgnPhld 3,2 u. ö.). Die Einheit der Gemeindeglieder untereinander und mit dem Bischof bedeutet für Ignatius zugleich Unterordnung unter ihn. Er misst dem Bischof eine einzigartige Stellung in der Gemeinde zu. Die Gläubigen sollen sich zu ihrem Bischof verhalten, wie die Kirche zu Christus und wie Christus zum Vater (IgnEph 5,1). Letztlich haben alle Handlungen in der Kirche nur eine Berechtigung, wenn sie im Beisein des Bischofs stattfinden. Dem Bischof wird das Presbyterium zugeordnet. Es umgibt ihn, wie die Apostel Christus umgeben (IgnTrall 2,1f). An dritter Stelle in dieser theologisch begründeten Hierarchie stehen dann die Diakone, denen Ehrfurcht entgegenzubringen ist.

Man muss sich nun allerdings vor dem Trugschluss hüten, dass Ignatius hier die Wirklichkeit der kleinasiatischen Gemeinden beschreibt. Er bemüht sich vielmehr, sein Gemeindeideal in den Gemeinden durchzusetzen.

Zum anderen betrachtet Ignatius insbesondere die doketische Irrlehre unter dem christologischen Aspekt. Er betont mehrfach die Wahrhaftigkeit der irdischen Existenz Jesu. Zugleich bezeichnet er ihn ganz selbstverständlich als Gott. Beides kann er zu einer Art Zwei–Naturen–Christologie zusammenfassen (vgl. insb. IgnEph 7,2). Damit hängt zusammen, dass Ignatius immer wieder unterstreicht, dass „Fleisch“ und „Geist“ komplementär seien.

Die Briefe zeugen von einem starken Verlangen des antiochenischen Bischofs, durch das Martyrium zum wahren Jünger zu werden und zu Gott zu finden (vgl. insb. IgnRöm). Auch hier findet sich ein Motiv seines Kampfes gegen die Doketen. Ignatius verbindet die Sinnhaftigkeit seines Martyriums wesentlich mit der Realität der Passion Jesu Christi. Indem die Doketen die Passion in Schein auflösen, stellen sie zugleich den Sinn des Weges in Frage, den Ignatius für sich gewählt hat.

Der Polykarpbrief (Polyk)

Der Bischof Polykarp von Smyrna war eine der angesehensten Gestalten der kleinasiatischen Kirche des 2. Jh. Er genoss weit über seine Gemeinde hinaus Autorität. So reiste er noch in hohem Alter nach Rom, um mit dem dortigen Bischof Anicet Verhandlungen über strittige Fragen, insbesondere den Termin des Osterfestes, zu führen.

Seinen jüngeren Zeitgenossen – vor allem Irenäus – galt Polykarp als Bindeglied zur apostolischen Generation. Für sie ist er Träger und Bewahrer der echten apostolischen Tradition, da er noch selbst die Apostel und Augenzeugen des Lebens Jesu gehört habe. Er wurde zudem als in der apostolischen Sukzession stehend angesehen, da er angeblich von den Aposteln zum Bischof eingesetzt worden sei.

Die Lebensdaten Polykarps sind nicht mit Sicherheit zu fassen. Sehr wahrscheinlich erlitt er im Jahr 155/156 den Märtyrertod. MartPol 9,3 überliefert die Antwort des greisen Bischofs an den Prokonsul, der ihn auffordert, Christus zu lästern: „86 Jahre diene ich ihm“. Bezieht man diese Aussage auf das Lebensalter, wäre Polykarp im Jahr 70 geboren worden.

Polykarp hat den Brief an die Gemeinde in Philippi auf die Aufforderung der Adressaten hin geschrieben (3,1). Sie haben seinen Rat wohl vor allem zu den Irrlehrern (7,1) und in der Angelegenheit des Presbyters Valens (11f) erbeten.

Die Datierung des Briefes ist unsicher. Sie hängt davon ab, ob er als literarisch einheitliches Schreiben beurteilt wird. Wenn Kap. 13 zum Gesamtbrief gehört, ist dieser wohl im Todesjahr des Ignatius entstanden. Falls Kap. 13 das Fragment eines Begleitbriefes zu den Ignatiusbriefen ist, gilt diese Datierung nur für das Kapitel. Der große Brief wäre dann später geschrieben. Eine genauere Bestimmung der Abfassungszeit scheint allerdings kaum möglich.

Präskript		
1,1 – 3,3		Proömium
	1, 1–3	Lob der Philipper wegen der Aufnahme der Märtyrer und wegen ihres Glaubens
	2, 1–3	Mahnung zum Glauben und ihm entsprechenden Leben
	3, 1–3	Anlass des Schreibens, Paulus – das unerreichte Vorbild
4,1 – 6,2		Haustafeln
	4, 1	Allgemeine Mahnung
	4, 2	Frauen
	4,3 – 5,1	Witwen
	5, 2	Diakone
	5, 3	Junge Männer und Jungfrauen
	6, 1f	Presbyter
6,3 – 7,2		Polemik gegen die doketischen Irrlehrer
8,1 – 9,2		Mahnung zur Geduld
10, 1–3		Allgemeine Gemeindeparänese
11,1 – 12,3		Der Fall des Presbyters Valens
	11,1–12,1	Warnung vor Geldgier (Valens und seine Frau als negatives Beispiel), Mahnung zu Vergebungsbereitschaft
	12, 2f	Allgemeine Gemeindeparänese
13, 1f		Nachrichten betreffs der Grußübermittlung nach Syrien und der Sendung der Ignatiusbriefe, Bitte um Informationen über das Schicksal des Ignatius und seiner Mitgefangenen
14		Postskript

Aufriss des Polyk

Der Polyk ist in der griechischen Originalsprache unvollständig überliefert. Für die Kap. 10–12.14 liegt nur eine lateinische Übersetzung vor. An den griechisch erhaltenen Passagen kann überprüft werden, dass diese Übersetzung nicht besonders genau ist.

Es ist nicht ganz sicher, ob der Polyk ein einheitlicher Brief ist. In 9,2 scheint vorausgesetzt, dass Ignatius den Märtyrertod erlitten hat. In 13,2 erbittet Polykarp hingegen nähere Informationen über das

Schicksal des antiochenischen Bischofs. Das spricht dafür, in Kap. 13 ein ursprünglich selbständiges Begleitschreiben zu den übersandten Ignatiusbriefen zu sehen. Eine halbwegs sichere Entscheidung wird nicht möglich sein, da auch der letzte Satz von Kap. 13 nur auf Latein überliefert ist.

Der Polyk ist ein echter Brief, der strukturell eng mit den Pastoralbriefen verwandt ist. Gelegentlich ist daraus sogar die Hypothese abgeleitet worden, Polykarp sei auch der Verfasser dieser Briefe. Der Bischof schöpft in seinem Schreiben weithin aus der frühchristlichen Tradition. Vermutlich kennt er mehrere Paulusbriefe, Mt, 1Joh, 1Petr und 1Clem, ohne immer ausdrücklich zu zitieren. Die Bedeutung des Polyk liegt also weniger in seiner theologischen Originalität als in der Front, an der Polykarp kämpft. Seine kompromisslose Ablehnung der Irrlehrer, die sich jeder inhaltlichen Auseinandersetzung verweigerte, war letztlich kirchengeschichtlich wirkungsvoller als die theologische Auseinandersetzung, die sein Freund Ignatius betrieb.

Den Inhalt seines Briefes charakterisiert der Bischof in 3,1 mit „über die Gerechtigkeit“. Der Text des Schreibens zeigt, dass er darunter vor allem Rechtgläubigkeit und ein rechtschaffenes, von der vergebenden Liebe geprägtes christliches Leben versteht. Deshalb besteht sein Brief sicher nicht zufällig im Wesentlichen aus Paränese. Dazu passt, dass er auch den Fall des Presbyters Valens (Unterschlagung im Amt) als Anlass für viel umfassendere Mahnungen nutzt. Trotzdem hat diese Angelegenheit Polykarp offenbar sehr beschäftigt, denn er leitet auch die Haustafeln mit einer Warnung vor der Geldgier ein. Er hatte vermutlich Sorge, dass durch das Verhalten des Valens die Autorität der Presbyter insgesamt leiden könnte.

Im Vergleich zu den Ignatiusbriefen fällt auf, dass Polykarp wenig zur innergemeindlichen Hierarchie sagt (5,3 bleibt singulär). Der Bischof wird nicht einmal erwähnt (vgl. dagegen Phil 1,1). Dieser Sachverhalt wird unterschiedlich gedeutet. Am wahrscheinlichsten ist wohl die Vermutung, dass in Philippi die bekämpften Irrlehrer die Mehrheit der Gemeinde stellten (vgl. „Irrtum der Menge“ [2,1]; „Torheit der Menge“ [7,2]). Dann gehörte der Bischof möglicherweise zu ihnen – und die Autorität eines Ketzers konnte Polykarp unmöglich stärken wollen.

Während Polykarp im Fall des Presbyters Valens zu Vergebungsbereitschaft riet, war er gegenüber den Irrlehrern zu keinerlei positiven Bemühungen bereit. Die Beschreibung ihrer Lehre in 7,1 ist voll von polemischen Allgemeinplätzen und bösen Beschimpfungen. Sehr wahrscheinlich wendet sich Polykarp in diesen Sätzen gegen Doketen, die den Kreuzestod spirituell verstehen wollten. Als Strategie gegen sie empfiehlt er das Festhalten am überlieferten Wort, Gebet und Fasten sowie die Bitte an Gott, nicht in Versuchung zu führen.

Polykarp ging es also vor allem darum, die rechtgläubigen Christen zu sammeln und in ihrer Position zu befestigen.

Das Martyrium Polykarps (MartPol)

Präskript	
1, 1f	Der Sinn der Martyrien (**„Damit der Herr uns von oben das dem Evangelium gemäße Martyrium zeige."**)
2, 1–4	Das standhafte Ausharren der Märtyrer im Leiden
3, 1f	Das vorbildliche Martyrium des Germanikus
4	Der Abfall des Quintus
5,1 – 7,3	Flucht Polykarps auf Zureden der Gemeinde, Verrat und Verhaftung
8, 1–3	Versuch des Eirenarchen, ihn zum Abfall zu überreden
9,1 – 12,3	Verhör im Stadion, Verurteilung zum Feuertod
13,1 – 16,2	Martyrium des Polykarp durch Feuer und Dolch (14,1–3 Gebet Polykarps)
17,1 – 18,3	Der Versuch der Juden, die Bestattung zu verhindern; Bestattung der Gebeine Polykarps („Dort wird uns, die wir uns nach Möglichkeit in Jubel und Freude dort versammeln, der Herr die Feier des Tages seines Martyriums ermöglichen, zum Gedächtnis derer, die zuvor gekämpft haben, und zur Übung und Vorbereitung für die, denen dies bevorsteht." [18,3])
19, 1f	Abschluss der Schilderung des Martyriums (Polykarp war der 12. und letzte Märtyrer)
20, 1f	Briefschluss; Aufforderung, den Brief auch an entfernter wohnende Gemeinden zu senden
21	Datierung des Martyriums (Nachtrag)
22, 1–3	Später angefügter Epilog (in Moskauer Handschrift 22,1–5)

Aufriss des MartPol

Mit dem MartPol haben wir einen Brief vor uns, den die Gemeinde von Smyrna an die Gemeinde von Philomenum in Phrygien geschickt hat. Das Schreiben ist kurze Zeit nach dem Tode Polykarps (155/156) entstanden (vgl. 18,3).

Der Brief beinhaltet eine Schilderung des Martyriums des Bischofs Polykarp von Smyrna; es handelt sich also um ein **Martyrium in Briefform**. Dabei erfolgt die Schilderung der Ereignisse bereits weitgehend theologisch reflektiert. An vielen Stellen sind deutliche Parallelisierungen zur Passion Jesu erkennbar. Die Verfasser verbinden die Martyrien mit dem „Evangelium" (1,1), so dass der Brief vor allem als Martyriumsparänese dient (vgl. 4; 18,3).

Das MartPol hat eine vielschichtige Wirkungs- und Überlieferungsgeschichte durchlaufen, die sich auch im Text selbst niedergeschlagen hat. So sind die Datierung des Martyriums (Kap. 21) und der Epilog (Kap. 22) eindeutig als spätere Hinzufügungen erkennbar. Die Tatsache, dass Euseb in seiner Kirchengeschichte einen stark abweichenden Wortlaut bietet, hat darüber hinaus zu weitgehenden Quellenscheidungshypothesen geführt, die hier nicht im Detail aufgeführt werden können.

Papiasfragmente / Quadratusfragment

Papias war Bischof von Hierapolis in Phrygien und ein Freund Polykarps. Er hat 5 Bücher „Auslegung von Herrenworten" verfasst, von denen nur wenige Fragmente in Zitaten erhalten sind. In die gängigen Ausgaben der Apostolischen Väter sind neben diesen Zitaten auch Notizen über Papias aufgenommen worden.

Unter den Fragmenten ist das durch Euseb überlieferte (unvollständige) Zitat des Proömiums zu dem Werk des Papias besonders wichtig. Daraus geht hervor, dass Papias ein besonderes Interesse an der mündlich überlieferten Jesustradition hatte, die er weit über die schriftliche stellte. Ihm ging es dabei offenbar darum, echte Jesustradition zu bewahren, wobei er sich bemühte, mündliche Traditionsketten aufzubauen. Die entscheidenden Traditionsträger sind für ihn „die Alten". Das Proömium erweckt auch den Anschein, dass Papias mit seinem Werk in einer gewissen Frontstellung stand. Er wendet sich dort gegen Leute, die „viel reden" und „fremde Gebote" überliefern.

Das Werk des Papias bot keinen Kommentar im eigentlichen Sinne des Wortes, sondern eine auslegende Darstellung der Jesusüberlieferung, die neben Jesusworten auch erzählende Tradition umfasste (z. B. die Legende vom grauenvollen Tod des Judas). Dabei nahm

Papias in sein Werk auch eine Reihe von legendarischen Wundergeschichten auf. Dies und sein Chiliasmus (Erwartung des tausendjährigen Reiches) haben ihm von Euseb den Vorwurf eingetragen, er sei nur von beschränktem Verstand gewesen.

Von den im Kanon des NT enthaltenen Evangelien hat Papias wohl nur Mk und Mt gekannt. Euseb zitiert Notizen des Hierapolitaners zur Entstehung beider Evangelien.

Die Entstehungszeit des Werkes ist unsicher. Vermutlich ist es zwischen 110 und 140 abgefasst worden.

Das Quadratusfragment, das ebenfalls bei Euseb überliefert ist, gehört zur ältesten bekannten christlichen Apologie. Sie wurde dem Kaiser Hadrian bei einem seiner Besuche in Kleinasien überreicht (123/124 oder 129). Euseb erwähnt den Verfasser Quadratus auch an anderer Stelle als prophetisch begabten Apostelschüler. In der erhaltenen Passage berichtet Quadratus, dass die von Jesus Geheilten und Auferweckten auch nach seinem Tode noch gelebt hätten.

Die Schrift an Diognet (Diog)

Die Zuordnung von Diog zu den Apostolischen Vätern ist umstritten, da die Schrift nach Inhalt und wahrscheinlicher Entstehungszeit bereits in eine spätere Phase der Geschichte der frühen Kirche gehört. Da Diog aber in alle einschlägigen Ausgaben der Apostolischen Väter aufgenommen ist, soll sie auch hier besprochen werden.

Der Verfasser der Schrift wendet sich in 1,1 an den „hochzuverehrenden Diognet“, einen am Christentum interessierten Heiden. Die weiteren Ausführungen zeigen, dass er stellvertretend für einen größeren intendierten Leserkreis steht. Trotzdem bleibt die Widmung bemerkenswert, denn die Anrede verrät, dass es sich um eine höhergestellte Person gehandelt hat. Der Verfasser erhofft augenscheinlich, dass Diognet für die Verbreitung der Schrift sorgen werde.

Der Autor von Diog bleibt für uns um Dunkeln. Man kann aus der meisterhaften Handhabung der Rhetorik und gewissen inhaltlichen Akzenten nur schlussfolgern, dass er ein gebildeter, sozial privilegierter Heidenchrist war. Wann er Diog verfasst hat, bleibt unsicher. Die wahrscheinlichste Datierung setzt die Schrift an das Ende des 2. Jh. Einige Indizien sprechen für Alexandria als wahrscheinlichsten Abfassungsort.

1, 1f	Einleitung
2,1 – 4,6	Die Ablehnung der sogenannten Götter der Griechen und des Aberglaubens der Juden
5,1 – 6,10	Das Leben der Christen in der Welt als ihre Art der Frömmigkeit
7, 1–9	Der vom Schöpfer gesandte Schöpfungsmittler als das den Christen anvertraute Geheimnis
8, 1–11	Die Offenbarung Gottes durch das Kommen seines Sohnes
9, 1–6	Die Sendung des Sohnes als Rettung aus der Zeit der Sünde
10, 1–8	Mahnung und Verheißung
11,1 – 12,9	Nachtrag

Aufriss der Schrift an Diognet

Obwohl die Schrift häufig als Diognetbrief bezeichnet wird, handelt es sich nicht um einen Brief, denn es fehlen alle Elemente eines solchen. Dem Verfasser geht es um eine positive Darstellung des christlichen Glaubens und des Lebens, das die Christen aufgrund dieses Glaubens führen. Dabei behandelt er einige Themen, die zum klassischen Inventar der Apologetik gehören: Die Ablehnung der griechischen Götterverehrung und des jüdischen Kultes, die Welt- und Todesverachtung der Christen und die Neuheit des Christentums. Am Ende seiner Schrift wirbt der Autor dann ausdrücklich um den Glauben Diognets. Man wird Diog als ein **apologetisch-protreptisches Schreiben** bezeichnen können.

In der Handschrift, auf die die modernen Textausgaben zurückgehen, hatte der Abschreiber notiert, dass seine Vorlage zwischen 7,6 und 7,7 sowie 10,8 und 11,1 beschädigt war. Dort fehlt also Text. Die Kap. 11 und 12 werden allgemein als ein späterer Zusatz zur ursprünglichen Schrift angesehen. Sie wenden sich an christliche Adressaten und verfolgen wohl die Absicht, das Schreiben als rechtgläubig zu reklamieren. Die deutlichen sprachlich-stilistischen und inhaltlichen (Logoschristologie, positive Aufnahme des AT) Differenzen zu den Kap. 1–10 machen die Abfassung durch einen anderen Verfasser so gut wie sicher.

Aus der Argumentation in Kap. 2–4 lassen sich drei Grundannahmen des Verfassers über Gott ableiten: 1. Gott ist keine empfindungslose und taube Materie (Ablehnung der Verehrung von Götterbildern); 2. Gott ist bedürfnislos (Ablehnung des jüdischen Kultes); 3. Gott kann nicht an partikularen Daten festgemacht werden (Ablehnung der jüdischen religiösen Gebräuche und der Beschneidung als Bundeszeichen). Bei seiner Ablehnung des Judentums partizipiert der Autor kräftig am antiken Antijudaismus.

In 4,6 kündigt er an, vom Geheimnis der besonderen Frömmigkeit der Christen reden zu wollen. Es folgen Ausführungen über das Leben der Christen in der Welt. Sie folgen dem Grundtenor, dass unter den Christen eine der Welt überlegene Moral gepflegt würde, die Welt sie aber verfolge (5,10f). Die Christen leben in der Welt, aber haben im Himmel Bürgerrecht (5,9; vgl. 6,8). Hier wird eine gewisse Distanz sichtbar, die sich aber nicht in Aktivitäten niederschlägt (6,4). Vielmehr halten die Christen, wie die Seele den Körper zusammenhält, die Welt zusammen (6,7). Man gewinnt den Eindruck, dass hier jemand schreibt, der (etwa im Gegensatz zu Paulus) die Distanz zur Welt im Wesentlichen innerlich versteht.

Wie die Kap. 2–4 so lassen auch die eigentlich theologischen Ausführungen (Kap. 7–10) starken philosophischen Einfluss auf den Verfasser erkennen. So knüpft vor allem 8,8 („Gott war immer ein solcher, und er ist es, und er wird es sein.“) trotz aller im Kontext geäußerten antiphilosophischen Polemik an mittelplatonische Gedanken an. In dieses philosophisch geprägte Gottesbild passt, dass in der Christologie alle jüdischen Titel fehlen. Der Verfasser vermeidet auch alle Passionsaussagen und redet stattdessen von der Sendung des Sohnes. Nur innerhalb der soteriologischen Passage 9,1–6, die offenbar an Paulus anknüpft, findet sich die Rede vom Lösegeld für uns (9,2). Paulinischer Einfluss findet sich dann auch in 10,1ff. Wie beim Apostel ist das geforderte Handeln der Christen als Reaktion auf das vorgängige Liebeshandeln Gottes verstanden. Bei der inhaltlichen Füllung wird dann wieder der philosophische Einfluss sichtbar, wenn der Verfasser von der Nachahmung Gottes spricht (10,4–6).

Bemerkenswert ist der Umgang mit dem Vorwurf, das Christentum sei ein junges Phänomen und deshalb weniger glaubwürdig als die altehrwürdigen Religionen (vgl. 1,1). Die sonstige frühchristliche Apologetik versucht einen Altersbeweis anzutreten, indem sie Mose und die Propheten für das Christentum okkupiert. Dieser Weg ist dem Verfasser der Schrift an Diognet aufgrund seiner Stellung zum Judentum versperrt. Er benutzt deshalb ein sogenanntes Revelationsschema, d. h. Gott hat seinen Heilsplan schon „von Anfang an“ gefasst, aber nur seinem Sohn mitgeteilt (8,9–11). Erst zum von ihm gewählten Zeitpunkt hat er ihn in der Sendung des Sohnes offenbart (9,2; vgl. 8,11).

Insgesamt lässt die Theologie der Schrift an Diognet eine gewisse Nähe zur Gnosis und zu Markion erkennen. Das gilt vor allem für die krasse Abwertung des Judentums und die Gotteslehre. Hier findet sich dann aber auch die entscheidende Differenz. Der Verfasser von Diog redet in klarem Gegensatz sowohl zur Gnosis als auch zu

Markion breit vom Schöpferhandeln Gottes und der Schöpfungsmittlerschaft des Sohnes (7,2; 10,2).

Der Hirt des Hermas (Herm)

Der Herm ist die Schrift unter den Apostolischen Vätern, die in der Alten Kirche die größte Bedeutung erlangt hat. Zeitweilig hatte er faktisch kanonische Bedeutung. Erst im Zuge der Auseinandersetzung mit der Gnosis und dem Montanismus wurde sein Einfluss langsam zurückgedrängt, da er theologisch zu wenig eindeutig schien. Im krassen Gegensatz zu dieser Bedeutung in der Frühzeit der Kirche steht die Mühe, die viele Ausleger heute mit dem Herm haben, der durch ermüdende Wiederholungen, Unschärfe in der Argumentation und eine wuchernde Bilderflut als ein sehr fremdes Buch erscheint.

Der Verfasser dieser merkwürdigen Schrift teilt außer seinem Namen noch eine ganze Reihe weiterer Details aus seinem Leben mit. Er nutzt diese Angaben allerdings, um Modelle für typische christliche Verhaltensweisen zu konstruieren. Man kann deshalb nicht sicher sein, was davon Fiktion ist. Andererseits war Hermas sicher eine Person, die in dem Teil der römischen Gemeinde, den er ansprach, bekannt war. Die Angaben zur Person waren für die Adressaten also nachprüfbar. Hermas war nach seinen Angaben früher Sklave, der nach seinem Verkauf nach Rom freigelassen worden war. Er ist Christ geworden und offenbar nicht allzu glücklich verheiratet. Auch seine Kinder bereiten ihm erheblichen Kummer, denn sie haben ihre Eltern während einer Verfolgung an die Behörden verraten. Anscheinend haben sie Hermas auch geschäftlich geschädigt. Er hat früher wirtschaftlich bessere Zeiten gesehen, besitzt aber immerhin noch einiges an Land. Beruflich war er wohl ein kleiner Geschäftsmann, den die täglichen Sorgen so sehr quälten, dass er sie als Strafe für seine Sünden verstand. Es fällt auf, dass ihn das Thema Reichtum und Besitz häufig beschäftigt. Die Gedankenwelt des Herm ist ganz von dem sozialen Milieu seines Verfassers geprägt, der unter der Spannung zwischen dem alltäglichen „business as usual" und dem moralischen Anspruch der christlichen Gemeinde leidet.

Es ist nicht klar, welche Position Hermas in der Gemeinde innehatte. Häufig wird er als Prophet angesehen, doch wollen dazu die vom ihm selbst in Mand XI für einen Propheten aufgestellten Kriterien nicht recht passen. Vielleicht war er tatsächlich ein „normaler"

Christ, der sich mit Hilfe des „Hirten" zu einem ihn umtreibenden Thema zu Wort meldete.

Der Herm ist in Rom abgefasst worden. Er ist gemeinsam mit dem 1Clem, den er offenbar nicht kennt, ein instruktives Zeugnis für die Vielfalt des römischen Christentums in der 1. Hälfte des 2. Jh. Man wird aus der Nichtkenntnis des 1Clem vielleicht auch schlussfolgern dürfen, dass Herm nur einen Teil der christlichen Gemeinde in Rom repräsentierte und auch nur an diesen Teil gerichtet war. Die Bilder- und Vorstellungswelt des Herm lässt vermuten, dass die eigentlichen Adressaten unter den „Durchschnittschristen" in der Gemeinde des Hermas zu suchen sind, deren Bildungsgrad dem des Verfassers entsprach.

Die Abfassungszeit der Schrift lässt sich nur annähernd bestimmen. Die römische Kirche wird noch nicht durch einen Bischof, sondern durch ein Presbyterium geleitet. Das entspricht der im 1Clem und IgnRöm vorausgesetzten Gemeindestruktur. Anderserseits hat die Gemeinde in Rom schon mehrfach die Erfahrung von Verfolgungen machen müssen. Dabei scheint die Rechtslage der in dem Briefwechsel zwischen Trajan und Plinius d.J. vorausgesetzten zu entsprechen (Verfolgungen um des Namens [„Christ"] willen). Folgt man diesen Indizien und stellt in Rechnung, dass der Herm eine längere Entstehungsgeschichte durchlaufen hat, kommt man für die Endredaktion auf die Zeit um 140.

Der Herm wird traditionell in 5 Visionen (Vis), 12 Gebote (Mand [lat. mandata]) und 10 Gleichnisse (Sim [lat. similitudines]) eingeteilt. Dieser Einteilung entsprechen die im Zuge der Überlieferung später hinzugefügten Kapitel- und Zwischenüberschriften. Die Schrift selbst legt eine Zweiteilung nahe, denn Vis V leitet eindeutig die folgenden Gebote und Gleichnisse ein, was auch durch den Wechsel des Offenbarungsträgers (Vis I–IV – Greisin [in Vis II mit der Kirche identifiziert]; ab Vis V – der Hirt [der „Engel der Buße"]) unterstrichen wird. Darüber hinaus ist zu beobachten, dass die Trennung zwischen Geboten und Gleichnissen von Hermas selbst so nicht vollzogen wird. Er kann die Gleichnisse in Sim VII 7 sogar als Gebote bezeichnen. Auch vom Inhalt her lässt sich die Trennung nicht durchhalten. Sie wird in der folgenden Übersicht nur beibehalten, weil in der Literatur durchgängig nach ihr zitiert wird.

Vis I–IV	**Das Visionenbuch**
Vis I 1,1f	„Vorgeschichte" – Die Sünde des Hermas
Vis I 1,3–2,1	Die Anklage
Vis I 2,2–3,2	Die Sünden des Hermas
Vis I 3,3–4,3	Drohung und Verheißung
Vis II 1,1–3,4	Bußnotwendigkeit und Bußfrist (der Himmelsbrief)
Vis II 4,1–3	Die Identität der Greisin, Verbreitung der neuen Bußlehre
Vis III 1,1–2,3a	Belehrungen über Besserung, Buße und Vollkommenheit
Vis III 2,3b–3,1a	Die Allegorie vom Turmbau und den Steinen
Vis III 3,1b–7,6	Kirche, Buß- und Heilsstufen
Vis III 8,1–11a	Die Tugenden des Christentums
Vis III 8,11b–9,10	Kritik und Mahnrede
Vis III 10,1–13,4	Die Kirche auf dem Weg zu Buße und Besserung
Vis IV 1,1–3,7	Die „kommende große Not" des Glaubens
Vis V – Sim X	**Das Hirtenbuch**
Vis V	Auftritt und Auftrag des Hirten
Mand I	Glaube, Gottesfurcht, Enthaltsamkeit
Mand II	Lauterkeit
Mand III	Wahrheit
Mand IV	Sexual- und Ehemoral, Bußmöglichkeit und Bußfrist
Mand V	Geduld und Jähzorn
Mand VI	Der Glaube
Mand VII	Die Furcht
Mand VIII	Die Enthaltsamkeit
Mand IX	Der Zweifel
Mand X	Die Traurigkeit
Mand XI	Propheten und Pseudopropheten (Zweifel und Vertrauen)
Mand XII	Böse und gute Begierde
Sim I	Die Christen und die Welt (Die fremde und die Heimatstadt)
Sim II	Die reichen und die armen Christen (Ulme und Weinstock)

Sim III	Die Unerkennbarkeit der Gerechten in dieser Weltzeit (Der winterliche Wald)
Sim IV	Die künftige Offenlegung der Unterschiede zwischen Heiden, Sündern und Gerechten (Der sommerliche Wald)
Sim V	Vom wahren Fasten, christologische Deutung (Der treue Sklave)
Sim VI	Sünde, Strafe, Buße, Genuss (Der Engel der Schwelgerei und der Strafengel)
Sim VII	Sündenstrafe und Buße
Sim VIII	Die Notwendigkeit und überwältigende Wirkung der Buße (Der Weidenbaum)
Sim IX 1,1–3	Die Perioden der Offenbarung
Sim IX 1,4–2,7	Die Vision von zwölf Bergen, Feld und Tor
Sim IX 3,1–4,8	Die Vision vom Turmbau
Sim IX 5,1–11,8	Überprüfung und Ausbesserung des Turmes
Sim IX 11,9–16,7	Die Deutung von Fels, Tor, Turm und Steinen
Sim IX 17,1–29,3	Die Deutung der zwölf Berge
Sim IX 29,4–31,2	Die Deutung der Steine aus der Ebene
Sim IX 31,3–33,3	Schlussmahnung
Sim X	Das Vermächtnis des „heiligsten Engels“ (Erscheinung Christi)

Aufriss des Herm

Der Herm hat eine komplexe Entstehungsgeschichte durchlaufen. Der älteste Teil sind vermutlich Mand und Sim I–VIII. Das unabhängig davon entstandene Visionenbuch (Vis I–IV) ist dann in der Endredaktion davor gestellt worden. Vis V bildet die redaktionelle Überleitung. Im Zuge der Gestaltung des Gesamtwerkes hat Hermas, der wohl auch der Verfasser der beiden kürzeren Bücher war, dann noch die beiden Gleichnisse Sim IXf angefügt, die Vis IVf wieder aufnehmen und weiterführen.

Die Bestimmung der Gattung des Herm fällt schwer, da der Verfasser die literarischen Formen nicht beachtet bzw. nicht zu beherrschen scheint. Er nutzt für sein Werk apokalyptische Elemente (Visionen, Entrückungen, Ich-Bericht, lange Mahnreden), aber wesentliche Inhalte einer Apokalypse (Enthüllungen der eschatologischen Zukunft bzw. der jenseitigen Welt) fehlen. Daneben ist Herm vor allem von den vielen Allegorien geprägt. Er kann deshalb am ehesten als **Allegorienbuch mit apokalyptischem Rahmen** bezeichnet werden. Dabei nutzt Hermas den apokalyptischen Rahmen vor allem, um seiner Botschaft die nötige Autorität zu verleihen.

Das hauptsächliche Thema dieser Botschaft ist die Rettung der Getauften trotz der nach der Taufe begangenen Sünden. Das NT hatte diese Möglichkeit implizit oder explizit (Hebr) ausgeschlossen. Hermas verkündet als Mittel der Rettung die exklusive Möglichkeit einer einmaligen Buße, für die er eine Frist ansetzt, nach der diese letzte Chance verpasst ist. Seine Sorge gilt nun vor allem dem Bemühen, jeden Christen, der es nötig hat, zum Ergreifen dieser Bußmöglichkeit zu bewegen. Buße meint dabei für Hermas sowohl den Nachlass der nach der Taufe begangenen Sünden als auch den Neubeginn eines veränderten Lebens.

Zur Gestaltung dieser Botschaft nutzt Hermas einen ganzen „Markt“ von Traditionen, der von der frühchristlichen Tauf- und Fastenüberlieferung bis zum erotischen Roman reicht. Dabei fällt es schwer, die benutzten Quellen exakt zu bestimmen. Hermas zitiert mit einer Ausnahme (Vis II 3,4) nie und überformt seine Vorlagen bis zur Unkenntlichkeit. Auffällig ist der breite Einfluss der frühjüdischen Literatur, der weit über die Apokalyptik hinaus reicht. Auch die Christologie des Hermas macht einen ausgesprochen jüdischen Eindruck, so, wenn er Christus mit dem Gesetz identifiziert oder als den „herrlichen Engel des Herrn“ bezeichnet. Das bedeutet aber nicht, dass Hermas ehemaliger Jude war, sondern er steht in dem breiten Strom jüdisch–hellenistischer Überlieferung, der in der frühen heidenchristlichen Kirche tradiert wurde.

Themenkapitel

Die anschließenden Kapitel verfolgen eine doppelte Absicht. Zum einen werden Informationen geboten, die das Verständnis der Schriften des Neuen Testaments erleichtern und den Umfang der Einführungen im ersten Teil dieser Bibelkunde gesprengt hätten. Zum anderen soll versucht werden, zentrale theologische Fragen des Neuen Testaments gleichsam quer zu den Einzelschriften zu verfolgen.

Es versteht sich von selbst, dass die Themenkapitel keine erschöpfende Auskunft zu ihrem jeweiligen Gegenstand geben können. Sie sollen Basisinformationen bieten und zur eigenen Lektüre anregen. Weitere Informationen finden sich in der Literatur, die jeweils am Ende der Kapitel angegeben ist.

Leben und Verkündigung Jesu von Nazaret

Die Frage nach dem historischen Jesus galt unter Theologen lange Zeit als erledigt. Das war das Ergebnis der „Leben–Jesu–Forschung" des 18./19. Jh. Sie hatte Jesus bei dem Versuch, seine Botschaft zu rekonstruieren, häufig für „zeitgemäße" Ideale instrumentalisiert. Das ist im Übrigen eine Tendenz, die sich auch in vielen modernen Jesusbüchern findet. Dabei wird Jesus durch eine – letztlich ahistorische – Loslösung sowohl vom zeitgenössischen Judentum als auch von der frühen Christenheit zum einsamen Wanderer in der Weltgeschichte, der dann oftmals genau den politischen und religiösen Idealen entspricht, die die Autoren der entsprechenden Werke vertreten.

Demgegenüber versucht die am Ende des 20. Jhdts. noch einmal neu intensivierte Forschung (sogenannte „third quest" for the historical Jesus), das positive Anliegen der Leben-Jesu-Forschung aufzunehmen und weiterzuführen. Die Diskussion hat deutlich gemacht, dass die Frage nach dem irdischen Wirken Jesu auch theologisch geboten erscheint, da allen Schriften des Neuen Testaments der Rückbezug auf das geschichtliche Handeln Gottes in Jesus von Nazaret wesentlich eigen ist. Wenn wir damit ernst machen wollen, dass am Ursprung des Christentums nicht ein Mythos steht, sondern eine in konkreten geschichtlichen Zusammenhängen handelnde Person, dann gehört die Rückfrage nach dem Leben und der Verkündigung Jesu ganz zentral zum Christsein dazu. Dabei wird unser Fragen notwendig ein historisches sein, da das die Art und Weise ist, in der wir uns Vergangenheit nähern. Zugleich schafft diese – methodisch die

Distanz voraussetzende – Rückfrage nach Jesus die Möglichkeit, sich der eigenen geschichtlich gewordenen Position bewusst zu werden.

Für die Rekonstruktion der Verkündigung Jesu sind im Laufe der Forschung methodische Kriterien entwickelt worden, deren wichtigste das Differenzkriterium (Unableitbarkeitskriterium) und das Kohärenzkriterium sind. Das Differenzkriterium besagt, dass solche Tradition Jesus zugesprochen werden kann, die sowohl gegenüber dem Frühjudentum als auch gegenüber dem Frühchristentum Originalität besitzt. Das Kohärenzkriterium trägt dem Umstand Rechnung, dass Jesus nicht losgelöst von seiner Umwelt betrachtet werden kann. Mit seiner Hilfe werden alle die Traditionen ebenfalls Jesus zugeschrieben, für die es zwar Parallelen gibt, die aber in ihrer Tendenz der Verkündigung Jesu und seinem Geschick entsprechen.

Im Zuge der „third quest" wird gegen das Differenzkriterium als methodischer Grundlage der Jesusforschung das „historische Plausibilitätskriterium" betont: Historisch ist, was im Kontext des zeitgenössischen Judentums plausibel erscheint und die Entstehung des frühen Christentums verständlich macht. Man will auf diese Weise historische und theologische Einseitigkeiten der älteren Forschung vermeiden.

Als Quellen für eine Darstellung des Lebens und der Verkündigung Jesu von Nazaret stehen an erster Stelle die im Neuen Testament überlieferten vier Evangelien zu Verfügung. Dabei ist zu berücksichtigen, dass alle Evangelisten kein eigentlich biographisches, sondern ein theologisches Interesse an Jesus haben. Das Desinteresse an einer Biographie im modernen Sinne charakterisiert im Übrigen auch alle anderen biographischen Quellen der Antike. Bei der Auswertung der Evangelien muss dann noch einmal zwischen dem Joh und den Synoptikern unterschieden werden, da Johannes nach allgemeiner Überzeugung der Forscher kaum authentische Jesusworte überliefert. Dafür ist sein Evangelium bei historischen Daten z. T. zuverlässiger als die Synoptiker.

Nur mit großer Zurückhaltung können apokryphe Evangelientexte ausgewertet werden. Im Allgemeinen sind diese Schriften traditionsgeschichtlich von den kanonischen Evangelien (insbesondere den Synoptikern) abhängig. Ausnahmen müssen im Einzelfall geprüft werden. Die außerchristlichen Quellen schweigen (beinahe) vollständig über Jesus. Nur in den „Jüdischen Altertümern" des Flavius Josephus findet sich das sogenannte „Testimonium Flavianum" (Ant 18,63f), das aber in seiner überlieferten Gestalt ganz sicher christlich bearbeitet ist. Vielleicht stand an seiner Stelle ursprünglich eine kurze Notiz, die aber kaum noch rekonstruierbar sein dürfte.

Jesus wurde in Nazaret geboren. Darin sind sich mit Ausnahme der Kindheitserzählungen alle Traditionsstränge einig. Die Betlehemtradition dürfte deshalb Ergebnis nachösterlicher christologischer Reflexion (Davidssohn) sein. Das Geburtsjahr ist nicht mehr exakt zu ermitteln. Ziemlich sicher ist allerdings, dass sich der Mönch Dionysius Exiguus im 6. Jh. irrte, als er die Geburt Jesu auf das Jahr 753 nach der Gründung Roms terminierte. Mt und Lk stimmen nämlich darin überein, dass Jesus noch zu Lebzeiten Herodes des Großen geboren wurde. Dieser König starb 4 v. Chr. Die weiteren Angaben in den Kindheitserzählungen (Zensus im Lk, Stern im Mt) tragen für die Chronologie nichts aus. Lukas verwechselt mehrere historische Ereignisse miteinander. Der Stern mag zwar auf tatsächliche Himmelsphänomene zurückgehen, symbolisiert aber in der Erzählung des Mt die göttliche Führung, d. h. seine Bahn ist astronomisch nicht auswertbar.

Die Eltern Jesu waren Maria und Joseph. Ob Joseph tatsächlich Nachkomme Davids war, muss unsicher bleiben. Festzuhalten ist aber in jedem Fall, dass die Zugehörigkeit zur zahlreichen Nachkommenschaft Davids nicht automatisch bedeutete, potentieller Messias zu sein. Jesus hatte noch vier Brüder und (mindestens) zwei Schwestern (vgl. Mk 6,3; 1Kor 9,5; Joh 2,12; 7,1–9). Joseph war „Zimmermann“. Diesen Beruf erlernte auch Jesus (Mk 6,3). Dabei muss die Berufsbezeichnung – wie in der Antike üblich – weit gefasst werden. Heute würde man eher von einem „Bauhandwerker“ sprechen.

Nach Lk 3,23 war Jesus ca. 30 Jahre alt, als er in die Öffentlichkeit trat. Diese Altersangabe wird meist für vertrauenswürdig gehalten, denn sie passt mit dem wahrscheinlichsten Todesjahr und der Annahme, dass Jesus nur ca. 1 Jahr öffentlich gewirkt hat, zusammen. Vermutlich hat er sich zunächst Johannes dem Täufer angeschlossen. Dafür sprechen die Taufe Jesu und die im Joh überlieferte Nachricht, dass sich unter den Jüngern Jesu ehemalige Täuferjünger befanden (Joh 1,37). Möglicherweise hat auch Jesus zunächst die Bußtaufe praktiziert (vgl. Joh 3,22.26).

Die Masse der überlieferten Tradition weist nach Galiläa als dem Wirkungsgebiet Jesu. Genauer konzentrierte sich sein Wirken offenbar auf ein kleines Gebiet nordwestlich des Sees Gennesaret, in dem die häufig erwähnten Orte Kafarnaum, Chorazim und Betsaida lagen. Es fällt auf, dass Jesus bei seinen Wanderungen die hellenistischen Städte in Galiläa – Sepphoris und Tiberias – gemieden hat. Diese Beobachtung wird durch das in seinen Gleichnissen verwendete Bildmaterial unterstützt, das ebenfalls die Welt der Kleinbauern, Pächter und Tagelöhner des ländlichen Galiläa spiegelt. Politisch gehört das Wirkungsgebiet Jesu zu weiten Teilen zur Tetrarchie des Herodes Antipas (vgl. Lk 13,31f; 23,7). Daneben wirkte er im angrenzenden Gebiet des Philippus. Die dabei zu überschreitende Grenze erklärt die häufige Erwähnung von Zöllnern. Es ist unsicher, ob Jesus auch auf nichtjüdischem Gebiet wirkte. Die wenigen Zeugnisse dafür (z. B. Mk 7,24–30) lassen eher vermuten, dass Jesus sich auch bei Überschreitung der politischen Grenzen Galiläas auf jüdisch besiedeltem Gebiet aufhielt.

Über die Dauer der Wirksamkeit Jesu machen Joh und die Synoptiker unterschiedliche Angaben (vgl. die Einleitung zu Joh). Man geht in der Forschung im Allgemeinen davon aus, dass die Angabe der Synoptiker eher den historischen Tatsachen entspricht. Jesus hat also ca. 1 Jahr öffentlich gewirkt und ist dann anlässlich einer Pilgerreise zum Passafest in Jerusalem angeklagt und hingerichtet worden.

Jesus selbst war unverheiratet und hat offenbar auf Besitz verzichtet. In Galiläa hat er eine Schar von Anhängern um sich gesammelt, die sein Wanderleben teilten. Dabei ist unter den Forschern umstritten, ob der Kreis der Zwölf schon auf Jesus selbst zurückgeht. Dafür könnte sprechen, dass er nach Ostern schnell an Bedeutung verliert (vgl. die differierenden Namenslisten in den Evangelien und der Apg). Jesus wollte mit der Berufung dieser Zwölf dann den Anspruch seiner Botschaft auf ganz Israel dokumentieren, d. h. die Zwölfzahl symbolisiert die – historisch z. Zt. Jesu nicht mehr existierende – Zahl der Stämme Israels.

Unter den Anhängern Jesu befanden sich auch eine Reihe von Frauen. Offenbar hat Jesus mit Frauen einen freieren Umgang gepflegt als seine Umwelt.

In den Evangelien wird immer wieder berichtet, dass Jesus in Synagogen gepredigt oder geheilt habe. Dieses Bild seiner Wirksamkeit ist wohl unhistorisch, denn archäologisch und inschriftlich sind für die Zeit Jesu in Galiläa so gut wie keine Synagogen nachweisbar. Die Evangelisten haben hier die Verhältnisse ihrer Gegenwart in die Zeit Jesu zurückprojiziert. Jesus dürfte vor allem in Privathäusern und im Freien gewirkt haben.

Auch in seiner Heimat Galiläa hat Jesus nicht nur Zustimmung geerntet. Die Prädikate „Fresser und Weinsäufer“ und „Freund der Zöllner und Sünder“ (Mt 11,19par) zeugen zumindest von deutlicher Distanz. Mit dem Vorwurf, er wirke durch die Macht der Dämonen (Mk 3,20–22; Lk 11,14–16par) steigert sich diese Distanz zur offenen Feindschaft.

Jesus ist am 14. Nisan des Jahres 30 unmittelbar vor dem Passafest gekreuzigt worden. Dieser Termin, der dem johanneischen Datum folgt, wird durch einen breiten Konsens in der Forschung akzeptiert. Für die Historizität dieser Angabe spricht u. a. die Überlegung, dass es die Römer aus politischer Rücksichtnahme vermieden, an hohen

Festtagen Exekutionen zu vollstrecken. Gerade im häufig brodelnden Judäa konnte so etwas schnell zum Zündfunken am Pulverfass werden.

sog. Pilatusinschrift

Das Todesurteil hat der römische Präfekt Pontius Pilatus gesprochen, dem im von der Besatzungsmacht verwalteten Judäa die Kapitalgerichtsbarkeit zukam. Jesus war durch das Synedrium wahrscheinlich des politischen Aufruhrs angeklagt worden. Darauf deutet die unübliche und deshalb wohl historische Kreuzesinschrift „König der Juden“ (Mk 15,26). Der Anspruch Jesu, Mittler der Gottesherrschaft zu sein, wurde politisch umgedeutet. Dazu hat möglicherweise beigetragen, dass ein Teil seiner Anhänger messianische Hoffnungen an ihn knüpfte.

Unklar ist, aufgrund welchen nach jüdischem Recht strafbaren Tatbestandes das Synedrium Anklage gegen Jesus erhoben hat. Möglicherweise hat man ihn als falschen Propheten angesehen (vgl. Dtn 13,1–6; 18,9–22). Vieles deutet aber darauf hin, dass es gar kein formelles Verfahren gegen Jesus vor dem Synedrium gegeben hat, da das in Mk 14,53–65 geschilderte Verhör allen jüdischen Prozessprinzipien widerspricht. Das Motiv des Vorgehens der jüdischen Autoritäten gegen Jesus ist dagegen relativ eindeutig zu erkennen. Er rüttelte mit seiner Verkündigung, vor allem mit der Kritik am Tempel, an den Privilegien der Lokalaristokratie. Sie konnte sich bei dem Bemühen, diesen lästigen galiläischen Wanderprediger loszuwerden, vermutlich der Sympathie großer Teile der Jerusalemer Bevölkerung sicher sein, da deren Existenz häufig vom Tempel abhing.

Die synoptische Tradition ist sich darin einig, dass im Zentrum der Verkündigung Jesu die „Königsherrschaft Gottes“ (βασιλεία τοῦ θεοῦ / basileia toū theoū) stand (vgl. auch Joh 3,3.5). Er knüpfte dabei an die in der frühjüdischen Tradition verbreitete Vorstellung an, dass Gott gegenwärtig verborgen als König über die Welt herrscht und diese Herrschaft dereinst am Ende der Zeit offenbar werden wird. Im Gegensatz zur Tradition sah Jesus aber bereits seine Gegenwart durch die in seiner Wirksamkeit hereinbrechende Gottesherrschaft geprägt (Lk 11,20; vgl. 10,18). Die entscheidende Heilswende vollzieht sich bereits. Die endgültige Vollendung der Königsherrschaft Gottes steht mit Gewissheit unmittelbar bevor (vgl. Mk 1,15f; Mt 5,3f par).

Jesus hat wie Johannes der Täufer ganz Israel als dem Gericht verfallen angesehen (Lk 13,1–5). Das Gottesverhältnis ist von Seiten der

Menschen irreparabel zerstört. Gott aber eröffnet den Menschen mit seiner kommenden Herrschaft eine neue Heilschance, die es entschlossen zu ergreifen gilt (vgl. den entschlossen handelnden Haushalter in Lk 16,1–7). Wer diese Chance allerdings verpasst, wird dem Gericht nicht entgehen (Mt 18,23–34).

Es ist bemerkenswert, dass Jesus offenbar nicht auf die jüdische Erwählungstradition zurückgegriffen hat. Er sah Gott als den Schöpfer neu am Werk (vgl. Mt 6,25–34). Als solcher wendet er sich seinen Geschöpfen zur Rettung der Verlorenen gnädig zu (Lk 19,10; vgl. Lk 15). Damit war die Verkündigung Jesu, obwohl sie sich an das Volk Israel richtete, latent universalistisch ausgerichtet. Das ermöglichte den frühen Christen später den Schritt in die Völkerwelt.

Die Bezogenheit der Königsherrschaft Gottes auf sein Schöpfersein macht zugleich die Radikalität ihres Anspruchs aus. Jesus konfrontierte den ganzen Menschen mit der anbrechenden Heilswende. Das hatte offenbar zwei Seiten. Zum einen geht es Gott um ganzheitliches Heil. Er will die gesundheitliche Integrität seiner Geschöpfe. Hier haben die Heilungen und Exorzismen Jesu ihren Ort. Gott sagt die Grundbedürfnisse des Lebens zu (Mt 6,25–34). Zum anderen fordert die Gottesherrschaft die ungeteilte Hinwendung des ganzen Menschen. Alle bisherigen Bindungen müssen angesichts der Heilswende aufgegeben werden (Lk 9,57–62).

Dieser Radikalität des Anspruches der Gottesherrschaft entspricht auch die Ethik Jesu. Dabei ist festzuhalten, dass Jesus kein geschlossenes ethisches System entfaltet hat, sondern an konkreten Einzelfällen jeweils einen grundsätzlichen Horizont eröffnete. Maßstab für das Handeln der Menschen ist wiederum Gott als Schöpfer (Mt 5,43–48). Damit stellte Jesus das Gerechtigkeitsverständnis der Welt fundamental in Frage (Mt 20,1–15). Gerecht ist, wer kompromisslos gütig und barmherzig handelt (Lk 10,30–35). So handeln kann nur, wer sein Vertrauen ganz auf Gott und seine anbrechende Herrschaft setzt. Für irdische Lebenssicherung bleibt da kein Platz (Mt 6,24 par).

In diesen Horizont hat Jesus nun auch die Tora gestellt. Das führte dazu, dass er die kultische Tora, vor allem die Reinheitsgebote, relativiert hat. Diese Gebote standen dem Heilswillen Gottes, der gerade den Verlorenen gilt, entgegen. Jesus hat hier offenbar bewusst Grenzen überschritten, die von Pharisäern und Essenern gezogen wurden. Hingegen deutet alles darauf hin, dass Jesus die sozialen Bestimmungen der Tora radikalisiert hat (vgl. Mt 5,23–26.28f.33–37).

Diese soziale Akzentuierung in der Ethik hatte ihre Entsprechung in der besonderen Zuwendung Jesu zu den Unterprivilegierten der Gesellschaft. Ihnen spricht er in besonderer Weise das Heil zu (Lk 6,20f par). Sie hat er ganz bewusst in seine Mahlgemeinschaften mit eingeschlossen (vgl. das hinter Lk 14,16–24 par Mt 22,2–10 noch erkennbare Jesusgleichnis).

Literatur:

J. Becker, Jesus von Nazaret, Berlin / New York 1996.

M. Karrer, Jesus Christus im Neuen Testament, GNT 11, Göttingen 1998.

J. Schröter / Chr. Jacobi (Hrsg.), Jesus Handbuch, Tübingen 2017

G. Theißen / A.Merz, Der historische Jesus. Ein Lehrbuch, Göttingen [3]2001.

G. Vermes, Jesus der Jude: ein Historiker liest die Evangelien, Neukirchen-Vluyn 1993.

Christologische Hoheitstitel

Für die Christologie der Schriften des Neuen Testaments ist charakteristisch, dass Aussagen über Jesus zugleich immer Aussagen sind, die von seiner Bedeutung für die Christen sprechen. Viele der im NT überlieferten Bekenntnisse bezeichnen Jesus mit Titeln, in denen die Christologie der frühen Christen wie mit einem Brennspiegel zusammengefasst ist. Diese Titel werden als christologische Hoheitstitel bezeichnet.

Fast alle dieser Titel stammen aus der biblisch-jüdischen Tradition. Die Verwendung im Neuen Testament zeigt, dass die Christen diese Tradition mit großer Souveränität benutzt haben. Häufig werden mit einzelnen Titeln Vorstellungen verbunden, die ursprünglich aus anderen Traditionszusammenhängen stammen. Den Anstoß zu dieser Kombination verschiedener Traditionen gab offensichtlich die Tatsache, dass gerade Jesus mit seinem besonderen Geschick mit diesen Titeln bezeichnet wurde.

Ob Jesus selbst in seiner Verkündigung christologische Hoheitstitel verwandt bzw. auf sich bezogen hat, ist eine in der Forschung viel diskutierte Frage. Sie wird meist negativ beantwortet. Ein anderes Problem ist, ob seine Anhänger bereits zu seinen Lebzeiten durch Hoheitstitel ausgedrückte (quasi messianische) Hoffnungen auf ihn setzten. Diese Annahme kann angesichts der Anklage des politischen Aufruhrs, die zur Kreuzigung führte, zumindest nicht pauschal verneint werden. Über mehr oder minder begründete Hypothesen wird man in beiden Fällen ohnehin nicht hinauskommen.

Die Darstellung aller christologischen Hoheitstitel ist im Rahmen dieser Bibelkunde nicht möglich. Nur die wichtigsten sollen hier besprochen werden.

Messias / Christus

Der Titel „Christus" begegnet im Neuen Testament häufig in der Form Jesus Christus, d. h. er ist zum Beinamen geworden. Diese Entwicklung dürfte auf die griechisch sprechende Gemeinde zurückgehen. Der titulare Charakter blieb aber im Bewusstsein. Das zeigen insbesondere die Evangelien, die Namen und Titel häufig getrennt verwenden.

„Christus" (χριστός / christos) ist die griechische Übersetzung des aramäischen „Messias" (מְשִׁיחַ / māšiah). Beide Worte bedeuten „der Gesalbte". Ursprünglich ist das eine Art Ehrentitel, mit dem im Alten Testament der König bzw. der Hohepriester bezeichnet werden konnten, die bei ihrer Amtseinführung mit Öl gesalbt wurden.

In nachexilischer Zeit entwickelt sich „Messias" zu einem Titel für Personen, auf die man eschatologische Befreiungshoffnungen setzte. In der frühjüdischen Tradition zur Zeit Jesu gibt es eine große Anzahl von Belegen für die lebendige Hoffnung auf einen Messias. Dabei handelt es sich immer um einen Menschen und irdischen Herrscher, der häufig die idealtypischen Züge Davids trägt. Von seiner Herrschaft erwartet man ein Reich des Friedens, der Treue zur Tora und der Gerechtigkeit. Er soll die Fremdherrschaft über Israel beenden und die Zerstreuten zurückführen.

Die entscheidende Innovation der frühen Christen bestand darin, dass sie den Christus-Titel mit Jesu Tod und Auferstehung verbunden haben. Das wurde möglich, weil sie mit Hilfe von Ps 110,1 die erfahrene Auferstehung Jesu als Einsetzung in das himmlische Königsamt deuteten (Apg 2,33–36; vgl. Röm 1,3f). Daran anknüpfend konnte die Parusie dann als Aufrichtung dieser Königsherrschaft auf Erden verstanden werden (vgl. vor allem Apk). Andererseits interpretierten sie Jesu Tod soteriologisch als Sühnetod und verknüpften so die Tradition des leidenden Gerechten mit der Messiasvorstellung.

Kyrios

Der Titel „Kyrios“ (κύριος, gr. Herr) bezieht sich im Neuen Testament häufig auf Gott. Dieser Sprachgebrauch knüpft an einen auch im Frühjudentum nachweisbaren Brauch an, den Gottesnamen (JHWH) durch den Titel „(der) Herr“ zu ersetzen (vgl. 1QGenApoc 20,12f; TestLevi 18,2).

Die Verwendung des Titels für Jesus findet sich bereits in den ältesten vorpaulinischen Bekenntnissen (1Kor 12,3; Röm 10,9; Phil 2,11). Auch der aramäische Gebetsruf māranā tā (Unser Herr komm!; 1Kor 16,22) weist auf die palästinischen frühesten Gemeinden als Ursprung der Verwendung dieses christologischen Titels für Jesus. Er impliziert, dass der auferstandene und erhöhte Jesus Gott gleichgestellt wurde. Zugleich bedeutete die Anrede des Erhöhten als Kyrios auch eine bewusste Abgrenzung von der Verehrung anderer „Herren“ (vgl. 1Kor 8,6), insbesondere des römischen Kaisers.

Außerhalb der authentischen Paulusbriefe wird der Titel auch auf die irdische Wirksamkeit Jesu bezogen. Hier bezeichnet er Jesus vor allem als Sieger über den Tod.

Sohn / Sohn Gottes

Eine Reihe von neutestamentlichen Belegen für diesen christologischen Titel machen deutlich, dass er an die alttestamentliche Königsideologie anknüpft. Dort wird von der Adoption und Einsetzung des sein Amt antretenden oder des erwarteten Königs durch Gott gesprochen (vgl. 2Sam 7,14; Ps 2,7; 89,27f; Jes 9,5). Die Bezeichnung als „Gottessohn“ bedeutet also die göttliche Bevollmächtigung bzw. die Übertragung einer bestimmten Aufgabe durch Gott. Die Verwendung des Titels für eine eschatologische Gestalt ist bisher im Frühjudentum nicht eindeutig nachweisbar. In dem in diesem Zusammenhang oft zitierten Fragment 4Q 246 fehlt das für die Identifikation entscheidende Subjekt.

Die neutestamentliche Verwendung des Titels für Jesus hat vor allem drei Aspekte. Zum einen wird das Verhältnis zwischen Gott und Jesus als eines von Vater zu Sohn, also engster personaler Gemeinschaft, bezeichnet (vgl. Mt 11,27 par Lk 10,22). Zum anderen wird Jesus als von Gott zum Heilsbringer eingesetzt verstanden (vgl. Mk 1,11 par Lk 3,22). Schließlich wird „Sohn Gottes“ als Wesensbezeichnung interpretiert, die Jesus von den übrigen Menschen abhebt (vgl. Lk 1,35; Mk 9,2–7). Das führt dazu, dass der Titel schließlich mit Präexistenzaussagen verbunden wird (vgl. Joh 1,1–18; insbes. 1,14).

Im Detail haben die Autoren des Neuen Testaments den Titel sehr unterschiedlich gefüllt. Vor allem Paulus sieht Person und Geschick Jesu insgesamt durch seine Gottessohnschaft bestimmt. Deshalb kann er eine Fülle von Formeln und Traditionen mit diesem Titel verbinden.

Sohn Davids

Anknüpfungspunkt für diesen Titel ist eine starke Strömung alttestamentlich–jüdischer Messiaserwartung. Sie erhofft den eschatologischen Heilbringer anknüpfend an 2Sam 7,16 aus der Nachkommenschaft Davids (vgl. Jes 9,1–6; 11,1–10; PsSal 17,21; 4QFlor 1,11–13).

Indem die frühen Christen Jesus als den „Sohn Davids“ bezeichneten, wurde er als derjenige benannt, in dem sich diese Verheißung erfüllt hatte. Dabei bezieht sich der Titel vor allem auf die irdische Existenz Jesu (Röm 1,3; 2Tim 2,8), konkret auf seine Wunderwirksamkeit (Mt 12,23; vgl. Mk 10,47f par.).

Menschensohn

Die ungewöhnliche griechische Wortform υἱὸς τοῦ ἀνθρώπου (hyios toū anthrōpou – Menschensohn) lässt darauf schließen, dass diese Prädikation Jesu aus dem Aramäischen stammt. Da sie zudem mehrfach in Zitaten von oder Anspielungen auf Dan 7,13f begegnet, ist anzunehmen, dass ihre Bedeutung unter Beachtung dieser Stelle zu erschließen ist. Damit ist der Konsens der Forschung aber auch schon fast erreicht. Es ist sogar strittig, ob „Menschensohn“ überhaupt als christologischer Titel bezeichnet werden sollte.

In Dan 7,13f ist „Menschensohn“ kein Titel einer eschatologischen Einzelgestalt. Die menschliche Gestalt, die Daniel schaut, symbolisiert „die Heiligen des Höchsten“ (Dan 7,18), steht also für ein Kollektiv. In späteren apokalyptischen Texten erscheint mehrfach die Gestalt eines himmlischen Menschen, dessen Aufgabe im Zusammenhang der endzeitlichen Zusprechung von Gericht und Heil steht (äthHen; syrBar). Nirgendwo aber lässt sich sicher eine vorchristliche Verwendung des Titels „Menschensohn“ auf diese Gestalt nachweisen.

Im Neuen Testament wird die Prädikation beinahe ausschließlich in den Evangelien verwandt. Dabei fällt auf, dass sie dort nur im Munde Jesu erscheint. Man kann zwischen drei Gruppen von Aussagen über den „Menschensohn“ unterscheiden. Die erste Gruppe spricht von seinem irdischen Wirken (Mk 2,10.28; Lk 9,58; 19,10 u.ö.). Die zweite Gruppe besteht aus Worten über das Leiden (und

Auferstehen) des „Menschensohnes" (Mk 8,31 parr.; 9,31 parr.; 10,33f parr. u. ö.). In der dritten Gruppe von Texten schließlich geht es um die künftige Parusie des „Menschensohnes" (Mk 13,26f parr. u. ö.). Dabei hat er häufig die Funktion des Richters (Joh 5,27; Apg 7,56 u. ö.). Nur bei dieser Textgruppe ist der Einfluss der apokalyptischen Tradition erkennbar.

Die genauere Analyse der Texte zeigt, dass die Evangelisten die Prädikation an einer Reihe von Stellen sicher als Titel verstanden haben (z. B. Mk 8,38; 13,26; Joh 5,27 u. ö.). Das legt die Annahme nahe, ihn auch anderswo als solchen zu verstehen.

Da „Menschensohn" im Aramäischen einfach für „ich" stehen kann, hat man vermutet, dass die Verwendung als Titel erst in der griechischen Gemeinde entstanden sei, die die aramäische Konstruktion missverstanden habe. Dann ständen am Anfang der Traditionsgeschichte die Aussagen über die irdische Wirksamkeit des Menschensohnes und sein zukünftiges gewaltsames Schicksal, die im Kern auf Jesus zurückgehen könnten. Andere Forscher meinen, Jesus habe den „Menschensohn" als eschatologischen Richter erwartet. Nach der Ostererfahrung sei er dann von seinen Anhängern mit diesem identifiziert worden. Eine eindeutige Klärung scheint angesichts der Quellenlage kaum noch möglich zu sein.

Literatur:

M. Karrer, Jesus Christus im Neuen Testament, GNT 11, Göttingen 1998.

W. Kramer, Christus, Kyrios, Gottessohn, Zürich 1963.

F. Hahn, Christologische Hoheitstitel, UTB 1873, Göttingen ^{5}1985.

P. Pokorný, Die Entstehung der Christologie, Berlin / Stuttgart 1985.

G. Vermes, Jesus der Jude: ein Historiker liest die Evangelien, Neukirchen-Vluyn 1993.

Gleichnisse

Das Markusevangelium, die Logienquelle und das lk Sondergut bezeugen unabhängig voneinander, dass die Verkündigung Jesu eine spezifische Gestalt in seinen Gleichnissen erhielt. Er griff dabei auf eine Redeweise zurück, die im Frühjudentum, insbesondere in der Weisheitsliteratur und in der Apokalyptik sehr beliebt war. Parallelen zu den Gleichnissen Jesu finden sich auch in den rabbinischen Gesetzesdiskussionen, die in der Mischna und im Talmud tradiert sind.

Gleichnisse Jesu sind nur in den synoptischen Evangelien überliefert. Dabei muss für ihre Interpretation im Kontext der Verkündigung Jesu beachtet werden, dass der literarische Rahmen der Gleichnisse durchweg von den Evangelisten geschaffen worden ist. Die Gleichnisse dienen in diesem Kontext dazu, die Verkündigung Jesu zu illustrieren. Darüber hinaus muss damit gerechnet werden, dass Gleichnisse im Laufe des Überlieferungsprozesses überarbeitet worden sind bzw. überhaupt erst durch die frühen Gemeinden gebildet wurden.

Besonders einflussreich für die Interpretation der Gleichnisse ist bis zum Ende des 19. Jh. die Darstellung in Mk 4 gewesen. Dort unterscheidet der Evangelist in den Versen 4,11f.33f zwischen einer Binnen- und einer Außenwirkung der Gleichnisse. Während sie den Außenstehenden als unverständliche Rätselrede begegnen, die nur zu ihrer Verstockung dient, werden sie den Jüngern durch Jesus ausgelegt. Eine solche Auslegung auf das „Geheimnis des Reiches Gottes" (Mk 4,11) hin bietet Markus dann mit der Deutung des Gleichnisses vom Sämann in Mk 4,13–20. Dabei handelt es sich um eine allegorische Auslegung. Diese Art des Verstehens galt über Jahrhunderte als sachgemäß. Gleichnisse wurden nicht aus sich selbst verstanden, sondern auf eine hinter ihnen stehende und eigentlich gemeinte Wirklichkeit befragt. Das war so einflussreich, dass auch heutige Ausleger erst einmal versuchen müssen, sich von den traditionellen Deutungen der Auslegungsgeschichte zu befreien.

Nun hat Markus bzw. die von ihm benutzte Tradition die allegorische Auslegung nicht etwa erfunden. Die Antike verwendete diese Methode insbesondere dann, wenn sie normative Texte in einer veränderten Welt interpretieren wollte. So wurden die Werke Homers, deren Götterbild als gar zu archaisch empfunden wurde, allegorisch interpretiert. Ähnlich ging das hellenistische Judentum vor, wenn die Kultgebote der Tora ethisch verstanden wurden (Philo v. Alexandrien).

Man muss nun zwischen **Allegorese** und **Allegorie** im eigentlichen Sinne unterscheiden. Eine Allegorese versteht einen Text als Allegorie und interpretiert ihn dementsprechend. Dabei kann ein ursprünglich nichtallegorischer Text sekundär zur Allegorie gemacht werden. Auch das ist im Laufe der Überlieferung mit Gleichnissen Jesu geschehen (vgl. Mt 22,1–14 par. Lk 14,16–24 – je unterschiedliche Allegorisierung des Gleichnisses vom großen Gastmahl). Das Wesen von allegorischer Rede besteht darin, dass eine initiale Welt erzählt wird, aus der heraus zu einer zweiten – eigentlich gemeinten – Welt hinübergelenkt wird. Diese Leser- bzw. Hörerlenkung kann auf verschiedene Weise erfolgen. Die übliche Methode ist, die initiale Welt mit einem Netz von Metaphern auszustatten, das es dem Adressaten erlaubt, auf die gemeinte Ebene zu gelangen. Das gelingt nur dann ohne weitere Textsignale, wenn die benutzten Metaphern kulturgeschichtlich geläufig sind (sog. usuelle Metaphern; z. B. Weinberg für Israel Mk 12,1). Häufig werden deshalb weitere Hinweise eingebaut. So kann direkt gesagt werden, dass jetzt allegorisiert wird (Gal 4,24). Oder in die initiale Welt werden gezielt Brüche eingebaut, die soweit gehen können, dass die Erzählung für kurze Zeit direkt auf die gemeinte Ebene springt (vgl. Mt 22,7). Eine gängige, auch in Mk 4,13–20 verwandte, Methode der Adressatenlenkung besteht darin, Zug für Zug Elemente der initialen Welt mit solchen der gemeinten zu identifizieren. Diese Methode kann dann ein Indiz sein, dass hier ein ursprünglich nicht als Allegorie konstruierter Text sekundär allegorisch interpretiert wird (vgl. Gal 4,24f).

Die Exegeten sind sich weitgehend darin einig, dass Jesus keine Allegorien erzählt hat. Alle Allegorien und Allegoresen, die in den synoptischen Evangelien überliefert sind, wurden erst in den Gemeinden gebildet. Das ist an ihrer nachösterlichen Perspektive erkennbar. Dabei wurden Gleichnisse besonders häufig paränetisch gewendet.

Im Unterschied zur Allegorie enthalten die Gleichnisse Jesu unmittelbar die Sache selbst. Sie holen den Hörer mit seiner Welt unmittelbar in die erzählte Welt hinein. Auf diese Art erschloss Jesus seinen Hörern eine neue Perspektive auf ihr Leben. Man kann zugespitzt sagen, dass er in den Gleichnissen ihre Alltagswelt und die Königsherrschaft Gottes gleichsam kurzschloss. Jesus traute den Gleichnissen also eine unmittelbare Eigenkraft zu. Das unterscheidet seine Gleichnisrede im Übrigen von der des Frühjudentums, die Gleichnisse entweder illustrativ oder erklärend einsetzte.

Allen neutestamentlichen Gleichnissen ist gemeinsam, dass in ihnen mit wenigen Erzählzügen nur das Nötigste gesagt wird. Sie sind chronologisch aufgebaut. Der Erzählablauf strebt ohne Abschweifung direkt auf die Pointe zu. Dadurch geschieht Sammlung und Fixierung auf das Wesentliche. Der Hörer erlebt den chronologischen Ablauf so als sachliche Stringenz. Das wird noch dadurch unterstützt, dass die Pointe in der Regel besonders ausführlich erzählt wird (sog. Achtergewicht). Häufig sind Gleichnisse nach der volkstümlichen regel de tri aufgebaut, d. h. die Erzählung folgt einem Dreischritt (vgl. Mt 25,14–30 – dort sogar doppelt: 3 Szenen und 3 Knechte).

In der Gleichnisforschung wird seit A. Jülicher zwischen **Gleichnissen im engeren Sinne** und **Parabeln** unterschieden. Das Neue Testament macht diesen Unterschied nicht. Das Wort παραβολή / parabolē bedeutet Gleichnis, Parabel, Vergleich, Bildwort, Rätsel und Allegorie.

Gleichnisse im engeren Sinne erzählen den Adressaten vertraute Vorgänge und Erfahrungen, die üblicherweise gemacht werden. Indem Jesus die Gottesherrschaft mit dieser üblichen Welt und ihren Gesetzmäßigkeiten in Relation setzt, zielt er auf das innere Einverständnis der Hörer zu seiner Botschaft. Beispiel ist das Gleichnis vom viererlei Acker (Mk 4,3–9).

Die Parabeln dagegen interessieren sich für den besonderen Einzelfall. Der Hörer wird in der Erzählung plötzlich mit einer extravaganten Wendung im Geschehnisablauf konfrontiert, die ihn zwingt, sein bisheriges Weltverstehen in Frage zu stellen und sich einer neuen Sinnsetzung zu öffnen. Hier ist der Zusammenhang mit der Verkündigung Jesu besonders evident, die mit dem unerwarteten Nahwerden der Gottesherrschaft in der Alltagswelt rechnete. Beispiel ist das Gleichnis vom verlorenen Sohn (Lk 15,11–32).

Häufig werden als dritte Gruppe von Gleichnissen die Beispielerzählungen benannt, die nur im lk Sondergut zu finden sind (Lk 10,30–35; 12,16–20; 16,19–31; 18,10–13). Die Besonderheit dieser Gleichnisse wird darin gesehen, dass jeweils eine Figur unmittelbar als positives oder negatives Exempel aufgebaut wird. Da dieser Eindruck aber vor allem durch den redaktionellen Rahmen des Evangelisten entsteht, werden die Beispielerzählungen in der neueren Forschung meist zu den Parabeln gezählt.

Literatur:

K. Erlemann, Gleichnisauslegung: ein Lehr- und Arbeitsbuch, UTB 2093, Tübingen 1999.

Ders., Fenster zum Himmel. Gleichnisse im Neuen Testament, Göttingen 2017

R. Zimmermann (Hrsg.), Kompendium der Gleichnisse Jesu, Gütersloh 2007.

Wundergeschichten im Neuen Testament

Die in den Evangelien und der Apg überlieferten Wundergeschichten gehören zu den neutestamentlichen Texten, die den heutigen Lesern am meisten Schwierigkeiten bereiten. Wir sehen in diesen Geschichten vor allem das Anstößige, Außergewöhnliche. Die Hilflosigkeit angesichts der Wundergeschichten kann dann in die Frage münden: Muss ich das glauben, wenn ich Christ bin?

Der Blick auf die Art und Weise, in der die Evangelisten die Wundergeschichten in den Gesamtkontext ihrer Werke einordnen und deuten, zeigt, dass im Neuen Testament der Akzent gerade nicht auf dem Außergewöhnlichen in den Wundergeschichten liegt. Damit teilen die Autoren des Neuen Testaments zunächst einmal die antike Weltsicht, die in dererlei Geschehnissen primär Offenbarungen des Göttlichen sah. Sie gehen aber darüber hinaus, indem sie die Wunder durchweg als Zeichen deuten, in denen das Wesen von Botschaft und Wirksamkeit Jesu offenbar wird (vgl. Mt 11,2–6 par Lk 7,18–23 u. ö.). Am konsequentesten hat diesen Ansatz Johannes durchgeführt (vgl. die durchgängige Bezeichnung der Wunder als σημεία / semeīa – Zeichen im Joh).

Wie Lk 11,20 zeigt, konnten die Evangelisten dabei offenbar an Jesu eigene Deutung seiner Dämonenaustreibungen anknüpfen. Er verstand sie als Zeichen der hereinbrechenden Gottesherrschaft.

Die Interpretation der Wunder als Zeichen schließt ein, dass sie missverständlich sind. Sie **beweisen** gerade **nicht** – etwa durch besonders spektakuläre Details –, dass in Jesus Gott handelt. Nur die Glaubenden, sich auf Jesus Einlassenden erkennen, dass in ihnen der Heilswillen Gottes offenbar wird. Nicht zufällig spielt der Glaube der Geheilten in vielen neutestamentlichen Wundergeschichten eine herausragende Rolle. Die Gegner Jesu dagegen können in seinen Wundern nur dämonische Mächte am Werk sehen (vgl. Mk 3,22–30 parr).

Während die Evangelisten in dieser Generallinie einig sind, zeigen sie im Detail Unterschiede, die aus der Gesamttendenz ihrer Werke resultieren. Markus berichtet die Wunder manchmal mit einer geradezu naiven Freude am Detail, ordnet sie aber durch die Geheimnistheorie konsequent seiner Kreuzestheologie zu. Matthäus kürzt die Wundergeschichten auf das für ihn Wesentliche – die heilvolle Begegnung Jesu mit den Heilbedürftigen. Mirakelhafte Züge werden gestrichen. Der Glaube der Hilfesuchenden wird noch stärker als bei Markus betont. Lukas hebt vor allem den Gegensatz zwischen dem hoheitsvollen Christus mit seinem machtvollen Wort und den dämonischen Mächten hervor. Er hat dabei gelegentlich die Tendenz, aus Heilungswundern Dämonenaustreibungen zu machen (vgl. Mk 1,31 mit Lk 4,39). Bei Johannes haben die Wunder am stärksten Offenbarungscharakter. In den Zeichen, die Jesus tut, offenbart sich die Herrlichkeit Gottes und sie verherrlicht den Sohn (Joh 11,4).

Man unterscheidet bei den Wundergeschichten traditionell zwischen **Heilungswundern**, **Dämonenaustreibungen** und **Naturwundern**. Diese Unterscheidung nach dem Inhalt hat ihre Probleme, denn sie projiziert unsere moderne Sicht auf die Wundergeschichten. Die Antike sah dämonische Mächte als Auslöser vieler Krankheiten an. Die formgeschichtliche Betrachtung zeigt, dass Heilungswunder und Dämonenaustreibungen nach Struktur und benutzten Topoi viele Gemeinsamkeiten aufweisen. Auch die drei von Jesus erzählten Totenerweckungen gehören in diese Gruppe, da sie letztlich nichts anderes sind als ins Extrem gesteigerte Heilungsgeschichten. Der Begriff „Naturwunder“ schließlich sollte immer in Anführungszeichen geschrieben werden, denn er suggeriert, dass es in diesen Erzählungen primär um die Durchbrechung von Naturgesetzen ginge (s.u.).

Die Heilungswunder beginnen üblicherweise mit einer Schilderung der Art des Leidens (Ernsthaftigkeit und Dauer der Krankheit, Erfolglosigkeit ärztlicher Bemühungen). Jesus wird um Heilung gebeten (dieser Teil kann fehlen). Der heilende Eingriff Jesu wird geschildert (Angabe der Praktiken, durch die die Heilung zustande kommt). Schließlich wird der Heilerfolg konstatiert (sofortiges Eintreten der Heilung, Demonstration der eingetretenen Heilung). Am Ende steht häufig ein sogenannter „Chorschluss“, der die Reaktion der Umstehenden berichtet.

Die Dämonenaustreibungen beginnen parallel zu den Heilungswundern mit der Schilderung des Zustandes des Besessenen. Es folgt die Begegnung zwischen ihm und Jesus, die dazu führt, dass der Dämon versucht, Jesus abzuwehren (gelegentlich mit Namensfrage und -kundgabe). Jesus erteilt dem Dämonen den Befehl auszufahren. Das geschieht häufig mit augenscheinlicher Demonstration. Am Ende steht wiederum die Reaktion der Umstehenden.

Die „Naturwunder“ lassen keine einheitliche Grundstruktur erkennen. Zu ihnen werden so unterschiedliche Texte wie die Speisungsgeschichten und der Seewandel Jesu gezählt. Ihnen ist lediglich gemeinsam, dass Jesus hier nicht an Menschen, sondern an Gegenständen bzw. gegenüber Naturgewalten handelt. Diese Geschichten lassen besonders gut erkennen, wie alttestamentliche Texte die konkrete Ausformung der neutestamentlichen Wundergeschichten beeinflusst haben. So haben auf die Speisungsgeschichten offenbar die Erzählungen von Elia (1Kön 17) und Elisa (2Kön 4) eingewirkt, während bei der Sturmstillung und dem Seewandel Topoi von Theophanieschilderungen übernommen worden sind. Gerade die Schilderungen der „Naturwunder“ sind also Produkte theologischer Reflexion, die aus dem Glauben an den Auferstandenen das Wesen Jesu Christi zur Sprache bringen will.

Literatur:

K. Erlemann, Kaum zu glauben: Wunder im Neuen Testament, Neukirchen-Vluyn 2016

W. Kahl, New Testament Miracle Stories and their Religious-Historical Setting, Göttingen 1997.

G. Theißen, Urchristliche Wundergeschichten, StNT 8, Gütersloh ^{7}1998.

R. Zimmermann (Hrsg.), Kompendium der frühchristlichen Wundererzählungen, Bd.1 Die Wunder Jesu, Gütersloh 2013, Bd.2 Die Wunder der Apostel, Gütersloh 2017

Geschichte des frühen Christentums

Mit dem Begriff „Urchristentum“ oder „Frühes Christentum“ wird in der Forschung üblicherweise das Christentum bis ca. 120/130 bezeichnet. Dabei verweisen die Kritiker des Begriffs „Urchristentum“ insbesondere darauf, dass er die beschriebene Epoche vom heutigen Sprachgebrauch her als typische, normative bezeichne. Der Terminus „Frühes Christentum“ sei dagegen historisch zutreffender, da er der Vielfalt und Vielschichtigkeit der Anfänge besser gerecht werde.

Es ist umstritten, ob das Leben und Wirken des irdischen Jesus mit in eine Darstellung des frühen Christentums einzubeziehen ist oder nicht. Einerseits wird betont, dass es Kirche bzw. Christentum erst nach Ostern gebe, da ihr Wesen in der Verkündigung des Auferstandenen bestehe. Insofern gehöre der irdische Jesus nurmehr zu den Voraussetzungen des „Urchristentums“ (R. Bultmann). Andererseits wird mit Recht darauf verwiesen, dass sich die frühen Christen selbst ausdrücklich auf den von Gott in Jesus von Nazaret gesetzten geschichtlichen Anfang als Basis und Norm ihres Christseins bezogen. Das bedeutet dann, dass der irdische Jesus notwendig mit einbezogen werden muss, wenn man das Frühchristentum recht verstehen will. Im Rahmen dieser Bibelkunde werden das Leben und die Verkündigung Jesu aus praktischen Gründen in einem eigenen Themenkapitel dargestellt.

Als Quellen für die Geschichte des frühen Christentums stehen uns im wesentlichen nur die neutestamentlichen Schriften zur Verfügung. Besonders wichtig sind dabei die Apg und die authentischen Paulusbriefe, die für die Zeit bis ca. 60 relativ breite Informationen liefern.

Über die weitere Entwicklungwissen wissen wir dagegen verhältnismäßig wenig, da die übrigen Schriften des Neuen Testaments und die älteren Texte der Apostolischen Väter zwar ein Bild der thcologischen Entwicklung gestatten, aber nur Schlaglichter auf historische Abläufe werfen.

Die nichtchristlichen Quellen schweigen beinahe vollständig, wenn man sie über diese frühe Phase des Christentums befragt. Kurze Notizen zu Einzelereignissen finden sich bei Flavius Josephus, Tacitus und Sueton. Eine wichtige Quelle ist dann der Briefwechsel zwischen Plinius d.J. und dem Kaiser Trajan, der einen Blick auf die Ausbreitung des Christentums am Beginn des 2. Jh. in Pontus und Bithynien (Nordkleinasien) und die römischen Gegenmaßnahmen gestattet.

Generell kann gesagt werden, dass aufgrund des Charakters der Quellen nur wenige Ereignisse in der Geschichte des Frühchristentums exakt datiert werden können. Eine genauere chronologische Festlegung kann nur dann erfolgen, wenn auf Ereignisse der Profangeschichte Bezug genommen wird, deren Datierung aus anderen Quellen erschlossen werden kann.

Gallioinschrift

Eine halbwegs zuverlässige Datierung einiger Ereignisse gelingt auf dem Umweg über die Biographie des Apostels Paulus. Bei ihm ist es möglich, aufgrund der Angaben in seinen Briefen (vor allem in Gal 1f) eine relative Chronologie herzustellen. Die in Apg 18,12–17 berichtete Episode (Anklage vor dem Prokonsul Gallio) erlaubt dann den Übergang in die absolute Chronologie. Eine in Delphi gefundene fragmentarische Inschrift datiert die Amtszeit des Lucius Junius Gallio auf Frühjahr 51 bis Frühjahr 52. Der 18monatige erste Aufenthalt des Apostels in Korinth wird meist für Herbst 50 bis Frühjahr 52 angenommen. Von diesem Datum aus lassen sich dann alle anderen Ereignisse in der Geschichte des Frühchristentums, an denen Paulus beteiligt war, zeitlich fixieren.

Jesus ist vermutlich im Frühjahr des Jahres 30 gekreuzigt worden (s.o. S. 177). Damit ist auch das Jahr der Entstehung der **„Urgemeinde“ in Jerusalem** genannt. Die 50 Tage als Zeitraum zwischen Ostern und Pfingsten, dem „Geburtstag der Kirche“, (Apg 2,1) sind allerdings lukanische Fiktion. Wir wissen nicht genau, wann sich die ersten Anhänger Jesu aufgrund der erfahrenen Christophanien zur

„Urgemeinde“ zusammengefunden haben. Die Tradition (vgl. insb. 1Kor 15,3–5) ist sich darin einig, dass Petrus dabei eine besondere Rolle gespielt hat. Offensichtlich verstanden er und die um ihn Versammelten die Erscheinungen des Auferstandenen unmittelbar als Auftrag zur Mission. Die „Urgemeinde“ begann also sofort damit, Jesus als den Auferstandenen unter ihren jüdischen Volksgenossen zu verkündigen (zum Problem der frühen Christologie vgl. das entsprechende Themenkapitel).

Über die konkrete Gestalt der „Urgemeinde“ wissen wir sehr wenig, da die Berichte der Apg ein ideales Bild zeichnen, das erst von Lukas redaktionell gestaltet wurde. Es ist sicher, dass die Jerusalemer Gemeinde zunächst nur aus Judenchristen bestand. Nach Apg 6,1 hat es in ihr sowohl eine aramäischsprechende (die „Hebräer“) als auch eine griechischsprechende (die „Hellenisten“) Gruppe gegeben. Die „Urgemeinde“ ist zunächst wohl durch den Zwölferkreis geleitet worden, der symbolisch für ihren Anspruch stand, das wahre Israel zu sein. Dieses Gremium scheint aber bald an Bedeutung verloren zu haben. Paulus setzt in Gal 2,9 ein dreiköpfiges Führungsteam, die „Säulen“ Jakobus (den Herrenbruder), Petrus und Johannes voraus. Noch später hat allem Anschein nach Jakobus allein bzw. gemeinsam mit einem Presbyterium die Jerusalemer Gemeinde geleitet (vgl. Gal 2,12; Apg 21,18ff).

Auf die „Urgemeinde“ gehen mit Abendmahl und Taufe die beiden zentralen Riten des Christentums zurück. Beide knüpfen an jüdische Vorbilder (Johannes der Täufer, Mahlfeiern) an, füllen sie aber inhaltlich neu.

Die **„Hellenisten“** waren allem Anschein nach ein eigenständiger analog zu den landsmannschaftlichen Synagogenverbänden organisierter Kreis in der „Urgemeinde“. Vermutlich wurde er von dem in Apg 6,5 überlieferten Siebenergremium geleitet (wofür auch die griechischen Namen in dieser Liste sprechen). Die Anklage gegen Stephanus (Apg 6,11.13f) macht wahrscheinlich, dass die Hellenisten das Kultgesetz für Christen als nicht mehr verbindlich erachteten. Damit knüpften sie an die Stellung Jesu zur Tora an. Auch der von Lukas bewusst heruntergespielte Konflikt zwischen Hebräern und Hellenisten und die Verfolgung, der Stephanus zum Opfer fällt und die zur Vertreibung der Hellenisten aus Jerusalem führt, zeigen, dass diese Gruppe eigene Wege ging.

Die historische Folge der Vertreibung der Hellenisten war die Ausbreitung des Christentums außerhalb von Judäa und Galiläa. Die Apostelgeschichte nennt exemplarisch Samaria und die Städte der Küstenebene.

Ein wichtiges christliches Zentrum entsteht in der Großstadt **Antiochia** in Syrien (Apg 11,19–26). Hier geht die von den Hellenisten getragene Mission dazu über, auch Heiden („Griechen“) in die Gemeinde aufzunehmen. Vermutlich stammten die ersten Heidenchristen aus dem Kreis der Gottesfürchtigen, d. h. nichtjüdischen Sympathisanten des jüdischen Monotheismus. Damit trat eine christliche Gemeinde erstmalig als eigenständige Größe neben dem Judentum in Erscheinung. Ihre Mitglieder werden deshalb (offensichtlich von Außenstehenden) als „Christianer“, d.h. als Anhänger des „Christus“, (Apg 11,26) bezeichnet.

An der Spitze der antiochenischen Gemeinde stand ein Leitungsgremium von fünf „Propheten und Lehrern“ (Apg 13,1), zu dem auch der aus Tarsus stammende Saulus / Paulus gehörte (der jüdisch / griechische Doppelname ist bei Juden in der Spätantike durchaus üblich). Dieser war von einem eifrigen Anhänger der Pharisäer (Phil 3,5) und Verfolger der Gemeinde zu einem Verkündiger des christlichen Glaubens geworden (Gal 1,23). Er hat die erfahrene Christophanie (1Kor 15,8) als Beauftragung zur Mission unter den Heiden verstanden. Diese Mission, die er nach einer für uns im Dunkel der Geschichte bleibenden Wirksamkeit in Arabien (Gal 1,17) zunächst gemeinsam mit Barnabas von Antiochia aus betrieb (Apg 13f), führte zur Entstehung rein heidenchristlicher Gemeinden. Damit wurde die Frage nach der Verbindlichkeit der Tora für die Christen brennend. Paulus predigte die Freiheit vom Gesetz und beschnitt Heidenchristen nicht. Diese Auffassung des Evangeliums wurde von anderen Judenchristen vehement bestritten (Apg 15,1; Gal 2,4f).

Zur Lösung des Konflikts haben sich ca. 48/49 Barnabas und Paulus, die führenden Leute der Heidenmission, mit dem unbeschnittenen Heidenchristen Titus nach Jerusalem begeben. Diese Zusammenkunft mit den Köpfen der „Urgemeinde“ wird meist als **„Apostelkonzil“** bezeichnet. Über den Verlauf und die Ergebnisse liegen uns die Berichte in Apg 15 und Gal 2 vor, die sich in wesentlichen Punkten widersprechen und beide von einem parteilichen Standpunkt aus geschrieben worden sind. Die weiteren Ereignisse der Geschichte des Frühchristentums sprechen dafür, dem Bericht des Paulus in wesentlichen Punkten zu folgen. Demnach wurde per Handschlag festgelegt, dass die Jerusalemer Autoritäten, namentlich Petrus, ihre Aufgabe unter den Juden sahen, während die Antiochener, namentlich Paulus, zur Heidenmission berufen seien. Den Heidenchristen wurden keine Auflagen erteilt außer der, „der Armen zu gedenken“ (Gal 2,10), d.h, eine Kollekte für die Jerusalemer Gemeinde zu sammeln.

Offensichtlich war der Konflikt durch diese Vereinbarung nicht entschärft worden. Einige interpretierten sie als Festlegung, dass für Judenchristen die Tora mit ihren Reinheitsgeboten sehr wohl verbindlich sei. Der sogenannte **„antiochenische Zwischenfall“** (Gal 2,11–21) demonstriert den dadurch aufbrechenden Konflikt – das

Zusammenleben von Juden- und Heidenchristen wurde unmöglich. Wahrscheinlich überliefert Lukas in Apg 15,23–29 als angebliches Ergebnis des Apostelkonzils den später erzielten Kompromiss (das **„Aposteldekret“**). Den Heidenchristen werden die aus Lev 17f übernommenen Minimalforderungen abverlangt, die Judenchristen die Tischgemeinschaft mit ihnen ermöglichen. Für Paulus war damit allerdings das Wesen seines gesetzesfreien Evangeliums in Frage gestellt. Da er sich in Antiochia nicht durchsetzen konnte, bricht er jetzt zur selbständigen Mission auf.

Der Weg der **paulinischen Mission** lässt sich nur durch eine Kombination aus den Erzählungen der Apostelgeschichte und gelegentlichen Bemerkungen des Apostels in seinen Briefen rekonstruieren. Dabei stellt sich heraus, dass die lukanische Einteilung in zwei selbständige, bzw. drei Missionsreisen literarische Fiktion ist, die der Abwertung der Missionstätigkeit des Apollos dient (Apg 19,1–7; vgl. 18,24f).

Paulus konzentriert sich bei seiner Mission auf die Großstädte und Provinzzentren. Dort wirkt er solange, bis die entstandene Gemeinde selbständig existieren kann. Zeitweise hält er sich länger an einem Ort auf, benutzt ihn gleichsam als Stützpunkt (Korinth, Ephesus). Auf diese Weise entsteht schnell ein Netzwerk von Gemeinden, die nun ihrerseits in die Umgebung wirken können. Den Kontakt zu den Gemeinden hält Paulus durch Briefe und seine Mitarbeiter. Auch die Gemeinden selbst schicken Boten zu Paulus, die dann teilweise länger bei ihm bleiben und ihn unterstützen.

Innerhalb der Gemeinden bildet sich eine „Ämter“struktur – Apostel, Propheten, Lehrer (1Kor 12,28) bzw. Bischöfe und Diakone (Phil 1,1) –, die charismatisch bestimmt ist. Der Geist befähigt einzelne Gemeindeglieder dazu, diese Aufgaben zu übernehmen. Bei der konkreten Gestaltung der „Ämter“ spielen auch Vorbilder aus der städtischen Umwelt der Gemeinden eine Rolle.

Über die Entwicklung nach der Hinrichtung des Paulus in Rom (ca. 60) wissen wir wenig. In Jerusalem steigt der Druck national und zelotisch gesinnter Kreise auf die dortige Gemeinde. Im Jahr 62 wird Jakobus, der Herrenbruder, gesteinigt. Euseb berichtet in seiner Kirchengeschichte, dass die Gemeinde bei Ausbruch des Jüdischen Krieges nach Pella in das Ostjordanland geflohen sei. Die Zuverlässigkeit dieser Nachricht wird aber vielfach bezweifelt.

Die christlichen Quellen aus der **Zeit zwischen ca. 70 und 130** zeigen das Bild eines theologisch bunten Christentums, das sich vor allem in Kleinasien, Syrien und Griechenland weiter ausbreitet. Mittelitalien und Ägypten werden zu neuen Zentren. Einige Schriften des NT lassen das Entstehen von theologischen „Schulen“ erkennen. So hatte die Paulusschule ihren Sitz wohl in Ephesus. Die johanneischen

Gemeinden bilden eine eigene Entwicklungslinie, die geographisch wohl ebenfalls in der Provinz Asia zu verorten ist. Mk und Mt weisen nach Syrien, das sich zum Zentrum eines von judenchristlichen Traditionen geprägten Christentums entwickelt.

De facto ist die Kirche in dieser Zeit bereits heidenchristlich bestimmt. Der Streit um die Verbindlichkeit der Tora spielt keine akute Rolle mehr. Gleichzeitig fällt auf, dass in den Schriften dieser Zeit auf breiter Front (insbesondere paränetische) Traditionen des hellenistischen Judentums übernommen werden. Das reicht bis in die Verfassungen der Gemeinden, wo sich jetzt auch in den paulinischen Gemeinden die Leitung durch ein Presbyterium (die „Ältesten") durchsetzt. Frauen werden zunehmend in den Hintergrund gedrängt.

Die Gemeinden sehen sich vor allem durch die Aufgabe herausgefordert, nach innen und außen ihre Identität zu bestimmen. Diese Herausforderung war um so größer als immer deutlicher wurde, dass sich die Christen auf eine längere Existenz in der Welt einrichten mussten. Die Schriften der dritten frühchristlichen Generation sind bemüht, das als verbindlich angesehene Erbe der Väter zu bewahren und in dieser neuen Situation authentisch zur Sprache zu bringen. Dabei machte man die Erfahrung, dass die Interpretation dieses Erbes durchaus umstritten war. Erstmals brach die Frage nach Rechtgläubigkeit und Häresie auf, wobei die Kriterien durchaus nicht feststanden und erst im Prozess der Auseinandersetzung erarbeitet werden mussten. Dabei gab es Auseinandersetzungen sowohl innerhalb einzelner Gemeindeverbände und Schulen (Deuteropaulinen, 1Joh) als auch zwischen denselben (Jak).

Literatur:

D.-A. Koch, Geschichte des Urchristentums, Göttingen 2013.
M. Öhler, Geschichte des frühen Christentums, UTB 4737, Göttingen 2018.
U. Schnelle, Die ersten hundert Jahre des Christentums 30 – 130 n.Chr.: Die Entstehungsgeschichte einer Weltreligion, UTB 4411, Göttingen ^{2}2016
F. Vouga, Geschichte des frühen Christentums, UTB 1733, Tübingen, Basel 1994.
F. Winkelmann, Geschichte des frühen Christentums, München ^{3}2005.

Kirche im Neuen Testament

Die Schriften des Neuen Testaments bieten eine Fülle von ekklesiologischen Modellen. Dabei muss beachtet werden, dass alle diese verschiedenen Entwürfe aus konkreten geschichtlichen Situationen entstanden und auf diese bezogen sind. Dieser Umstand warnt davor, das Neue Testament einfach als Steinbruch für die aktuelle Diskussion um die Identität der Kirche zu benutzen. Vielmehr muss gefragt werden, inwieweit Probleme, auf die die Autoren des Neuen Testaments mit ihren Modellen reagierten, auch heute akut sind.

„Jesus kündigte die Königsherrschaft [Gottes] an, und was kam, war die Kirche.“ Dieser Satz des katholischen Modernisten A.Loisy wird in beinahe jeder Untersuchung zur neutestamentlichen Ekklesiologie zitiert – oft mit der Absicht, die eschatologische Verkündigung Jesu und die Institution Kirche einander kritisch gegenüberzustellen. Daran ist sicher richtig, dass Jesus keine Kirche gründen wollte. Allerdings gehören in seiner Verkündigung Königsherrschaft Gottes und Volk Gottes unmittelbar zusammen. Ihm ging es um die eschatologische Neuschöpfung des Volkes Gottes, d. h. er begann die endzeitliche Heilsgemeinde zu sammeln (vgl. das Themenkapitel zur Verkündigung Jesu). Kern dieser Heilsgemeinde waren die Jünger, die sein Wanderleben teilten. Ihr Leben im Zeichen der anbrechenden Gottesherrschaft bildete zugleich einen unübersehbaren Kontrast zu der gesellschaftlichen Umwelt, in der sie lebten.

Diese Impulse wirkten nach dem Ostergeschehen weiter und bestimmten die Identität der frühesten Gemeinden wesentlich mit. Der entscheidende Anstoß aber war die Erfahrung der Gegenwart des Geistes Gottes. Sie vermittelte die Gewissheit, dass mit der Auferweckung Jesu von den Toten die Endzeit angebrochen sei. Aufgrund dessen verstand sich die Jerusalemer „Urgemeinde“ jetzt ihrerseits als eschatologische Heilsgemeinde, deren Aufgabe es sei, die Sammlung des erneuerten Gottesvolkes fortzusetzen. Die Taufe auf den Namen Jesu Christi ist der Akt der Eingliederung in diese Gemeinschaft. Dieses Selbstverständnis hat in der Pfingsterzählung der Apg (2,1–41) seinen Niederschlag gefunden.

Auch die Selbstbezeichnung „Gemeinde (Gottes)“ (ἐκκλησία [τοῦ θεοῦ] / ekklēsia [toū theoū]) geht auf dieses Selbstverständnis zurück. Im Bereich der hellenistischen Poleis bedeutet ἐκκλησία die Volksversammlung der freien Männer. Die Septuaginta dagegen verwendet den Begriff vielfach, um das hebräische ((יהוה) קהל / qᵉhal (jhwh) (Volksgemeinde Gottes) wiederzugeben. Die frühen Christen knüpften also bewusst an die alttestamentliche Bezeichnung des Volkes Gottes an und führten sie weiter (so ausdrücklich Hebr 2,12).

Bei Paulus finden sich Überlegungen zum Wesen der Kirche vor allem im 1Kor. Dabei verknüpft er Christologie und Ekklesiologie aufs engste miteinander. Die Christen werden in der Taufe durch den Geist alle in einen einzigen Leib aufgenommen, der der „Leib Christi" ist (1Kor 12,13.27). Die Einheit dieses Leibes wird in dem gegenseitigen Miteinander und Füreinander der Glieder sichtbar. Sie gipfelt darin, dass die sozialen Unterschiede in ihm keine Rolle spielen (1Kor 12,13; vgl. Gal 3,28). Die Leib–Metaphorik wird im Kol und Eph wieder aufgenommen. Dort ist Christus das Haupt des Leibes, der von ihm her gebildet wird und auf ihn hin wächst (Kol 2,19; vgl. Eph 1,22f; 4,16).

Eine weitere Grundmetapher des paulinischen Kirchenverständnisses ist die der Gemeinde als eines Bauwerks (1Kor 3). Auch hier ist der christologische Bezug eindeutig, denn es geht Paulus zunächst vor allem um das Fundament, auf dem das Bauwerk errichtet wird – Christus. Erst in zweiter Linie spielt die Festigkeit des Gebäudes eine Rolle. In diesem Zusammenhang begegnet dann auch die Rede von der Gemeinde als dem „Tempel Gottes" (1Kor 3,16f), mit der Paulus einschärft, dass das Gemeinde–Sein Konsequenzen für das Verhalten haben muss (vgl. 1Kor 6,19). Auch diese Metapher ist im Eph aufgenommen und weiterentwickelt worden.

Mehrfach reflektiert Paulus über das Verhältnis zwischen Israel und der Kirche. Er sieht beide unmittelbar aufeinander bezogen. Deshalb kann er in 1Kor 10,1 die Wüstengeneration als „unsere Väter" bezeichnen. Den Höhepunkt seiner Darlegungen zu diesem Thema stellt zweifelsohne Röm 9–11 dar. Hier findet sich mit Röm 9,25 auch die einzige Stelle, an der Paulus die Kirche zumindest implizit als „Volk Gottes" bezeichnet. Er sieht die Kirche aus den Heiden als Zweig, der auf den Ölbaum Israel von Gott aufgepfropft worden ist (Röm 11,13–24).

Die existentiellen Fragen der dritten frühchristlichen Generation schlagen sich in dem breiten Raum nieder, den implizite und explizite ekklesiologische Überlegungen in den ihr zuzurechnenden Schriften des Neuen Testaments einnehmen. Dabei haben die Fragen nach der Bewahrung der Identität der Kirche in der weitergehenden Geschichte und nach dem Verhältnis zu ihrer Umwelt zu ganz unterschiedlichen Antworten geführt, von denen hier nur einige exemplarisch genannt werden können.

So versteht das Mt die Kirche als Jüngergemeinschaft, die im Gehorsam die Lehre Jesu lebt (Mt 28,18–20) und damit das neue Volk Gottes darstellt. Eine gewisse Parallele bietet das Joh, in dem die Erinnerung an die Worte des Herrn ebenfalls entscheidend für das Wesen der Gemeinde ist (vgl. Joh 14,26; 16,12f). Sie ist als Gemeinschaft von Freunden verstanden (Joh 15,12–17), die allein in der geistvermittelten Bindung an Christus existieren kann (Joh 15,5).

In der paulinischen Tradition sind vor allem der Eph (s.o.) und die Pastoralbriefe wichtig. Hier wird die Kirche als „Hauswesen Gottes" begriffen (1Tim 3,15), das bestimmter Ordnungen bedarf, um zu funktionieren. Die Amtsträger sind mit der Verwaltung der „wahren Lehre", d. h. des Wortes Gottes beauftragt (2Tim 2,15 u. ö.), um den allen Menschen geltenden Heilswillen Gottes zur Geltung zu bringen (1Tim 2,4ff). Dabei besteht die Tendenz, in der Umwelt geltende Denkweisen auch auf die Kirche zu übertragen.

Eine extrem konträre Antwort auf die Frage nach dem Verhältnis zur nichtchristlichen Umwelt gibt die Apk, die im Unterschied zu Lukas nicht damit rechnet, dass ein friedliches Miteinander möglich sein könnte. Vielmehr sieht der Seher Johannes die Kirche als Opfer der Widersacher Christi, deren Verfolgung sie leidend ertragen muss und deren Ende in der letzten Schlacht sie herbeisehnt.

Im Blick auf das Verhältnis zu Israel beginnt sich die Tendenz durchzusetzen, die Kirche als einzige legitime Besitzerin des von Israel fälschlich okkupierten Heils darzustellen. Matthäus sagt ausdrücklich, dass Israel das Reich Gottes weggenommen wird (Mt 21,43). Jetzt ist die Kirche das zum Gehorsam berufene Volk Gottes. Im Joh verwerfen „die Juden" das Heil und sind Söhne des Teufels (8,44). Vielfach wird das Verhältnis zu Israel gar nicht mehr reflektiert, sondern die im Alten Testament Israel geltenden Heilsprädikate werden einfach auf die Kirche übertragen (vgl. z. B. 1Petr 2,9f). Hier ist ein Defizit entstanden, das im christlichen Antijudaismus eine fatale Wirkungsgeschichte hatte.

Literatur:

K. Berger, Art. Kirche II. Neues Testament, TRE 18, 201–218.

Chr. Grappe, Art. Kirche III. Urchristentum, RGG4 4, 1000 - 1004.

K. Kertelge, Art. Kirche I. Neues Testament, LThK3 5, 1453–1458.

J. Roloff, Art. Kirche im Neuen Testament, EKL3 2, 1053–1057.

ders., Die Kirche im Neuen Testament, GNT 10, Göttingen 1993.

Religiöse Parteien im Judentum des 1. Jahrhunderts

Das Bild des Frühjudentums hat sich in den letzten Jahrzehnten – nicht zuletzt unter dem Eindruck der Funde von Qumran – nachdrücklich gewandelt. Dabei wächst die Einsicht, dass es zur Zeit Jesu kein einheitliches orthodoxes Judentum gegeben hat. Vielmehr müssen wir mit dem pluralen Nebeneinander verschiedener Gruppen rechnen, die zum Teil straff organisiert waren. Man kann sie mit einem gewissen Recht als religiöse Parteien bezeichnen. Gemeinsame Basis aller dieser Gruppierungen war das Bekenntnis zu dem einen Gott Israels und der Bezug auf die Tora als die Richtschnur ihres Lebens.

Die Evangelien nennen als Gesprächspartner und Gegner Jesu vor allem zwei Gruppen: die Sadduzäer und die Pharisäer. Flavius Josephus zählt in seinem Werk über den jüdischen Krieg drei „philosophische Schulen" unter den Juden auf: Pharisäer, Sadduzäer und Essener.

Literatur (allgemein):

J. Neusner, Judentum in frühchristlicher Zeit, Stuttgart 1988.

G. Stemberger, Pharisäer, Sadduzäer, Essener. SBS 144, Stuttgart 1991.

Die Pharisäer

Die Pharisäer sind uns fast ausschließlich aus sekundären Quellen bekannt, die über sie berichten. Neben dem Neuen Testament sind hier Flavius Josephus und die rabbinischen Schriften zu nennen. Dabei geht es keiner dieser Quellen darum, ein objektives Bild zu zeichnen. Während Flavius Josephus ein ausgesprochener Parteigänger der Pharisäer ist, befinden sich die Autoren des Neuen Testaments in kritischer Auseinandersetzung mit ihnen. Die Rabbinen schließlich sind an einem bestimmten theologischen Verständnis der Tora interessiert.

Der Name „Pharisäer" (Φαρισαῖος / Pharisaîos) ist vom hebräischen Verb פרש (prš) abzuleiten und bedeutet zunächst „der Abgesonderte", kann aber auch den negativen Beiklang „Separatist" bekommen. Vielleicht war „Pharisäer" ursprünglich eine negativ gemeinte Fremdbezeichnung, die an das für den Außenstehenden Charakteristische dieser Gruppe anknüpfte. Der einzige Zeuge für eine

Selbstbezeichnung als „Pharisäer“ ist Paulus (Phil 3,5), während sich die Gruppenangehörigen sonst wohl als „Weise“ bzw. „Genossen“ bezeichneten.

Der Ursprung der Pharisäer ist nicht mehr exakt zu fassen. Sie gehören zunächst ganz allgemein in die in bestimmten Kreisen des nachexilischen Judentums zu beobachtende Tendenz zur Absonderung, die der klaren Trennung von den heidnischen Fremdvölkern diente. Genauer wird man den Ursprung der Pharisäer im Umfeld der Opposition gegen die akuten Hellenisierungsbestrebungen des 2. Jh. (Antiochus IV. Epiphanes) zu suchen haben. Häufig wird dabei auf die 1Makk 2,42 genannte „Synagoge der Chassidim (Frommen)“ verwiesen. Falls dieser Zusammenhang zutrifft, haben die Pharisäer einen ähnlichen Ursprung wie die Essener. Diese ursprüngliche Nähe wäre dann später allerdings bitterer Feindschaft gewichen, denn in den Qumranschriften werden die Pharisäer mit heftigen Attacken bedacht (vgl. 4QpNah 1,2; CD 1,11ff).

Zu Beginn ihrer Geschichte haben sich die Pharisäer als politisch–religiöse Oppositionspartei gegen die illegitimen Ansprüche der herrschenden Hasmonäerdynastie auf die Hohenpriesterwürde profiliert. Während der Regierungszeit der Königin Salome Alexandra (76–67 v. Chr.) gewannen sie dann entscheidend an Einfluss und waren seitdem ein ernst zu nehmender Machtfaktor im frühjüdischen Parteiengefüge. Für die Zeit des Herodes beziffert Josephus ihre Zahl auf 6.000 und weiß von einer großen Popularität unter der Bevölkerung zu berichten.

Im 1. Jh. kommt es verstärkt zur Ausbildung konkurrierender Strömungen unter den Pharisäern, die traditionell mit den Namen Hillel und Schammai verbunden werden. Dabei gilt Hillel als Vertreter einer auch politisch gemäßigten Richtung, während Schammai einen rigorosen Ansatz repräsentiert. In dieser Zeit entsteht auch die Partei der Zeloten, deren Programm als Radikalisierung des pharisäischen Ansatzes verstanden werden kann (s.u.).

Ihre Anhängerschaft fanden die Pharisäer vor allem in der städtischen Mittelschicht und im „Kleinbürgertum“, so dass die unter anderem von Lukas (Apg 4,1ff; 5,17ff) vorausgesetzte Rivalität mit den aristokratischen Sadduzäern neben theologischen wohl auch soziale Ursachen hatte.

Das Parteiprogramm der Pharisäer kann auf den in Ex 19,6 formulierten Grundsatz: „Ihr sollt mir ein Königreich von Priestern und ein heiliges Volk sein.“ gebracht werden. Es ging ihnen um die Heiligung des Alltags durch die Tora. Das bedeutete konkret eine Ausweitung der ursprünglich nur für den Priesterdienst am Tempel geltenden Reinheits- und Speisegebote auf die alltäglichen Lebensvollzüge des ganzen Volkes. Um dieses Ziel erreichen zu können, wurden die

Weisungen der schriftlichen Tora auf die Gegebenheiten des weltlichen Alltags hin interpretiert und ausgelegt. Diese „mündliche Tora" wurde von den Pharisäern von der Sinaioffenbarung hergeleitet und auf diese Weise mit der gleichen Autorität versehen wie die schriftlich überlieferte.

Die mündliche Tora fragte dabei immer nach den konkreten Bedingungen und Möglichkeiten der Heiligung des Alltags. Hier liegt der positive Ansatz der uns häufig seltsam anmutenden Tora–Kasuistik, die möglichst für jeden Einzelfall das dem Willen Gottes entsprechende Verhalten benennen will.

Viele Pharisäer haben sich in Genossenschaften (הבורות / habûrôt) zusammengeschlossen, die eine Probezeit und bestimmte Satzungen kannten. Diese Genossenschaften hatten sich vor allem die strikte Erfüllung der Zehnt- und Reinheitsgebote zur Aufgabe gemacht, um auf diese Weise das Programm der Heiligung des Alltags zu leben. Dabei nahm man es z. B. auf sich, alle Nahrungsmittel im Zustand levitischer Reinheit zu sich zu nehmen, d. h. die Mitglieder der Genossenschaften näherten sich dem Tisch wie der Priester dem Altar. Die Genossenschaften dienten dazu, sich von aller kultischen Unreinheit abzusondern. Alle Juden, die sich nicht dem Programm der Verwirklichung der Tora im Alltag anschlossen, wurden als Landvolk (עם הארץ / am hā-āræs) geringgeschätzt (vgl. Joh 7,49). Zugleich konnten die Pharisäer in den Genossenschaften aber auch ihr Programm vorbildlich leben und auf diese Weise zu seiner Popularisierung beitragen.

Das Programm der Pharisäer, das an die Stelle des Tempels und des dort praktizierten Kultes das Studium der Tora und einen durch ihren Vollzug geheiligten Alltag stellte, hat wesentlich dazu beigetragen, dass das Judentum nach der Zerstörung des Tempels durch die Römer weiterbestehen konnte.

Literatur: *H.-F. Weiß*, Art. Pharisäer, TRE XXVI, 473–485.

Die Sadduzäer

Als schriftliche Quellen über die Sadduzäer stehen uns nur die Sekundärberichte bei Flavius Josephus, im Neuen Testament, in der rabbinischen Literatur und bei den Kirchenvätern zur Verfügung. Die Auswertung dieser Texte ist noch schwieriger als im Falle der Pharisäer. Während dort die Sekundärquellen aus unterschiedlicher Perspektive berichten, sind die Nachrichten über die Sadduzäer durchweg kritisch bis polemisch.

Der Name „Sadduzäer" (Σαδδουκαῖος / Saddukaīos) ist erstmalig Mk 12,18 bezeugt und von Zadok abzuleiten, der in der davidisch–

salomonischen Zeit Hoherpriester war (vgl. 2Sam 8,17 u. ö.). Als Parteiname bezeichnet er aber nicht mehr einen Angehörigen der sich auf Zadok zurückführenden Priesterdynastie, sondern einen Parteigänger der zadokidischen Priesteraristokratie.

Über den Ursprung der Partei der Sadduzäer schweigen die Quellen. Flavius Josephus erwähnt sie erstmalig zur Zeit der Regierung des Makkabäers Jonatan (161–143), sie erscheinen dabei aber als eine bereits etablierten Größe im Machtgefüge des jüdischen Staates. Man gewinnt den Eindruck, dass die Sadduzäer in dieser frühhasmonäischen Zeit eine Art „Regierungspartei" waren, die als Standespartei der höheren Jerusalemer Tempelpriesterschaft nachhaltigen Einfluss ausübte. Sie stützten dabei mit ihrer national-partikularistischen Grundeinstellung die Politik der Hasmonäer.

Die weitere Geschichte der Sadduzäer ist von einem steten Wechsel zwischen Zeiten des politischen Einflusses und solchen der Opposition bestimmt. Nachdem die Römer den Herodessohn Archelaos abgesetzt hatten (6 n. Chr.) gewannen sie erheblich an Macht. Flavius Josephus rechnet z. B. den Hohenpriester Hannas d. J. zur Partei der Sadduzäer. Diese Machtposition war allerdings durch die römischen Präfekten bzw. Prokuratoren auf Tempel und Tempelstaat begrenzt. Das zwang die Sadduzäer zu einem politischen Spagat zwischen den eigenen Interessen und denen der römischen Besatzungsmacht, wenn sie ihre relative Autonomie erhalten wollten (vgl. Joh 11,47–50).

Nach allem, was wir wissen, war den Sadduzäern ein konservativer Grundzug eigen, der sie zu Verfechtern des politischen und religiösen status quo machte. Interessanterweise konnte sich dieser Konservatismus aber durchaus mit einer aufgeschlossenen Haltung gegenüber den kulturellen Einflüssen des Hellenismus verbinden. Dafür sind nicht zuletzt die archäologischen Funde aus dem Jerusalem des 1. Jh. beredtes Zeugnis.

Im Gegensatz zu den Pharisäern, deren Konstruktion einer mündlichen Tora sie strikt ablehnten, erkannten die Sadduzäer nur die schriftliche Tora als verbindlich an. Damit hing zusammen, dass sie die Hoffnung auf eine zukünftige Auferstehung der Toten und auf eine endzeitliche Vergeltung für die Gerechten nicht teilten. Vielmehr waren sie Anhänger einer innerweltlichen Vergeltungslehre, d. h. sie rechneten damit, dass der Mensch von Gott bereits im irdischen Leben Lohn und Strafe erhält. So schärften sie die Eigenverantwortlichkeit des Menschen für sein Tun ein.

Die Geschichte der Sadduzäer endet mit der jüdischen Niederlage und der Tempelzerstörung im Jahre 70, die die Basis ihrer Macht und den Bezugspunkt ihrer religiösen Anschauungen zerstörten.

Literatur: *H.-F. Weiß*, Art. Sadduzäer, TRE XXIX, 589–594.

Die Essener

Im Falle der Essener hängt die historische und theologische Einordnung und Beschreibung der Gruppierung weitgehend davon ab, wie man das Verhältnis zwischen ihr und den Schriftrollen von Qumran beurteilt.

Der über Jahrzehnte weithin bestehende Konsens, in den Bewohnern von Qumran Essener zu sehen und die in den Höhlen gefundenen Texte als Dokumente essenischer Theologie zu betrachten, ist in letzter Zeit sowohl aus archäologischen als auch aus inhaltlich-theologischen Gründen in Frage gestellt worden. Diese kritischen Anfragen zwingen zu einer differenzierteren Sicht, doch wird man grundsätzlich daran festhalten können, dass die Bewohner von Qumran eine Gruppe innerhalb der essenischen Bewegung waren.

Die antiken Berichte über die Essener finden wir bei Flavius Josephus (Bell 2,119–166; Ant 13,171–173; 15,371f.; 18,11–25), Plinius d. Ä. (Naturalis historia 5,73) und Philo von Alexandrien (prob 72–91). Bei der Beurteilung dieser Berichte ist zu beachten, dass wohl keiner der drei Autoren aus eigener Anschauung schreibt. Insbesondere Josephus bemüht sich zudem, die Anschauungen der Essener für seine nichtjüdischen Leser mittels einer interpretatio graeca verständlich zu machen. Gerade wenn man dies berücksichtigt, sind die Parallelen zwischen den antiken Berichten, insbesondere die Beschreibung bei Flavius Josephus, und dem aus den Schriftrollen gewonnenen Bild erstaunlich.

Auch bei der Auswertung der Schriftrollen aus den Höhlen von Qumran hat sich eine differenzierte Lektüre durchgesetzt. Nicht alles, was gefunden worden ist, kann einfach unbesehen für die Theologie und Lebensweise der (Qumran)Essener in Anspruch genommen werden. Offenbar wurden auch Texte aufbewahrt, die zwar von Interesse waren, aber nicht Ausdruck der theologischen Überzeugungen der (Ab)Schreiber. Trotzdem ist es möglich, unter Einbeziehung der Texte aus den Höhlen ein Bild von der Geschichte und Theologie der Essener zu zeichnen.

Für die Bezeichnung der einzelnen Schriften, die in den Höhlen um Qumran gefunden wurden, hat sich eine Nomenklatur durchgesetzt, die zuerst die Höhlennummer nennt (z. B. 1Q) und dann ein Kürzel für die Schrift (z. B. „S“ für Sektenregel) oder eine laufende Nummer anfügt. Sind mehrere Fragmente derselben Schrift in einer Höhle gefunden worden, dienen hochgestellte Kleinbuchstaben zur Unterscheidung (z. B. 1Q Jes^{a}).

Der Name „Essener" ist nach der wahrscheinlichsten Etymologie vom aramäischen (חזן / h^{a}zên) abzuleiten, das „rein, heilig" bedeutet. Nach der in Qumran gefundenen Gemeinderegel (1QS) bezeichnete sich die Gruppe selbst als „Einung" (יחד / jāhad).

Die Geschichte der Essener ist für uns nur in groben Zügen erkennbar. Sie scheinen in priesterlichen Kreisen im Zuge der Opposition gegen die Hellenisierungstendenzen des frühen 2. Jh. v. Chr. entstanden zu sein. Mehrere Texte aus Qumran legen einen gemeinsamen Ursprung mit den Pharisäern nahe. Allerdings scheint diese ursprüngliche Nähe später in erbitterte Feindschaft umgeschlagen zu sein, da die Pharisäer in den Qumranschriften als „diejenigen, die 'glatte' Anweisungen geben", erscheinen (4Qp 169 u. ö.). Offenbar galt den Essenern die pharisäische Torapraxis als zu wenig konsequent.

Sowohl die Schilderung bei Flavius Josephus als auch die unterschiedlichen Vorschriften in 1QS und der Damaskusschrift (CD) legen nahe, dass es unterschiedliche Gruppen von Essern gegeben hat. So setzt die Damaskusschrift Frauen und Kinder als zum „Neuen Bund im Lande Damaskus" gehörig voraus, während 1QS Frauen mit keinem Wort erwähnt. Auch die Aufnahme in die Gemeinschaft und deren konkrete Organisation sind in beiden Texten unterschiedlich geregelt.

Für die Beschreibung des Verhältnisses der Essener zu den Hasmonäern und dem Tempel in Jerusalem ist ein in Qumran entdecktes (Brief?)Fragment (4Q MMT) von entscheidender Wichtigkeit. Der in mehreren Abschriften überlieferte Text geht vielleicht direkt auf den Lehrer der Gerechtigkeit – die herausragende Führergestalt der Frühzeit der Essener – zurück und ist um 150 v. Chr. an den Hasmonäer Jonatan (152–143) gerichtet worden, der neben der politischen Führung auch das Hohenpriesteramt für sich in Anspruch nahm. Der Brief listet über 20 Vorschriften der Tora auf, gegen die die im Tempel übliche Praxis nach Ansicht des Lehrers der Gerechtigkeit verstieß. Außerdem bietet er eine Liste von Sabbatterminen, die auf dem von den Essenern vertretenen Sonnenkalender basieren, während am Tempel ein Mondkalender verwendet wurde. Das Schreiben gipfelt in der Forderung an Jonatan, auf das Amt des Hohenpriesters zu verzichten. Er war nach Meinung des Lehrers der Gerechtigkeit illegal zu dieser Würde gekommen, da er nicht dem Geschlecht der Zadokiden entstammte. Die Essener hielten dagegen am Anspruch der Zadokiden auf das Amt des Hohenpriesters fest.

Die Siedlung in Qumran ist möglicherweise im Gefolge des endgültigen Zerwürfnisses mit dem Tempel entstanden. Hier befand sich allem Anschein nach ein Zentrum der Essener, die die Wüste als den Ort ansahen, dem Herrn den Weg zu bereiten (Jes 40,3). Essener aber gab es nach übereinstimmender Auskunft von Flavius Josephus und der Damaskusschrift (CD) in ganz Israel. Josephus und Philo beziffern ihre Zahl mit 4000.

Das Ziel der Essener war ein Leben gemäß der Weisung (Tora) Gottes, deren Studium nach Auskunft der Gemeinderegel ⅓ der Nächte gewidmet waren. Im Unterschied zu den Pharisäern legten sie die Tora aber äußerst rigoros aus. Die für die Priester am Tempel geltenden Regeln wurden z. T. sogar noch verschärft, um die Heiligkeit der Endzeitgemeinde (das wahre Israel), die als einzige gerettet werden wird, zu erhalten. Der Lebenswandel in Heiligkeit wird zudem als Sühnung der Übertretung der Tora verstanden. Verstöße gegen die entsprechenden Regeln sind mit drakonischen Strafen belegt.

Die rigorose Auslegung der Reinheitsgebote führte auch dazu, dass Frauen bei den Essenern eine ganz untergeordnete Rolle spielten. Zumindest ein Teil der essenischen Bewegung scheint sie ganz aus ihren Reihen verbannt zu haben. Da Frauen potentiell als kultisch unrein galten, wurden sie nach Darstellung der Qumrantexte zumindest von den gemeinsamen Mahlfeiern ausgeschlossen. Diese Mahlfeiern verstanden die Essener als Vorwegnahme des großen Freudenmahles am Ende der Zeit.

Die mit großer Wahrscheinlichkeit auf die Essener selbst zurückgehenden Schriften sind häufig von einem scharfen Dualismus geprägt. So fordert die Gemeinderegel die „Söhne des Lichts“ auf, die „Söhne der Finsternis“ zu hassen. Für die unmittelbar bevorstehende Endzeit rechnen die Essener mit einem Kampf zwischen beiden (vgl. die sogenannte „Kriegsrolle“ 1QM). Diese dualistische Weltsicht spiegelt sich auch in der Anthropologie wider, die den Menschen entweder vom Geist der Wahrheit oder vom Geist des Frevels beherrscht sieht. Dem entspricht die Lehre, dass Gott das Geschick der Menschen schon vor der Schöpfung festgelegt habe. Hier lässt sich der Einfluss apokalytischen Denkens unmittelbar greifen.

Die Gemeinschaft von Qumran war streng hierarchisch gegliedert. An ihrer Spitze stand ein Leitungsgremium aus 12 Laien und drei Priestern. Oberstes Entscheidungsgremium scheint aber die „Ratsversammlung der Vielen“ gewesen zu sein. Die Aufnahme in die Gemeinschaft war durch eine mehrjährige Prozedur geregelt. Die Mitglieder brachten dabei ihren Besitz in die Gemeinschaft ein. Vermutlich wurde das als Rückgabe des Eigentums an Gott verstanden.

Literatur:

A. Lange, Art. Qumran, RGG4 4, 1873–1896.

E. Lohse (Hrsg.), Die Texte aus Qumran hebräisch-deutsch, Darmstadt [4]1986.

H. Lichtenberger, Art. Essener / Therapeuten, RGG4 2, 1590–1592.

J. Maier (Hrsg.), Die Qumran–Essener: Die Texte vom Toten Meer. Band I: Die Texte der Höhlen 1–3 und 5–11, UTB 1862, München / Basel 1995; Band II: Die Texte der Höhle 4, UTB 1863, München / Basel 1995; Band III: Einführung und Register, UTB 1916, München / Basel 1996.
J. Magness, The Archaeology of Qumran and the Dead Sea Scrolls, Grand Rapids 2003.
A. Stendel, Die Texte aus Qumran II. Hebräisch/Aramäisch und Deutsch, Darmstadt 2001.
D. Stökl Ben Ezra, Qumran, UTB 4681, Tübingen 2016.

Die Zeloten

Die Zeloten sollen in diesem Zusammenhang besprochen werden, obwohl es sich strenggenommen um keine religiöse Partei im Sinne der bisher beschriebenen Gruppen handelt. Wollte man sie mit modernen politischen Bewegungen vergleichen, könnte man die Zeloten am ehesten als Guerilla–Bewegung bezeichnen. Die Römer und unsere Hauptquelle Flavius Josephus diffamieren sie als „Räuber“. Das Neue Testament nimmt auf die Zeloten nur indirekt Bezug. Allerdings hat wohl einer der Jünger Jesu dieser Bewegung angehört (vgl. Lk 6,15 – Simon, genannt der Zelot [Mk 3,18; Mt 10,4 bieten die entsprechende aramäische Bezeichnung Kananäus]).

Der Name „Zelot“ kommt aus dem Griechischen (ζηλωτής / zēlōtēs) und bedeutet „der Eiferer“. Gemeint ist der Eifer um Gott, der die Triebfeder der zelotischen Aktionen war.

Josephus berichtet, dass die zelotische Bewegung aus dem Widerstand gegen den Zensus erwuchs, den die Römer in Samaria, Judäa und Idumäa durchführten, nachdem sie diese Gebiete im Jahre 6 zur imperatorischen Prokuratur Judäa unter ihrer direkten Herrschaft zusammengefasst hatten. An der Spitze des Widerstandes standen der Schriftgelehrte Judas (genannt „der Galiläer“) und der Pharisäer Zadok. Das Zentrum der Zeloten war Galiläa.

Die zelotischen Gruppen operierten von unwegsamen Gebieten aus. Sie versuchten, die römische Besatzungsmacht durch „Nadelstichangriffe“ zu treffen. Andererseits scheuten sie aber auch nicht davor zurück, die Bevölkerung mit Gewalt in ihrem Sinne zu beeinflussen. Die Gruppe der Sikarier (von lat. sica – der Dolch) ging sogar dazu über, einzelne politische Gegner oder Kollaborateure durch Mord zu beseitigen.

Nach dem Verständnis der Zeloten duldet Gottes Königtum in Israel keine andere Herrschaft neben sich. Umkehr zu Gott und seinen Weisungen ist dann untrennbar mit der Aufkündigung des Gehorsams gegen irdische Herrschern verbunden. Das schließt die Verweigerung von Steuern ein. Dieses Thema gewann im Verhältnis zu den Römern noch an besonderer Brisanz. Nach römischem Rechtsverständnis ging alles Land bei der Eroberung in römischen Besitz über und wurde der einheimischen Bevölkerung nur zur Nutzung überlassen. Dafür hatte sie Steuern zu zahlen. Nach der Glaubensüberzeugung der Zeloten war das Heilige Land Israel von Gott selbst gegebenes Erbe, das unveräußerlich war.

Der Eifer der Zeloten zeigte sich auch in der radikalen Durchsetzung des Bilderverbotes (die bildergeschmückten königlichen Paläste in Tiberias und Jerusalem wurden im jüdischen Krieg zerstört) und der Heiligkeit des Tempelbezirkes. Sie gingen auch gegen Juden vor, die nichtjüdische Frauen geheiratet hatten. Dazu sind Zwangsbeschneidungen überliefert.

Man kann sagen, dass die Zeloten das pharisäische Programm der Heiligung des Alltags radikalisiert und um eine entscheidende politische Note erweitert haben. Dazu kommen starke Einflüsse apokalyptischen Denkens. Die sich steigernde wirtschaftliche Not im Palästina des 1. Jh. wurde als Zeichen der nahenden Endzeit gedeutet. Für diese erwartete man einen letzten Krieg gegen die Gottlosen, an dem man sich aktiv beteiligen wollte. Hier gibt es auch Berührungen zu den Essenern (1QM).

Die Zeloten hatten ihre Anhänger vor allem unter der verarmten Landbevölkerung Galiläas, die am stärksten unter der doppelten Ausplünderung durch Besatzungsmacht und lokale Großgrundbesitzer und der wirtschaftlichen Misere litt. Ihren Höhepunkt erlebte die zelotische Bewegung im Jüdischen Krieg (66–70). Dieser Aufstand gegen die Römer wurde zu wesentlichen Teilen von ihr getragen. Die Niederlage, die in der Eroberung Jerusalems und der Zerstörung des Tempels durch die Römer ihr grausiges Finale hatte, bedeutete zugleich die Vernichtung der Zeloten.

Literatur: *M. Hengel,* Die Zeloten. Untersuchungen zur jüdischen Freiheitsbewegung in der Zeit von Herodes I. bis 70 n.Chr., Leiden / Köln ^{2}1976.

Die Evangelien erwecken an einigen Stellen den Eindruck, als ob es sich bei den **Schriftgelehrten** um eine eigene Partei neben den anderen handeln würde (vgl. Mt 12,38; 15,1; 23,2 u.ö.). Historisch ist dieser Eindruck unzutreffend. Die Schriftgelehrten sind vielmehr ein eigener Berufsstand, der sich mit der Überlieferung und Auslegung der Tora befasste. Schriftgelehrte konnten in dieser Funktion dann durchaus auch Anhänger einer bestimmten religiösen Partei sein (vgl. Mk 2,16 – Schriftgelehrte, die zur Partei der Pharisäer gehören).

Literatur: *H.-F. Weiß*, Art. Schriftgelehrte, TRE XXX, 511–520.

Götter in der Umwelt des Neuen Testaments

Wenn Paulus in seinem Brief an die Thessalonicher schreibt, dass der Glaube der Adressaten allseits bekannt sei und man sich erzähle, „... wie ihr euch zu Gott bekehrt habt von den Götzen, um dem lebendigen und wahren Gott zu dienen" (1Thess 1,9), nimmt er auf die Lebenswelt der Gemeinde Bezug, in der eine Vielzahl von Göttern selbstverständlich präsent war und Verehrung genoss. Zugleich formuliert er diese Bezugnahme als sich klar positionierenden Rückblick – das Bekenntnis zu dem „lebendigen und wahren Gott" bedingt, dass die Götter der Umwelt nur als „Götzen" bzw. als sogenannte Götter (1Kor 8, 4–6; vgl. Gal 4,8) angesehen werden können.

Mit dieser exklusiven Theologie bildet das frühe Christentum mit dem Judentum eine Ausnahme in der religiösen Welt der Antike. Für einen antiken Menschen ist es vollkommen unproblematisch, zu verschiedenen Anlässen unterschiedliche Götter zu verehren bzw. anzurufen – als Bürger einer Polis anlässlich des Festes die lokalen Hauptgottheit, als Mitglied eines Vereins beim jährlichen Vereinsfest die entsprechende Schutzgottheit oder bei privaten Höhepunkten wie Hochzeit oder Geburt die jeweils „zuständigen" Götter. Man hat zwar persönliche Präferenzen, aber das bedeutet nicht, anderen Göttern ihre Macht oder gar ihre Existenz abzusprechen.

Statue der Artemis Ephesia

Der theologische Exklusivanspruch des einen wahren Gottes ist wohl auch die tiefere Ursache dafür, dass kaum einer der vielen Götter der Welt des Imperium Romanum in den Texten des Neuen Testaments mit Namen genannt wird.

Eine der Ausnahmen bildet die in Apg 14,8–18 erzählte Episode, in der Barnabas und Paulus von den Einwohnern der lykaonischen Stadt Lystra als Zeus und Hermes verehrt werden. In diesem Zusammenhang ist dann auch von einem „Zeus vor der Stadt“ (V. 13) die Rede. Außerdem notiert Lukas quasi am Rande, dass in Lystra Lykaonisch gesprochen worden sei (V. 11). Kombiniert man beide Angaben miteinander, scheint die Annahme plausibel, dass der von der Stadt verehrte Gott ursprünglich eine lykaonische Lokalgottheit war, die erst im Zuge der Hellenisierung Lystras mit Zeus identifiziert worden ist.

Dieses Phänomen einer so genannten Interpretatio Graeca ist weit verbreitet. Auch die berühmte **Artemis Ephesia** ist ein Beispiel für eine derartige sekundäre Identifizierung. Sie trägt sowohl Züge einer Segen spendenden Fruchtbarkeitsgöttin als auch der „Herrin der Tiere“. Letzteres führte wohl zu ihrer Identifikation mit der griechischen Artemis. Im Laufe der Zeit kamen weitere Aspekte hinzu. So zeigen die astralen Symbole am Gewand der berühmten im Prytaneion in Ephesos gefunden Artemisstatue, dass die Göttin in der Blütezeit der Stadt auch Züge einer kosmischen Herrscherin angenommen hatte.

Ihr Heiligtum, von dem heute nur noch geringe Reste sichtbar sind, befand sich außerhalb der Stadt und scheint nach Ausweis der archäologischen Funde von hohem Alter gewesen zu sein. Zur Zeit der Entstehung der neutestamentlichen Schriften war der Tempel der Artemis Ephesia ein bedeutendes Wallfahrtszentrum. Außerdem fungierten Tempel und Priesterschaft auch als Grundbesitzer und Bank.

Häufig werden aber auch alte nichtgriechische Götter unter ihrem ursprünglichen Namen weiter verehrt. Das betrifft sowohl den öffentlichen Kult als auch die private Religiosität. So sind auf einem Berg ca. 3,5 km nordöstlich der Stadt Antiochia Pisidia die Ruinen des zentralen Heiligtums des anatolischen Mondgottes **Men Askaênos** erhalten, der bis weit in die römische Kaiserzeit hinein hohe Wertschätzung genoss. Zahlreiche Weihereliefs entlang eines Prozessionsweges von der Stadt zum Heiligtum belegen, dass Men Askaênos die Hauptgottheit Antiochias war.

Ein anderes Beispiel findet sich in Philippi. Der Felsen der Akropolis der Stadt diente über Jahrhunderte als Ort der Götterverehrung. Hier finden sich sowohl – meist relativ bescheidene – Heiligtümer, die von Kultvereinen genutzt wurden, als auch kleine Felsnischen (für Götterstatuetten oder -reliefs) und Felsreliefs mit Götterdarstellungen, die von Privatleuten angebracht worden sind. Unter den verehrten Göttern erscheinen neben dem italischen Gott **Silvanus** (Philippi ist römische Kolonie!) und der griechischen Artemis auch thrakische Gottheiten (Philippi liegt auf ehemals thrakischem Gebiet) – die Muttergöttin **Bendis** und der so genannte Thrakische Reiter, der in Philippi als **„Heros Aulonites"** auch öffentliche Verehrung erfuhr.

Schließlich begegnet im Imperium Romanum das Phänomen, dass ursprünglich orientalische Gottheiten einen Siegeszug durch das Reich antreten. Bekanntestes Beispiel neben dem frühen Christentum ist das ägyptisch-hellenistische Götterpaar **Isis und Sarapis**. Ihr Kult findet sich an vielen Orten, in denen auch frühe christliche Gemeinden belegt sind, z. B. in Pergamon und dem östlichen korinthischen Hafen Kenchreai. Da Isis von ihren Anhängern als Allgöttin verehrt wurde und die Einweihung in ihre Mysterien „wie ein Symbol freiwilligen Todes und einer aus Gnaden gewährten Erlösung" (Apuleius, Metamorphosen, XI 21,6) gefeiert wurde, war sie eine starke Konkurrentin der frühchristlichen Mission.

Die Verehrung einer ganzen Reihe von Gottheiten ist in der römischen Kaiserzeit mit **Mysterienkulten** verbunden. Hier sind an erster Stelle die seit grauer Vorzeit gefeierten Mysterien der Demeter im griechischen Eleusis zu nennen. Aber auch die schon erwähnte Isis, Dionysos, Kybele und Mithras waren für ihre Mysterien berühmt. Wer sich in einen Mysterienkult einweihen ließ, erhoffte sich durch das rituelle Einswerden mit dem Schicksal der Gottheit individuelle Erlösung. Von den Details der Kulte wissen wir aufgrund der sog. Arkandisziplin, die das Ausplaudern der Mysterien unter strenge Strafe stellte, nur wenig. Lediglich einzelne literarische (z. B. Apuleius, Metamorphosen, Buch XI) und archäologische (Mithräen) Quellen erlauben gewisse Einblicke. Demnach waren die Kulte von einer Dreiheit aus ritueller Handlung, Präsentation heiliger Gegenstände und Lesung der Mythen geprägt. Für jedermann sichtbar waren die teils prachtvollen bzw. ekstatischen Umzüge, die von den Kultvereinen veranstaltet wurden.

Als die Römer Kleinasien für ihr Imperium in Besitz nahmen, hatte die Verehrung des lebenden Herrschers in diesem Gebiet bereits eine lange Tradition. Insofern ist es nur folgerichtig, dass diese Gewohnheit auf die neuen Machthaber übertragen wurde. Da zur Zeit der römischen Republik keine personale zentrale Autorität existierte, ehrte man entweder hohe römische Beamte oder errichtete Tempel zu Ehren der Dea Roma, der Personifikation der Macht des Imperium Romanum. Das änderte sich, als Augustus als Princeps die Macht in einer Hand vereinte. Ab diesem Zeitpunkt konzentrierte sich die Verehrung auf den Herrscher, dem als divus (Staatsgott) Dankbarkeit und Verehrung für erfahrene Wohltaten entgegengebracht wurden.

Für die Kaiser wurden Ehrenstatuen errichtet und Tempel gebaut, deren größte in den Orten einer Provinz entstanden, die offiziell mit einer Neokorie (wrtl. Tempelhüterin) für einen Kaisertempel privilegiert worden waren, z. B. in Ephesos und Tarsus. Diese Tempel waren damit zugleich die Zentralorte des **Kaiserkultes** der entsprechenden Provinz. Daneben gab es den Fall, dass die Kaiser im Zentralheiligtum einer Stadt mit den Stadtgöttern eine Tempelgemeinschaft eingingen, so z. B. in der pamphylischen Stadt Side.

Die Priesterämter an den Kaisertempeln wurden wie auch sonst ehrenamtlich ausgeübt. Sie hatten einen hohen Prestigewert und dienten dazu, die Elite der Provinzen an das Kaiserhaus und die römische Reichsidee zu binden. Die Festtage des Kaiserkultes waren üblicherweise mit dem Geburtstag des Kaisers verbunden, dem das entsprechende Heiligtum geweiht war. Alternativ konnte auch das Datum der Verleihung der Neokorie gewählt werden. Diese Festtage waren mit besonderen Opfern, festlichen Umzügen, gemeinsamen Mahlzeiten und sportlichen und / oder musischen Wettkämpfen verbunden. Insofern hatten Städte, die das Privileg einer Neokorie genossen, durchaus auch einen wirtschaftlichen Vorteil davon, zumal die Kaiser dieses Privileg häufig mit der steuerlichen Freistellung entsprechender Spiele verbanden.

Zusammenfassend kann man sagen, dass der Kaiserkult das Machtgefüge im Imperium Romanum symbolisierte. Insofern wirkte er stabilisierend im Sinne der inneren Ordnung des Reiches. Man hat ihn sogar als „institutionelle Metapher“ bezeichnet, d. h. im Vollzug der Verehrung des Kaisers wurde die Grundstruktur der Gesellschaft des Imperium Romanum erinnert und zugleich weiter tradiert.

Literatur: *H.-J. Klauck*. Die religiöse Umwelt des Urchristentums I + II, Stuttgart 1995f.

J. Schröter / J. Zangenberg (Hrsg.), Texte zur Umwelt des Neuen Testaments, UTB 3663, Tübingen ^{3}2013

Apokalyptik und Neues Testament

Die Apokalyptik ist eine theologische Strömung, die im Judentum erstmalig zu Beginn des 2. Jh. v.Chr. greifbar ist (Danielbuch). Ihr ähnliche Vorstellungen begegnen im gleichen Zeitraum auch in anderen Religionen des östlichen Mittelmeerraumes. Die jüdische Apokalyptik hat ihrerseits Einflüsse aus dem iranischen Raum aufgenommen.

Die Apokalyptiker erwarten das Heil allein von der Zukunft. Die gegenwärtige Weltzeit wird als heil- und gottlos erlebt und angesehen. Deshalb wird Gott ein die Geschichte beschließendes „Ende" herbeiführen. Danach wird die bisher verborgene, universale und unbeschränkte Herrschaft Gottes anbrechen (die kommende Weltzeit). Diese Auffassung von der Geschichte bezieht sich nicht nur auf Israel allein, sondern schließt die gesamte Völkerwelt ein, denkt also universalistisch.

Die Aufgabe der Idee einer innerweltlichen Heilsgeschichte Gottes mit dem Volk Israel führt dazu, dass „Israel" unter apokalyptischem Vorzeichen neu definiert wird. Gottes Volk sind nur die Frommen, die ihm auch in der gegenwärtigen bösen Zeit treu geblieben sind und nach seinem Willen, der sich in der Tora manifestiert, gelebt haben. Allein sie werden die Herrschaft Gottes als Heilszeit erleben, während alle anderen seinem Gericht verfallen.

Die der Apokalyptik zugeordneten Schriften sind weithin von dualistischen Aussagen geprägt. Die gegenwärtige böse Welt und das zukünftige Heil, Ungerechte und Fromme, Teufel und Gott stehen einander gegenüber. Oft findet sich die Vorstellung eines (endzeitlichen) Kampfes zwischen den Antipoden. Die Apokalyptiker lassen allerdings keinen Zweifel daran, dass Gott am Ende siegen wird.

Der Apokalyptik ist ein hohes Bewusstsein dafür inhärent, dass das Heil nicht Ergebnis innerweltlicher Entwicklungen oder menschlicher Pläne sein kann, sondern allein Gottes Tat. Diese theologische Einsicht wird häufig durch einen strikten Determinismus ausgedrückt, der das Schicksal dieser Welt und jedes einzelnen Menschen schon mit der Schöpfung durch Gott beschlossen sieht.

Da der gegenwärtigen Weltzeit Heilsunfähigkeit bescheinigt wird, findet sich durchweg die Erwartung eines katastrophalen Umsturzes am Ende der Zeit. Die irdisch geltenden Koordinatensysteme werden von Grund auf verändert werden. Meist sieht man diese Zeitenwende als unmittelbar bevorstehend an. Signal dafür ist die ständig zunehmende Verworfenheit der Welt (Abfall von Gott, Vergessenheit der Tora, Verfall aller sittlichen und sozialen Ordnungen). Der Umbruch selbst wird von den sogenannten „Wehen der Endzeit" begleitet sein, die etwa in Weltkriegen oder kosmischen Katastrophen bestehen.

Die Konzentration der Hoffnung auf ein nahe bevorstehendes heilvolles Eingreifen Gottes zugunsten der Frommen hat dazu geführt, dass die Apokalyptik ihre Kraft vor allem in Zeiten der Not und Unterdrückung entfalten konnte. Die konsequente Relativierung irdischer Machtstrukturen konnte dabei soweit gehen, dass dagegen revolutionär vorgegangen wurde (vgl. die Zeloten).

Befragt man die Schriften des Neuen Testaments auf den Einfluss apokalyptischen Denkens, so ist das Ergebnis ein doppeltes. Einerseits finden sich beinahe durchweg mehr oder minder deutliche Aufnahmen apokalyptischen Gedankengutes. Andererseits muss man registrieren und ernstnehmen, dass diese Ideen genauso durchweg dem Christusgeschehen zugeordnet werden. Apokalyptische Vorstellungen sind also nicht als solche wichtig, sondern werden benutzt, um der christologisch begründeten Hoffnung der Christen Ausdruck zu verleihen. Eine gewisse Ausnahme macht hier allein die Apk. Der Verfasser lässt sich so weitgehend auf die apokalyptische Theologie und ihre Bilderwelt ein, dass diese sein Werk zu dominieren droht. Allerdings muss man auch hier den entscheidenden Unterschied zur jüdischen Apokalyptik festhalten: Der entscheidende Sieg über den Teufel ist bereits errungen, die Wende zum Heil hat bereits stattgefunden (vgl. Apk 12,10f u. ö.).

In den übrigen Schriften des Neuen Testaments begegnen apokalyptische Gedanken vor allem im Kontext der Erwartung der Parusie des Herrn (vgl. 1Thess 4,13–18; 1Kor 15,23–28 u. ö.). Damit können dann die Motive einer sich steigernden Verfolgung der Christen (vgl. Mk 13parr) bzw. eines großen Abfalls vom Glauben (Auftreten von Häretikern als Zeichen der Endzeit – vgl. 1Joh u. ö.) verbunden sein. In diesem Zusammenhang ist auch die Rede von Gott oder Christus (bzw. dem Menschensohn) als dem endzeitlichen Richter zu nennen (vgl. 1Thess 1,9f; Joh 5,22.27 u. ö.). Nur selten begegnet außerhalb der Apk die Vorstellung eines in der Endzeit auftretenden Widersachers (1Joh 2; 2Thess 2).

Insbesondere Paulus nutzt apokalyptische Vorstellungen, um die mit dem Christusereignis eingetretene Heilswende auszusagen. So kann er den Gedanken von den zwei Weltzeiten aufnehmen (2Kor 5,17; Gal 1,4) bzw. von der Vollendung der Zeiten reden (Gal 4,4). In diesen Zusammenhang gehört zudem das Motiv der neuen Schöpfung (2Kor 5,17; Gal 6,15 u. ö.).

Eine gewisse Sonderstellung nimmt der 2Petr ein. Hier gewinnt man den Eindruck, dass die apokalyptisch geprägte Eschatologie zum festen Bestandteil der als verbindlich angesehenen Glaubensvorstellungen geworden ist. Als solche wird sie gegen ihre Spötter verteidigt, ohne dass der Verfasser des Briefes Vertreter einer brennenden Naherwartung wäre.

Literatur: *F. Hahn*, Frühjüdische und urchristliche Apokalyptik. Eine Einführung, Neukirchen-Vluyn, 1998.
K. Müller, Art. Apokalyptik, NBL 1, 124–132
P. Vielhauer, G. Strecker, Apokalyptik des Urchristentums, Einleitung; in: W. Schneemelcher (Hrsg.), Neutestamentliche Apokryphen in deutscher Übersetzung. II. Band, Tübingen ^{5}1989, 491–547.

Die Qumran-Schriften und das Neue Testament

Als die ersten Schriftrollen aus den Höhlen bei Qumran veröffentlicht wurden, breitete sich unter den Exegeten zunächst eine gewisse Euphorie aus. Die Anzahl der Parallelen zwischen den neutestamentlichen Schriften und den neu entdeckten essenischen Dokumenten schien so groß, dass mit mannigfachen Einflüssen der Essener auf das frühe Christentum gerechnet wurde. Diese Euphorie ist schnell einer nüchterneren Betrachtung gewichen, doch bleibt die Bedeutung der Qumran–Schriften für die Interpretation des Neuen Testaments zweifelsohne sehr groß.

Da die gefundene Bibliothek nicht nur Schriften enthielt, die unmittelbar essenischen Ursprungs sind, sondern auch solche, die von ihnen aus unterschiedlichen Gründen studiert worden sind, ermöglichen die gefundenen Schriften einen Einblick in die religiöse Welt des antiken Judentums, der weit über die Essener hinausreicht. So ist es möglich, Jesus, die durch ihn ausgelöste Bewegung und das frühe Christentum in diesen Kontext einzuordnen.

Die Qumran–Schriften ermöglichen es darüber hinaus, Argumentationsstrukturen und theologische Begrifflichkeiten der neutestamentlichen Autoren präziser zu fassen und zu verstehen. Dabei wird immer wieder aufs Neue deutlich, wie sehr die frühe Christenheit an der frühjüdischen Tradition partizipiert hat. Manches, was früher als hellenistisch beeinflusst galt, kann aufgrund unserer Kenntnis der Qumran–Schriften als aus jüdischer Tradition geschöpft begriffen werden.

Es kann nicht Aufgabe dieses Kapitels sein, die vielfältigen Beziehungen zwischen den Schriften des Neuen Testaments und den Qumran–Schriften im Detail darzustellen. Einige exemplarische Beispiele müssen daher genügen.

Auch die Qumran–Schriften zeigen, wie sehr Jesus einen neuen Akzent setzte, als er die hereinbrechende Königsherrschaft Gottes in das Zentrum seiner Botschaft stellte. Der Begriff ist in ihnen nämlich genauso selten wie in der übrigen frühjüdischen Literatur. Wenn er verwendet wird, ist nie davon die Rede, dass Gottes Königsherrschaft jetzt irdisch Gestalt gewinnen würde. Gerade das aber macht das Wesen der Botschaft Jesu aus.

Einzelne Sensationsmeldungen behaupten immer wieder einmal, in Qumran seien Fragmente gefunden worden, die von einem leidenden und sterbenden Messias sprechen würden. Das Gegenteil ist richtig. Die gefundenen Schriften belegen eindrucksvoll, dass erst das Geschick Jesu die frühen Christen veranlasst hat, seinen Tod mit den jüdischen Messiaserwartungen zusammenzudenken. Möglich war das allein durch die Ostererfahrung. Die Qumran–Schriften haben allerdings geholfen, die frühjüdische Messianologie exakter zu beschreiben. So finden sich in Qumran drei messianische Gestalten: der königliche Messias, ein priesterlicher Messias und ein für die Endzeit erwarteter Prophet wie Mose.

Eine markante Parallele zwischen den Essenern und Jesus bzw. den frühen Christen findet sich in der Art des Umgangs mit der Heiligen Schrift. Die in Qumran gefundenen Midraschim (Kommentare) interpretieren die Schriften, insbesondere die Propheten, indem sie deren Aussagen unmittelbar auf die Gegenwart der Essener beziehen. Dabei wird zunächst ein Abschnitt zitiert, an den dann mit der Wendung „seine Deutung bezieht sich auf ...“ die Interpretation angeschlossen ist (Pescher–Methode). Diese Auffassung, dass die Heilige Schrift unmittelbar auf die Gegenwart zu beziehen sei, finden wir nun sowohl bei Jesus, der die Prophetie Jesajas auf seine eigene Wirksamkeit bezieht (Mt 11,4–6 par Lk 7,22f) als auch bei den Autoren des Neuen Testaments. So deuten alle Evangelien das Geschick Jesu mit Hilfe der Heiligen Schrift, besonders eindrücklich Matthäus in seinen Reflexionszitaten. Paulus sagt im Römerbrief nach einem Zitat aus Ps 68,10 (LXX) ausdrücklich, dass dieses „zu unserer Belehrung“ geschrieben worden sei (Röm 15,4; vgl. 4,24; 1Kor 9,10; 10,11).

Die Qumran–Schriften können auch dazu beitragen, die paulinische Rechtfertigungslehre differenzierter zu verstehen. So liefert das Fragment 4Q MMT den Beleg, dass die Essener ihre aus der Tora abgeleiteten Verhaltensregeln als „Werke der Tora“ bezeichneten. Wenn Paulus von den „Werken des Gesetzes“ (Röm 3,20) spricht, greift er also eine im Frühjudentum verwendete Formel auf. Das bedeutet allerdings nicht automatisch, dass Paulus und die Qumran-Essener mit der Formel auch exakt dasselbe meinen. Die Schriften der Essener zeigen aber auch erneut, wie verfehlt es ist, das Frühjudentum pauschal mit dem Etikett „Werkgerechtigkeit“ zu versehen.

So ist das lange Gebet, das die Gemeinderegel (1QS) abschließt, von dem tiefen Wissen darum geprägt, dass die Gerechtigkeit des Menschen letztlich allein der Gnade Gottes entspringt. „Und wenn ich strauchle durch die Bosheit des Fleisches, so besteht meine Gerechtigkeit durch die Gerechtigkeit Gottes in Ewigkeit. Und wenn er meine Bedrängnis löst, so wird er meine Seele aus der Grube ziehen und meine Schritte auf den Weg lenken.“ (1QS XI, 12f)

Der Dualismus der johanneischen Schriften mit seiner Rede von Licht und Finsternis hat seine frühjüdische Parallele in den Texten aus den Höhlen von Qumran gefunden (1QS; 1QM), muss also nicht mehr aus gnostischen Einflüssen erklärt werden. Auch die Rede von den Christen als den „Kindern des Lichtes“ (Lk 16,8) verdankt sich wohl essenischer Sprache.

Schließlich haben auch gewisse Organisationsstrukturen der Qumran-Essener möglicherweise auf die Binnenstruktur der frühen christlichen Gemeinden eingewirkt. So fällt auf, dass die in Mt 18,15–17 getroffenen Regelungen in Grundzügen dem entsprechen, was auch die „Gemeinderegel“ (1QS V,25 – VI,1, vgl. CD IX, 2–4) bestimmt.

Kein unmittelbarer essenischer Einfluss liegt bei der christlichen Taufe und dem Abendmahl vor, obwohl das immer wieder behauptet wird. Die essenischen Tauchbäder dienten der kultischen Reinheit und wurden daher täglich wiederholt. Die Taufe dagegen ist ein einmaliger Aufnahmeritus. Zwischen dem Abendmahl und den Gemeinschaftsmahlen der Essener gibt es zwar gewisse Entsprechungen (gemeinsames Mahl aller Mitglieder einer bestimmten Gruppe, eschatologischer Bezug), aber der jeweilige Kontext und die theologischen Inhalte sind letztlich so unterschiedlich, dass auch hier keine Verbindungen anzunehmen sind.

Literatur: Vgl. die im Kapitel zu den Essenern genannte Literatur.

Biblische Theologie

Mit dem Stichwort „Biblische Theologie“ verbindet sich das Anliegen einer Reihe von Exegeten, die Tatsache ernstzunehmen, dass die eine Heilige Schrift der Christen aus zwei Teilen – dem Alten und dem Neuen Testament – besteht. Sie bemühen sich deshalb, über die Darstellung der Theologien der einzelnen Schriften bzw. der „theologischen Summe“ des Alten oder Neuen Testaments hinauszukommen. Das Ziel besteht darin, die Heilige Schrift als theologische Einheit zu begreifen.

Das Kardinalproblem jeder Biblischen Theologie ist die Verhältnisbestimmung zwischen Altem und Neuem Testament. Dabei muss berücksichtigt werden, dass diese Fragestellung selbstverständlich nur aus christlicher Sicht zum Problem wird. Aus jüdischer Sicht hat sich Gott abschließend in der Geschichte mit seinem Volk offenbart. Aus sich heraus betrachtet ist die jüdische Bibel keineswegs notwendig auf eine Fortsetzung im Neuen Testament hin angelegt.

Die Versuche, eine Biblische Theologie zu entwerfen, sind nicht unwidersprochen geblieben. Dabei wird darauf verwiesen, dass der biblische Kanon aus historisch-kritischer Sicht ein dogmatisches Konstrukt des 4. Jh. ist. Zudem ist er noch (was den Umfang des Alten Testaments betrifft) zwischen den Kirchen umstritten (Römisch–katholische Kirche LXX–Kanon, Protestantische Kirchen – masoretischer Kanon). Außerdem wird der Vorwurf erhoben, dass eine Biblische Theologie die Spannungen zwischen dem Alten und Neuen Testament zugunsten einer traditionsgeschichtlichen Harmonisierung einebnen würde. Dabei bestehe die Gefahr, dass das Christusgeschehen als die endgültige Offenbarung Gottes nicht mehr adäquat zur Sprache komme. Beide kritischen Einwände müssen ernst genommen werden. Es bleibt daher zu fragen, inwieweit das Anliegen der Biblischen Theologie vom Neuen Testament selbst her berechtigt ist. Ausgangspunkt einer Antwort muss die Beobachtung sein, dass alle Autoren des Neuen Testaments die jüdische Bibel als „Schrift“ voraussetzen. Das gilt unbeschadet der Tatsache, dass in neutestamentlicher Zeit weder der hebräische noch der Septuaginta–Kanon bereits endgültig feststanden.

Obwohl die Verfasser der neutestamentlichen Schriften im Detail höchst unterschiedlich mit der „Schrift“ umgehen, kann doch kein Zweifel daran bestehen, dass sie von allen als Wort Gottes betrachtet wird. Das bedeutet zunächst einmal ganz fundamental, dass der Gott, den die Christen als den Vater Jesu und ihren Vater bekennen, kein anderer ist als der Gott Israels.

Die Folge ist, dass die Sprache und Theologie des Neuen Testaments nur dann recht verstanden werden können, wenn berücksichtigt wird, dass sie das Alte Testament voraussetzen. Dabei muss notwendig angemerkt werden, dass das Alte Testament keineswegs als solches, sondern immer schon in seiner frühjüdischen Interpretation vorausgesetzt ist. Die Autoren der neutestamentlichen Schriften lasen das Alte Testament gleichsam durch diese Brille. Deshalb ist die Kenntnis der frühjüdischen Literatur so wichtig für das Verstehen des Neuen Testaments.

Zugleich muss aber jede Biblische Theologie ernstnehmen, dass das Neue Testament das Christusgeschehen, d. h. das Wirken, Leiden und Sterben sowie die Auferweckung und Erhöhung Jesu Christi, als die eschatologische Selbstoffenbarung Gottes bezeugt. Es ist ein Geschehen von einer vollkommen neuen Qualität. In Christus realisiert sich der auch im Alten Testament bezeugte Heilswillen Gottes. Deshalb wird die „Schrift“ konsequent in christologischer Perspektive gelesen.

Eine christliche Lektüre des Alten Testaments kann dieses also gerade nicht als abgeschlossene Offenbarung Gottes lesen. Zudem muss im Blick auf eine Biblische Theologie immer auch gefragt werden, wie das im Neuen Testament rezipierte Alte Testament aussieht, d. h. wie die Autoren des Neuen Testaments das Alte Testament interpretieren (vgl. die von H. Hübner geprägte Formel des vetus testamentum in novo receptum).

Man wird im Blick auf die Durchführung einer Biblischen Theologie die Konsequenz ziehen müssen, dass die theologische Einheit der Heiligen Schrift nur als eine von Gott in Jesus Christus gesetzte dynamische Einheit begriffen werden kann. Ausgehend von diesem Grundansatz kann und muss dann im Detail gefragt werden, wo die substantiellen Gemeinsamkeiten zwischen Altem und Neuem Testament liegen. Dabei gilt es auch, den Spannungen des Rezeptionsprozesses nachzugehen. An dieser Stelle gewinnt dann die Frage nach dem Ursprungssinn der alttestamentlichen Schriften ihre Berechtigung. Nur so können die im Laufe der Traditionsgeschichte vollzogenen Reinterpretationen und ihre Bedeutung erkannt werden.

Literatur: *Chr. Dohmen*, T.Söding (Hrsg.), Eine Bibel – zwei Testamente, UTB 1893, Paderborn u.a. 1995.
H. Hübner, Biblische Theologie des Neuen Testaments, 3 Bände, Göttingen 1995.

Glossar

Das Glossar dient dazu, in der Fachliteratur und in dieser Bibelkunde häufig verwendete Fremdworte und theologische Begriffe zu erläutern. Bei Fremdworten wird die Übersetzung *kursiv* geboten.

Für die verwendeten Abkürzungen sei auf das Abkürzungsverzeichnis der Theologischen Realenzyklopädie, [2]1994 (überarbeitet) verwiesen.

Agape	gr. *Liebe(smahl)*; Gemeinsames Mahl der frühchristlichen Gemeinden. In den neutestamentlichen Texten (vgl. 1Kor 11, 20–34) wird vorausgesetzt, dass die Agapen mit der Feier der →Eucharistie verbunden waren.
Allegorie	gr. *anders sagen*; eine Form der bildlichen Rede, die den Leser durch bestimmte Signale darauf hinweist, dass anderes als das Gesagte gemeint ist (vgl. o.S. 171).
Apokryphen	gr. *verborgen*; eigentlich Bezeichnung für die Bücher, die nicht im →masoretischen →Kanon des Alten Testaments, sondern nur in der →Septuaginta enthalten sind. Auf frühchristliche Schriften übertragen, werden damit solche Texte bezeichnet, die nicht im Kanon des Neuen Testaments enthalten sind (z.B. das Petrusevangelium).
Apologie	gr. *Verteidigungsrede vor Gericht*; Die Apologie dient der Verteidigung oder Rechenschaft gegen Beschuldigung und Infragestellung. Im frühchristlichen Sprachgebrauch bezeichnet der Terminus die christliche Rechtfertigungsrede zugunsten der eigenen Wahrheit und Lehre gegenüber denjenigen, die diese bestreiten (vgl. 1Petr 3,15).
Apophthegma	gr. *Ausspruch*; Bezeichnung einer literarischen Gattung, in der ein pointierter Ausspruch oder Lehrspruch einer bekannten Persönlichkeit im Rahmen einer (fiktiven) idealen Szene wiedergegeben wird, die seine Entstehung begründen soll. Sie kommt im Neuen Testament vor allem in den Synoptikern vor.
argumentatio	lat. *Beweisführung*; in der antiken →Rhetorik dritter Hauptteil der Gerichtsrede, der die rechtliche Beurteilung des strittigen Falles bot (auch als probatio

	[*Prüfung, Beweis*] bezeichnet). Hier entscheidet sich, ob der Redner zu überzeugen vermag. Daher sollen die Argumentationsketten möglichst lebendig vorgestellt werden (als Dialog, unter Beigabe von Zitaten und Beispielen, durch rhetorische Fragen aufgelockert).
Chiasmus	gr. *kreuzweise* (nach dem griechischen Buchstaben X / Chi); Anordnung von Satzgliedern und größeren literarischen Einheiten in der Form A B C B‘ A‘, vgl. z. B. den Aufbau der Bergpredigt.
Christologie	gr. *Lehre von Christus*; Bezeichnung für alle Versuche, die heilvolle Bedeutung Jesu Christi durch Titel (Sohn Gottes, Herr usw.), Formeln oder Erzählungen auszudrücken.
corpus	lat. *Körper*; in der Literatur Bezeichnung für eine Gruppe von Schriften, z. B. Corpus Paulinum – die dem Paulus zugeschriebenen Schriften.
deuteropaulinisch	gr. *zweiter Paulus*; Bezeichnung für die Briefe im Neuen Testament, die den Apostel Paulus als Absender nennen, aber nicht von ihm selbst geschrieben wurden, vgl. →Pseudepigraphie.
Doketen/Doketismus	gr. *scheinen, scheinbar*; Eine christologische Lehrmeinung, die behauptet, die irdische Körperlichkeit Christi sei nur Schein gewesen.
Doxologie	gr. *Lobrede*; (formelhafter) Lobpreis Gottes, der häufig am Ende von Abschnitten steht, vgl. Röm 11,33–36.
Dualismus	*lat. Zweiheit*; Die Vorstellung, dass dem Dasein zwei gegensetzliche Prinzipien (Gut – Böse) zugrunde liegen. Diese werden häufig in bildhafte Sprache (z. B. Licht – Finsternis) beschrieben.
Ekklesiologie	gr. *Lehre von der Kirche*; Bezeichnung für die – im Neuen Testament mehr oder minder systematisch entfalteten – Vorstellungen von der Kirche.
epideiktisch	gr. *Schaustellung, Vorführung*; in der antiken →Rhetorik Bezeichnung für Texte, die das allgemeine Urteil lobend oder tadelnd (öffentlich) darlegen.
Epiphanie	gr. *Erscheinung*; Offenbarung Gottes (Theophanie), Christi (Christophanie) oder von Engeln (Angelophanie) vor einem Einzelnen oder einer Gruppe. Zur Schilderung solcher Erscheinungen haben sich in der

	biblischen Überlieferung bestimmte literarische →Topoi herausgebildet.
Eschatologie	gr. *Rede vom Äußersten, vom Ende*; Bezeichnung für theologische Aussagen, die sich auf das Ende der Zeit beziehen.
Eucharistie	gr. *Danksagung*; Das Abendmahl, in der früh-christlichen Literatur auch als Herrenmahl bezeichnet. Die gottesdienstliche Mahlversammlung der frühen Christen wird vom letzten Mahl Jesu her begründet und gestaltet (Einsetzungsberichte in Mk 4, 22–25 // Mt 26, 26–29; Lk 22, 15–20; 1Kor 11, 23–26).
Exegese	gr. *Erklärung*; Erläuterung des Sinns von Texten, häufig synonym mit →historisch-kritischer Exegese verwendet.
exordium	lat. *Anfang, Beginn*; in der antiken →Rhetorik erster Hauptteil der Gerichtsrede, in dem der strittige Fall unmittelbar benannt und einer ersten Wertung unterzogen wurde; der Gegner wird angegriffen. Den Adressaten der Rede soll deutlich gemacht werden, dass sich Recht und Unrecht alternativ auf den Redner und seine Kontrahenten verteilen.
Form	Die literarische Gestalt eines Textes in Wortwahl und Sprachstruktur, in der Fachliteratur häufig nicht von der →Gattung unterschieden.
Formgeschichte	Methodenschritt der →historisch-kritischen Exegese, der nach der literarischen →Form von Texten, ihrer Zugehörigkeit zu bestimmten →Gattungen und deren →Sitz im Leben fragt. Zugleich wird versucht, bestimmte Regeln der mündlichen und schriftlichen Überlieferung von Texten zu beschreiben.
Frühjudentum	Bezeichnung für das Judentum von den Reformen Esras und Nehemias (5. Jh. v. Chr.) bis zum Scheitern des Bar–Kochba–Aufstandes (135 n. Chr.).
Gattung	Bezeichnung für geprägte sprachliche Strukturen, die bei einer Gruppe von Texten in ähnlicher Weise auftreten, z. B. Gleichnis.
Gnosis	gr. *Erkenntnis*; Religiöse Strömung der Antike, in deren Zentrum das Wissen um göttliche Geheimnisse stand. Typisch für die Gnosis sind ein radikaler antikosmischer →Dualismus, umfangreiche Mythen

	und die Annahme einer ursprünglichen Wesensidentität von Gott und Mensch. Diese ist gleichsam verschüttet worden und kann nur mittels Gnosis, d. h. erlösenden Wissens, wiedergewonnen werden. Die Mythen geben Aufschluss über den Ursprung und die Bestimmung des Menschen, beschreiben sein Dasein und definieren sein Ziel (vgl. Clemens Alexandrinus, Excerpta ex Theodoto 78,2: „Wer waren wir? Was sind wir geworden? Wo waren wir? Wohinein sind wir geworfen? Wohin eilen wir? Wovon sind wir befreit?")
gr.	griechisch
Häretiker / Häresie	gr. *Partei*; Ursprünglich Bezeichnung einer philosophischen Schule. Im christlichen Sprachgebrauch nimmt das Wort die Bedeutung „Irrlehre" an (2Petr 2,1; vgl. 1Tim 6,3–5).
Hasmonäer	Priestergeschlecht, das den Makkabäeraufstand (167–164 v. Chr.) anführte und dann bis 37 v. Chr. in Israel regierte.
Hermeneutik	gr. *übersetzen; Lehre (bzw. Problem) vom Verstehen festgelegter aber möglicherweise vieldeutiger Texte*; vgl. z. B. Mt 4,14 – die Weissagungen des Alten Testaments werden in Jesus Christus erfüllt.
historisch-kritische Exegese	Zusammenfassende Bezeichnung für exegetische Methoden, deren Ziel es ist, den Text in seinem historischen Kontext zu erklären.
inclusio	lat. *Einschließung*; Stilfigur, bei der ein markantes Wort (oder eine Wortgruppe) zu Beginn und am Ende eines Textabschnitts vorkommt.
interrogatio	lat. *Befragung (der Zeugen)*; in der antiken →Rhetorik der Teil der Gerichtsrede, in dem die Zeugen zu dem strittigen Fall befragt wurden, meist mit der argumentatio verbunden.
interpretatio graeca	lat. *griechische Übersetzung;* Interpretation und Integration eines fremden kulturellen Phänomens in den griechischen Kulturkontext; speziell ist die Identifikation fremder Gottheiten mit griechischen Göttern gemeint.
Kontext	Der nähere oder weitere (zunächst) literarische Zusammenhang eines Textes. Erst der Kontext verleiht Worten oder Texten einen eindeutigen Sinn. Man

	spricht auch von sozialem, religiösem, historischem usw. Kontext.
Kanon	gr. *Maßstab, Richtschnur*; die für eine bestimmte Gruppe verbindlichen Schriften.
lat.	lateinisch
Literarkritik	Methodenschritt der →historisch-kritischen Exegese, der nach Spuren von Überarbeitungen während der Überlieferung eines Textes sucht. Indizien sind Brüche in der literarischen Struktur (z. B. Doppelungen, Widersprüche, abrupte Themenwechsel).
Logion	gr. *Gespräch, Erzählung*; Bezeichnung für einen in der frühen Christenheit als Wort Jesu überlieferten Satz.
LXX	→Septuaginta.
Metapher	gr. *Übertragung*; Die Übertragung der Bedeutung von einem Wort auf ein anderes, z. B. „Fleisch" als Metapher für das Irdische, Vergängliche (vgl. Joh 6,63).
masoretisch	auf die Wirksamkeit der Masoreten, jüdischer mittelalterlicher Gelehrter, zurückgehend.
Mischzitat	Zitatenkombination aus mehreren alttestamentlichen Schriftstellen. Für den Leser ist ein Mischzitat häufig nicht unmittelbar als solches kenntlich.
Montanismus	Von Montanus in Phrygien begründete prophetisch-apokalyptische christliche Bewegung, die von der frühkatholischen Kirche als →Häresie bekämpft wurde. Montanus prophezeite in ekstatischen Sprüchen die unmittelbar bevorstehende Herabkunft des himmlischen Jerusalem im phrygischen Dorf Pepuza.
narratio	lat. *Erzählung*; in der antiken →Rhetorik zweiter Hauptteil der Gerichtsrede, in dem die entscheidenden geschichtlichen Ereignisse beschrieben und gewertet werden, die zugunsten der eigenen Beurteilung des strittigen Falles sprechen. Da der eigene Standpunkt untermauert werden soll, geht der Redner natürlich immer selektiv vor.
oratio	lat. *Rede*.
Parallele	Ein Text, der einem anderen inhaltlich oder formal so nahe steht, dass er zum Vergleich herangezogen werden kann.

Paränese	gr. *Rat*; in der gesamten antiken Literatur bekannte literarische →Gattung, die in lockerer Reihung eine Zusammenstellung von einzelnen Mahnungen bietet. Paränesen sind häufig thematisch oder formal geordnet. Ziel der Paränese ist die Festigung der einer bestimmten Gemeinschaft schon vertrauten Verhaltensregeln, z. B. Röm 12f.
Parusie	gr. *Ankunft (um zu helfen)*; im Christentum speziell die Wiederkunft Christi am Ende der Zeit, lat. *Advent* ist die Übersetzung.
passivum divinum	lat. *göttliches Passiv*; Sprachfigur, die das Wirken Gottes durch das Passiv ausdrückt. Sie wird wohl verwendet, um Gott nicht direkt zu nennen.
Pattern	literarischer →Topos
Perikope	gr. *das Beschnittene*; bezeichnet bei Texten einen inhaltlich geschlossenen Abschnitt. Die Bezeichnung wird vor allem bei den Synoptikern benutzt.
Präexistenz	lat. *Vor-existenz*; In vielen frühchristlichen Schriften wird davon ausgegangen, dass Jesus Christus bereits vor seiner irdischen Existenz bei Gott war (vgl. Joh 1, 1–18). Das theologische Interesse derartiger Aussagen besteht vor allem darin, Jesus Christus als den zu charakterisieren, in dem die seit der Schöpfung heilvoll wirkende Weisheit Gottes ihre endgültige Wirklichkeit gefunden hat.
Presbyter	gr. *Ältester*; Im Judentum Laienmitglied des →Synedriums bzw. Mitglied des Führungsgremiums einer Synagogengemeinde. In der Zeit der zweiten und dritten frühchristlichen Generation bilden Ältestenkollegien die Leitung der Gemeinden (vgl. Apg 21,18; 1Tim 5, 17–22).
propositio	lat. *Thema*; in der antiken →Rhetorik Teil der Gerichtsrede, der den Ertrag der →narratio sammelt und die Punkte benennt, die in der →argumentatio zu behandeln sind.
protreptikos logos	gr. *Werberede oder -schrift*; in der antiken →Rhetorik Bezeichnung für Texte, die für eine bestimmte Sache, meist eine philosophische Lehre, Anhänger werben wollen. Sie zeigen die Vorteile dieses Weges auf, vergleichen mit anderen Wegen. Beispiel im Neuen Testament ist der Röm.

Pseudepigraphie	gr. *falsche Überschrift*; in der Antike häufig begegnende Methode, eine Schrift durch fiktive Verfasserangaben unter die Autorität eines bekannten Philosophen, Lehrers o.ä. zu stellen.
Q	Bezeichnung der von Matthäus und Lukas neben dem Mk benutzten (hypothetisch erschlossenen) Quellenschrift.
recapitulatio	lat. *Wiederholung*; in der antiken →Rhetorik der fünfte Hauptteil der Gerichtsrede, in dem die entscheidenden Punkte samt der vorgetragenen Lösung wiederholt werden. Der Redner appelliert verstärkt an die Gefühle der Adressaten (Aufforderung zu Mitleid mit der eigenen Seite und zu Abscheu vor der gegnerischen). Dieser abschließende Teil der Gerichtsrede wird auch als peroratio (*Schlussrede*) bezeichnet.
Redaktion	Überarbeitung oder kommentierende Anordnung von mündlichen oder schriftlichen →Traditionen mit dem Ziel, einen neuen Text mit eigener theologischer Aussageabsicht zu schaffen.
Redaktionsgeschichte	Methodenschritt der →historisch-kritischen Exegese, der nach der möglichen Arbeit einer oder mehrerer Redaktion(en) und deren Akzentsetzung(en) fragt.
refutatio	lat. *Widerlegung*; in der antiken →Rhetorik Teil der Gerichtsrede am Ende der →argumentatio, in dem die gegnerischen Argumente widerlegt werden.
Rhetorik	gr. *Redekunst*; wurde in der Antike sehr gepflegt. Die antiken Theoretiker der Rhetorik unterschieden drei Redegattungen: die Gerichtsrede, die einen strittigen Gegenstand der Vergangenheit behandelt; die Beratungsrede, die einen strittigen Gegenstand der Zukunft behandelt und die Prunkrede, die das allgemeine (positive oder negative) Urteil über einen Gegenstand öffentlich darlegt.
Summarium	Sammelberichte in den Evangelien und der Apostelgeschichte, die in schematisierender Weise dasjenige Bild von Jesus bzw. der „Urgemeinde" zeichnen, das die Evangelisten in ihrem Werk verbreiten wollen, z.B. Mk 1,14f.39; Apg 2,43–47.
Sentenz	lat. *Sinnspruch*; knapper, einprägsam formulierter Satz, der eine allgemein gültige Erfahrung festhält.

Septuaginta
Übersetzung der hebräischen Bibel ins Griechische, enthält außer den im →masoretischen →Kanon enthaltenen Schriften die →Apokryphen. Der Name (lat. *siebzig*) basiert auf der Legende, dass die Septuaginta in 72 Tagen von 70 (bzw. 72) Männern übersetzt worden sei.

Sitz im Leben
Die (vermutete) Situation, in der bestimmte →Gattungen typischerweise verwendet wurden, z. B. das Bekenntnis Röm 10,9 bei der Taufe.

Sondergut
Die Überlieferungsstücke, die nur in einer biblischen Schrift, speziell in einem Evangelium, enthalten sind, abgekürzt mit „S“.

Soteriologie
gr. *Lehre von der Erlösung*; Die systematische Betrachtung der biblischen Aussagen über das Heilswirken Gottes. Im Neuen Testament sind soteriologische Aussagen häufig mit dem Nachdenken über Tod und Auferstehung Jesu Christi verbunden.

Sukzession
lat. *Nachfolge*; Der Begriff wird vor allem für die Nachfolge in einem Amt verwendet.

Synedrium
lat. *Versammlung*; Höchste jüdische Gerichts- und Verwaltungsbehörde in Jerusalem. Das Synedrium wurde vom Hohenpriester geleitet und bestand nach rabbinischen Angaben aus 71 Personen. Zum Synedrium gehörten Angehörige der sadduzäischen Priester- und Laienaristokratie und (vor allem pharisäische) Schriftgelehrte.

Textkritik
Methodenschritt der →historisch-kritischen Exegese, der sich bemüht, auf der Grundlage der erhaltenen Handschriften mit ihren verschiedenen Textvarianten möglichst nahe an die ursprüngliche Textgestalt heranzukommen.

Topos (Pl. Topoi)
gr. *Thema* (einer Rede); geprägter schriftlich oder mündlich überlieferter Überlieferungszusammenhang, z. B. das gewaltsame Schicksal der Propheten (Mt 23,37; 1Thess 2,15). In der modernen Literaturwissenschaft wird für den gleichen Sachverhalt der Terminus →Pattern verwendet. In der exegetischen Fachliteratur häufig synonym mit →Tradition.

Tradition
Überlieferte Einzelaussage, Texteinheit oder Lehre, häufig synonym mit →Topos oder →Pattern verwendet.

Traditionsgeschichte	Methodenschritt der →historisch-kritischen Exegese, der danach fragt, welche →Traditionen in dem Text aufgenommen wurden und woher sie stammen.
Vulgata	lat. *allgemein* (anerkannt); lat. Übersetzung der Bibel, die 1546 von der römisch-katholischen Kirche für maßgebend erklärt wurde; geht im wesentlichen auf den Kirchenvater Hieronymus (4. Jh.) zurück.
Wirkungsgeschichte	Die Geschichte der oft sehr unterschiedlichen Aufnahmen und Interpretationen von Texten in späterer Zeit (Exegese, Liturgie, Kunst usw.)

Lernübersichten

Die Lernübersichten sollen als Hilfsmittel und Leitfaden bei der Vorbereitung auf die Bibelkundeprüfung dienen.
Dazu werden die wichtigsten Daten zur Entstehung der einzelnen Schriften sowie ihre inhaltliche Struktur dargestellt.

Matthäusevangelium

Das Mt ist von einem christlichen Schriftgelehrten aus Syrien für eine judenchristliche Gemeinde zwischen 80–90 n. Chr. verfasst worden.

1,1 – 4,22	Vorgeschichte
2	Kindermord in Bethlehem
3	Predigt Johannes des Täufers
4	Versuchung Jesu
4	Berufung der ersten Jünger
4,23 – 9,35	Jesus als der Messias des Wortes und der Tat
5	Seligpreisungen
5–7	*Bergpredigt*
5,20	Forderung der besseren Gerechtigkeit
6,9–13	Vaterunser
7,12	Goldene Regel
8	Sturmstillung
9,36 – 11,1	Aussendung der Jünger
10	*Aussendungsrede*
11,2 – 16,20	Das Entstehen der Gemeinde in der Auseinandersetzung um das Wesen Jesu
11,28	Heilandsruf
12	Ährenraufen am Sabbat
13	*Gleichnisrede*
13	Gleichnis vom Senfkorn
14	Hinrichtung des Täufers

16,21–20,34	Wirksamkeit Jesu in Jerusalem
16,18	Felswort
17	Verklärung Jesu
18	Gleichnis vom verlorenen Schaf
18	*Gemeinderegel*
18,18	Binde- und Lösegewalt
19	Jesus segnet die Kinder
20	Gleichnis von den Arbeitern im Weinberg
21,1–25,46	Jüngerbelehrung
21	Einzug in Jerusalem, Tempelreinigung
23–25	*Doppelrede gegen die Pharisäer und von den letzten Dingen*
24,12	*Die Liebe der Vielen ist erkaltet*
25	Gleichnis von den zehn Jungfrauen
26,1 – 27,66	Passionsgeschichte
26	Salbung in Bethanien, Verleugnung des Petrus
26,26–28	Abendmahlsworte
27	Jesus vor Pilatus, Kreuzigung
28	Ostergeschichten
28	Erscheinung des Auferstandenen
28,18–20	Missionsbefehl

Markusevangelium

Der Verfasser des Mk schreibt für eine heidenchristliche Gemeinde außerhalb Palästinas, kurz nach Ende des Jüdischen Krieges (August 70).

1,1 – 8,26		Jesu Wirken in Galiläa und unter den Heiden
	1	Versuchung Jesu, Berufung der ersten Jünger, Taufe Jesu
1,11		„Du bist mein geliebter Sohn“ *(Sohn Gottes)*
	2	Ährenraufen am Sabbat
	4	Sturmstillung, Gleichnisrede
	6	Hinrichtung des Täufers, Jesus wandelt auf dem Meer
	6	Speisung der 5000
7,19		„Alle Speisen sind rein“
8,27 – 10,52		Jüngerbelehrung über die Leidensnachfolge
	8	Speisung der 4000
9,2–13		Verklärungsgeschichte *(Sohn Gottes)*
8,31–33 9,30–32 10,32–34		*Leidensankündigungen*
10,45		Jesu Leben als Lösegeld für Viele
11,1 – 13,37		Jesu Wirken in Jerusalem
	11	Einzug in Jerusalem, Tempelreinigung
	12	Frage nach dem höchsten Gebot
	12	Gleichnis von den bösen Winzern
	13	Synoptische Apokalypse
14,1 – 15,47		Passion
14,22–24		Abendmahlsworte
	14	Verleugnung des Petrus
	15	Kreuzigung
15,39		Bekenntnis des Centurio unter dem Kreuz *(Sohn Gottes)*
16, 1–8		Geschichte vom leeren Grab
16, 9–20		Ostergeschichten (sekundärer Markusschluss)
	16	Das leere Grab

Lukasevangelium

Das Lk wurde zusammen mit der Apg in Makedonien um das Jahr 90 für eine heidenchristliche Gemeinde abgefasst.

1,1–4		Proömium
	1	Verheißung der Geburt Johannes des Täufers
1,5–2,52		Geburtsgeschichten
1,46–55		Magnificat
1,68–79		Benedictus
	2	Geburt Jesu
	2	Zwölfjähriger Jesus im Tempel
3,1 – 4,13		Vorbereitung der Wirksamkeit Jesu
	3	Taufe Jesu
4,14 – 9,50		Wirksamkeit Jesu in Galiläa
	4	Versuchung Jesu
4,18–27		Jesu Antrittspredigt
	5	Berufung des Levi
5,32		Umkehrruf
6,20–49		Feldrede
	6	Ährenraufen am Sabbat
6,31		Goldene Regel
7,16		„Gott hat sich seines Volkes in Jesus angenommen“
	7	Jüngling zu Nain
	8	Sturmstillung
	8	Gleichnis vom Sämann

9,51 – 19,27	„Reisebericht“ (Jesus auf dem Weg nach Jerusalem)
9	Ungastliches Samariterdorf, Speisung der 5000
10	Satanssturz, Aussendung der 72 Jünger, Maria und Marta
10,36f	Zum Nächsten werden: (10,25ff. Barmherziger Samariter)
11,2–4	Vaterunser
12	Warnung vor irdischem Sorgen
14	Gleichnis vom großen Gastmahl
15,1–32	Gleichnistrilogie vom Verlorenen
16	Gleichnis vom ungerechten Verwalter
16	Gleichnis vom reichen Mann und armen Lazarus
17	Heilung der 10 Aussätzigen
17	Vom kommen des Gottesreiches und des Menschensohnes
18	Gleichnis vom ungerechten Richter, Bittender Freund
18	Gleichnis vom Pharisäer und vom Zöllner
19,10	„Der Menschensohn ist gekommen, um zu suchen und zu retten, was verloren ist“
19	Gleichnis von den anvertrauten Pfunden
19	Oberzöllner Zachäus, Einzug in Jerusalem
19	Jesus weint über Jerusalem, Tempelreinigung
19,28 – 21,38	Wirksamkeit Jesu in Jerusalem
21	Rede über die Endzeit
22,1 – 23,56	Passion
22	Jesus in Gethsemani, Verleugnung des Petrus
22,19	Abendmahlsworte
22,24–38	Abschiedsrede
23,4.14.22	Dreifache Betonung der Unschuld Jesu durch Pilatus
23	Jesus vor Herodes, Kreuzigung
24, 1–53	Ostern und Himmelfahrt
24	Emmausjünger, Das leere Grab, Himmelfahrt
24	Verheißung der Gabe des Geistes

Johannesevangelium

Die Endfassung des Joh ist zwischen 100–110 in Kleinasien oder Syrien entstanden.

1, 1–18	Prolog (Logoshymnus)
1	Die ersten Jünger
1, 19–51	Der Täufer als Zeuge des Offenbarers, Jüngerberufungen
2,1 – 12,50	Die Offenbarung Jesu vor der Welt
2	Tempelreinigung, Weinwunder zu Kana
3	Jesus und Nikodemus
4	Frau am Jakobsbrunnen
5	Offenbarungsrede über die Vollmacht Jesu
5	Heilung des Gelähmten am Teich Betesda
6	Seewandel Jesu, Petrusbekenntnis,
6	Brotrede, Speisung der 5000
6,35	*Ich-bin-Worte: Brot des Lebens*
8,12	*Ich-bin-Worte: Licht der Welt*
8	Jesus und die Ehebrecherin
10,1–18	Hirtenrede
10,7	*Ich-bin-Worte: die Tür*
10,11	*Ich-bin-Worte: der gute Hirte*
10	Hirtenrede
10,30	„Ich und der Vater sind eins"
11	Auferweckung des Lazarus
11,1–45	Auferweckung des Lazarus
11,25	*Ich-bin-Worte: Auferstehung und das Leben*
12	Salbung in Bethanien
12	Einzug in Jerusalem
13,1 – 17,26	Die Offenbarung Jesu vor den Seinen
13	Fußwaschung
14,6	*Ich-bin-Worte: Weg, Wahrheit, Leben*
15,1	*Ich-bin-Worte: der rechte Weinstock*
17	Hohepriesterliches Gebet

18, 1 – 20,29	Die Erhöhung und Verherrlichung des Offenbarers (Passion und Auferstehung)
18	Verleugnung des Petrus
19	Tod Jesu
19,30	Kreuzigung als Vollendung des Heilswerkes
20	Das leere Grab, Ungläubiger Thomas
20,29	„Selig sind, die nicht sehen und doch glauben!“
20, 30f	Der Zweck des Evangeliums
21,1–25	Nachtragskapitel der Redaktion

Apostelgeschichte

Für die Abfassung der Apg gilt das für Lk Gesagte.

1, 1f	Proömium
1	Himmelfahrt
1, 3–26	Die Zeit bis zur Gabe des Geistes (Pfingsten)
2,1 – 8,3	Die Apostel als Zeugen des Evangeliums in Jerusalem
2	Pfingsten
5	Ananias und Saphira
5,29	„Man muss Gott mehr gehorchen als den Menschen“
8,4 – 12,25	Verkündigung des Evangeliums in Samaria und der Küstenebene
7	Stephanusrede
8	Der Kämmerer aus Äthiopien
8	Auferweckung der Tabea
11,18	„Gott hat also auch den Heiden die Umkehr zum Leben geschenkt“
11,26	In Antiochia werden die Gemeindemitglieder erstmalig Christen genannt
12	Tod des Jakobus
13,1 – 28,31	Die Ausbreitung des Evangeliums bis Rom
13–14	Erste Missionsreise des Paulus
15	Apostelkonzil
15	Antiochänischer Zwischenfall
15,28f	Aposteldekret (Verbot von Götzenopferfleisch, Ersticktem und Unzucht)
15–18	2. Missionsreise des Paulus
16	Gefangennahme und Befreiung des Paulus und Silas
16	Ankunft in Europa
17	Paulus in Athen
17	Areopagrede
18–21	3. Missionsreise des Paulus
18	Paulus in Korinth
19	Paulus in Ephesus
20	Abschiedsrede in Milet
21	Gefangennahme des Paulus
23	Paulus vor dem Hohen Rat
24	Paulus vor dem römischen Statthalter Felix
25–26	Paulus vor dem König Agrippa
27–28	Reise nach Rom
28	Paulus in Rom

Paulusbriefe

Aufbau eines antiken Briefes

Präskript	Proömium	Briefkorpus	Schlussparänese	Postskript
Absender Adressaten Eingangsgruß	Danksagung briefliche Selbstempfehlung	inhaltliche Hauptaussagen in Form von Informationen, Mahnungen und Bitten – im NT häufig ausgeführte Argumentationen zu unterschiedlichsten Themen	Mahnungen Reisepläne Fürbitten	Eschatokoll und andere Grüße

Römerbrief

Paulus schreibt den Röm im Frühjahr 56 in Korinth, an die nicht von ihm gegründete Gemeinde in Rom.

1, 1–7	Präskript	
1,3b–4a	Bekenntnistradition	
1, 8–17	Proömium	
1,16f	Das paulinische Evangelium von der „Gerechtigkeit Gottes aus Glauben zum Glauben“	
1,18 – 3,20	Die Universalität der Sünde	Rechtfertigung
2–3	Juden und Heiden sind unter der Sünde	
3,20	Niemand wird durch die Werke des Gesetzes gerecht	
3,21 – 5,21	Die Universalität des Heils	
3,21–31	Die in Christus offenbar gewordene Gerechtigkeit Gottes	
3,25.26a	Tauftraditionen	
3,28	Rechtfertigung aus Glauben	
4	Abraham als Beispiel der Rechtfertigung durch Glauben	
5	Adam-Christus-Typologie	
6,1 – 8,39	Die neue Existenz der Christen	
6	Von der Taufe	
6,3f	Tauftraditionen	
7	Der Christ und das Gesetz	
8	Lobpreis der Liebe Gottes	
9,1 – 11,36	Gerechtigkeit Gottes und Israel	
10,4	Christus als Ende des Gesetzes	
11	Lobpreis der Weisheit Gottes	
12,1 – 15,13	Mahnungen zum Gemeindeleben	
12	Ein Leib – viele Glieder	
13	Der Christ und die Obrigkeit	
14–15	Starke und Schwache in der Gemeinde	
15, 14–33	Schlussparänese	
15	Reisepläne des Apostels	
16, 1–24	Postskript	
16	Grußliste	
16, 25–27	Später angefügter Schlusshymnus	

1. Korintherbrief

Der 1Kor ist ein themenorientierter Brief, der im Frühjahr 54 in Ephesus geschrieben wurde.

1,1–3	Präskript
1,4–9	Proömium
1,10–4,21	Parteistreitigkeiten in der Gemeinde
1	Spaltungen in der Gemeinde
2	Weisheitspredigt des Paulus
1,18–2,5	Das Wort vom Kreuz als Grundlage christlicher Existenz
5,1–6,20	Sittliche Missstände in der Gemeinde
6	Rechtssachen der Christen vor heidnischen Gerichten
7,1–40	Probleme im Umfeld von Ehe und Ehescheidung
7	Über die Witwen, Über die Jungfrauen
8,1–11,1	Umgang mit Götzenopferfleisch
8–10	Starke und Schwache in der Gemeinde
11,2–34	Missstände in der Gemeindeversammlung
11,23–25	Abendmahlsüberlieferung
11	Missstände bei den Herrenmahlfeiern
11	Verschleierung der Frauen im Gottesdienst
12,1–14,40	Charismen in der Gemeinde
12	Bild vom Leib Christi
12,12	Ein Leib – viele Glieder
13	Hoheslied der Liebe
13,1–13	Hoheslied der Liebe
(13,13)	(Glaube, Hoffnung, Liebe)
14	Glossolalie und prophetisches Reden
15,1–58	Die Auferstehung der Toten
15	Die Auferstehung der Toten
15,3b–5	Auferstehungstradition
15,28	„Wenn aber alles ihm untertan sein wird, dann wird auch der Sohn selbst untertan sein dem, der ihm alles unterworfen hat, damit Gott sei alles in allem“
16,1–18	Schlussparänese
16	Kollekte für die Gemeinde in Jerusalem
16,19–24	Eschatokoll

2. Korintherbrief

Der 2Kor ist ein apologetisch geprägter Brief, der aus mehreren Fragmenten besteht. Die Korrespondenz ist zwischen Sommer 54 und Frühjahr 55 anzusetzen.

1, 1f	Präskript
1, 3–11	Proömium
1,12 – 2,11	Apologie des Apostels
2, 12f	Beginn des Reiseberichtes
2,14 – 7,4	1. Apologie des paulinischen Apostolats
3	Der neue Bund
4	Peristasenkatalog
4,7–6,10	Die apostolische Verkündigung als von Niedrigkeit geprägter Dienst am Versöhnungswerk Gottes
5–6	Botschaft von der Versöhnung
6	Peristasenkatalog
7, 5–16	Fortsetzung des Reiseberichtes
7	Mission des Titus
8,1 – 9,15	Appell zur Fortsetzung der Kollekte
8	Empfehlung des Titus
8–9	Kollekte in Korinth
10,1 – 12,13	2. Apologie des paulinischen Apostolats
10–11	Auseinandersetzung mit fremden Aposteln
11	Peristasenkatalog
11,16–12,13	Narrenrede
12,9	"Meine Gnade genügt dir, denn sie erweist ihre Kraft in der Schwachheit."
12,14 – 13,11	Schlussparänese
13, 12f	Postskript

Galaterbrief

Der Gal ist vermutlich im Frühjahr des Jahres 55, auf der Reise von Makedonien nach Korinth entstanden. Es handelt sich im Gegensatz zu den anderen paulinischen Briefen um ein Zirkularschreiben an die Gemeinden in Galatien.

1, 1–5	Präskript
1, 6–9	Anlass des Briefes
1	Kein anderes Evangelium
1, 10 – 2,21	Autobiographischer Bericht
1,23	Personaltradition über Paulus
2,1–10	Apostelkonzil
2,11–21	Antiochenischer Zwischenfall
3,1 – 5,12	Rechtfertigung aus Glauben und Freiheit der Christen
	Abraham als Vater aller Glaubenden
3	Vom Sinn des Gesetzes
3,26–28	Möglicher Rückgriff auf eine Tauftradition
3,28	„Hier ist nicht Jude noch Grieche, hier ist nicht Sklave noch Freier, hier ist nicht Mann noch Frau; denn ihr seid allesamt einer in Christus Jesu“
5	Leben in Freiheit
5, 13–26	Liebe als Frucht des Geistes
5	Lasterkalalog, Tugendkatalog
6, 1–10	Schlussparänese
6, 11–18	Eschatokoll

Epheserbrief

Der Eph ist ein Zirkularschreiben an die paulinischen Gemeinden in Kleinasien. Er ist von einem unbekannten Christen unter dem Pseudonym Paulus zwischen 80 und 90 verfasst worden.

1, 1f	Präskript
1,22f	Christus ist das Haupt, die Kirche ist sein Leib
1, 3–23	Proömium
2,1 – 3,21	Die Einheit der Kirche
2,11–22	Die eine Kirche aus Juden und Heiden
3	Apostel als Diener des Geheimnisses Gottes
4,1 – 6,9	Mahnungen
4	Höllenfahrt Christi
4,1–6	Ruf zur Einheit unter den Christen
4–5	Ermahnungen
5,21–6,9	Haustafel
6, 10–20	Schlussparänese
6,14–20	geistliche Waffenrüste
6, 21f	Empfehlung des Tychikus
6,23f	Eschatokoll

Philipperbrief

Der Phil trägt Züge eines antiken Freundschaftsbriefes und ist wahrscheinlich von Paulus während einer Gefangenschaft in Ephesus im Winter 54/55 entstanden. Falls der Abschnitt 3,2–4,1 ein selbständiger Brief ist, muss er während der Reise nach Korinth (56) datiert werden.

1,1f	Präskript
1,3–26	Proömium
1,27 – 2,18	Mahnungen zum rechten Leben als Gemeinde
2,1–11	Mahnung zur Einheit der Gemeinde in Liebe
2,6–11	Christushymnus
2	Mahnung, Kinder Gottes zu sein
2,19–30	Pläne des Apostels
3,1	Beginn der Paränese
3,2 – 4,1	Auseinandersetzung mit judaisierenden Irrlehrern
3	Warnung vor der Irrlehre
3,3–11	Das Paradigma des Lebensweges des Apostels
4,2–9	Fortsetzung der Paränese (Schlussparänese)
4, 10–20	Dank für die Unterstützung aus Philippi
4, 21–23	Postskript

Kolosserbrief

Der Kol ist ein Rundschreiben, das unter dem Pseudonym „Paulus und Timotheus“ verfasst wurde. Der Adressat ist zunächst die christliche Gemeinde in Kolossä sowie die Gemeinde in Laodizea, mit der die Briefe getauscht werden sollen. Als Abfassungszeit wird der Zeitraum zwischen 70 und 80 angenommen.

1,1f	Präskript
1,3–11	Proömium
1	Christius, das Haupt der Kirche
1,4f	Trias Glaube, Liebe Hoffnung
1,12 – 2,23	Auseinandersetzung mit der „Philosophie“
1,15–20	„Christushymnus“
2,14	„Christus hat den Schuldbrief an das Kreuz geheftet“
2	Auseinandersetzung mit der Irrlehre
2	Christus, das Haupt der Mächte und Gewalten
3,1 – 4,1	Paränese
3	Tugendkatalog
3,18–4,1	Haustafel
4,2–6	Schlussparänese
4,7–18	Postskript

1.Thessalonicherbrief

Der 1Thess ist der älteste Paulusbrief und an die heidenchristliche Gemeinde in Thessalonich adressiert. Er ist ca. 50/51 in Korinth geschrieben worden.

1,1	Präskript
1,2 – 2,12	Proömium
1,9f	„Denn man erzählt sich überall [...] wie ihr euch von den Götzen zu Gott bekehrt habt, um dem lebendigen und wahren Gott zu dienen und seinen Sohn vom Himmel her zu erwarten, Jesus, den er von den Toten auferweckt hat und der uns dem kommenden Gericht Gottes entreißt.“
2	Paulus in Thessalonich
2,13 – 3,13	Die Bewährung des Evangeliums durch die Gemeinde
2	Der Glaube und die Geduld der Thessalonicher
2	Versuche des Paulus, nach Thessalonich zu reisen
3	Sendung des Timotheus
4,1 – 5,11	Mahnung und Tröstung der Gemeinde
4	Mahnung zur Heiligung
4,13–18	Trostrede über die verstorbenen Christen in der Parusie
5, 12–22	Schlussparänese
5	Forderungen für das Gemeindeleben
5	Rede über die Parusie
5,21	„Prüfet alles, und das Gute behaltet“
5, 23–28	Postskript

2.Thessalonicherbrief

Der 2Thess ist von einem uns unbekannten Christen unter dem Pseudonym „Paulus“ verfasst worden. Die Datierung sowie die Adressaten sind schwer zu bestimmen. Eine Lokalisierung der Abfassung sowie Adressaten in Kleinasien am Ende des 1. Jh. wird vermutet.

1, 1f	Präskript
1, 3–12	Proömium
2, 1–12 2	Das Erscheinen des Antichrist als Vorbedingung der Parusie Dank für die Erwählung der Gemeinde
2,13 – 3,5 3,3	Dank für die Erwählung der Gemeinde, Fürbitte, Bitte um Fürbitte der Gemeinde „Der Herr ist treu, der wird euch stärken und bewahren vor den Argen“
3, 6–12	Müßiggänger in der Gemeinde und das Vorbild des Apostels
3, 13–16	Schlussparänese
3, 17f	Postskript

Pastoralbriefe

1Tim, 2Tim und Tit werden unter dem Namen „Pastoralbriefe“ zusammengefasst, da sie sich um die inhaltliche Füllung des Hirtenamtes bemühen. Ihre Abfassungzeit liegt vermutlich um 100 und zumindest die Timotheusbriefe können in Kleinasien lokalisiert werden.

1. Timotheusbrief (1Tim)

Der 1Tim ist wie eine amtliche briefliche Instruktion an eine Einzelperson gestaltet. Timotheus erscheint als fiktiver Adressat, der oder die Verfasser sind zu den Paulusschülern der zweiten Generation zu rechnen und schreiben unter dem Pseudonym „Paulus“.

1, 1f		Präskript
1, 3–20		Die Aufgabe des Timotheus – Bekämpfung der Irrlehre nach dem Vorbild des Paulus
	1	Berufung des Apostels
1,16		„Er ist offenbart im Fleisch, gerechtfertigt im Geist, erschienen den Engeln, gepredigt den Heiden, geglaubt in der Welt, aufgenommen in die Herrlichkeit“
2,1 – 6,2a		Die Ordnung der Gemeinde
2,5f		Tradition einer Bekenntnisformel
	3	Bischofsspiegel, Diakonenspiegel
3,16		Tradition eines Christushymnus
	5	Über die Ältesten, Über die Witwen
6, 2b–19		Schlussparänese
	6	Über Sklaven und Sklavenhalter
6, 20f		Postskript

Der 2.Timotheusbrief (2Tim)

Beim 2Tim handelt es sich um eine testamentarische Mahnrede, die aus reichen Personaltraditionen über den Apostel Paulus schöpft.

1, 1f	Präskript
1, 3–14	Proömium
1, 15–18	Gegner und Freunde des Apostels
2,1 – 4,8	Mahnungen an Timotheus
2	Anweisungen zum Verhalten im Hinblick auf die Irrlehrer
3	Kommende Verfolgungen
3	Irrlehre als Zeichen der Endzeit
4, 9–18	Schlussparänese
4	Erwähnung von Priska und Aquila
4, 19–22	Postskript

Der Titusbrief (Tit)

Der Tit ist ebenso wie der 1Tim eine amtliche briefliche Instruktion an eine Einzelperson unter dem Pseudonym „Paulus".

1, 1–4	Präskript
1, 5–16	Ordnung der Gemeinde
2, 1–15	Ständeordnung
3, 1–7	Verhalten gegenüber der Obrigkeit und allen Menschen
3, 8–11	Meiden törichter Auseinandersetzungen
3, 12–14	Schlussparänese
3, 15	Postskript

Der Philemonbrief (Phlm)

Der Phlm wurde von Paulus an Philemon und die Hausgemeinde, die sich bei ihm trifft, geschrieben. Zeitlich ist der Brief in den Winter 54/55 in der Gefangenschaft in Ephesus zu datieren. Es handelt sich um einen Bittbrief mit Elementen eines Empfehlungsschreibens.

1–3	Präskript
4–7	Proömium
8–16	Die Bitte für Onesimus
17–20	Epilog
21–25	Postskript

Der Hebräerbrief (Hebr)

Der Hebr ist eine Mahnrede mit brieflichem Schluss, die ursprünglich anonym abgefasst wurde. Die Entstehung sowie die heidenchristlichen Adressaten dürften in Italien zu suchen sein. Der Verfasser und die Adressaten gehören zur zweiten bzw. dritten frühchristlichen Generation.

1,1 – 4,13	Gottes endgültige Rede in seinem Sohn (narratio)
1,3	Zitat einer Bekenntnisformel
1–2	Erhabenheit des Sohnes über die Engel
2,5–18	Die Erniedrigung des Sohnes als Grundlegung des Heils
4,12f	Das Wort Gottes macht das innerste Wesen des Menschen offenbar
4,14 – 10,18	Christus, der Hohepriester nach der Ordnung Melchisedeks, sein einmaliges Opfer und dessen für immer gültige Wirkung (argumentatio)
4,15	Christus als Mensch ohne Sünde
5,1–10	Der Sohn als „Hohepriester nach der Ordnung Melchisedeks“
6	Die Unmöglichkeit der 2. Buße
6,4–6	Wer vom Glauben abfällt, schlägt Christus erneut ans Kreuz
7	Melchisedeks Ursprung
9,12	Christus als einmaliges Opfer
8–9	Christus als der neue Bund
10,19 – 13,21	Mahnung zur Bewährung des Glaubens (peroratio)
11	„Wolke der Zeugen“
11,1	Wesen des Glaubens
	„Es ist aber der Glaube eine gewisse Zuversicht des, das man hofft, und ein Nichtzweifeln an dem, das man nicht sieht“
13, 22–25	Briefschluss

Die katholischen Briefe

Die sieben Briefe Jak, 1+2Petr, 1–3Joh und Jud werden als katholische Briefe bezeichnet, weil sie an die gesamte Christenheit gerichtet sind.

Der Jakobusbrief (Jak)

Der Jak ist ein weisheitliches Mahn- und Lehrschreiben, das unter dem Pseudonym „Jakobus" geschieben wurde. Wegen verschiedener Parallelen zum Mt wird Syrien als Abfassungsort angenommen. Für die Datierung kann man an die erste Hälfte der 80er Jahre oder das späte 1. Jhd. denken.

1, 1	Präskript
1, 2–18	Versuchungen als Prüfungen des Glaubens
1, 19–27	Hören und Tun des Wortes
2, 1–13	Arme und Reiche in der Gemeinde
2, 14–26 2,17	Rechtfertigung aus Werken und Glauben „So ist auch der Glaube für sich allein tot, wenn er nicht Werke vorzuweisen hat."
3, 1–12 3	Mahnung zur Vollkommenheit im Wort Die Macht der Zunge
3, 13–18	Irdische und himmlische Weisheit
4, 1–12	Gegen Streit und Verleumdung in der Gemeinde
4, 13–17 4,15	Gott ist Herr über das Leben und die Zeit conditio Jacobea
5, 1–6	Drohwort gegen die unsozialen Reichen
5, 7–11 5	Mahnung zum geduldigen Ausharren bis zur Parusie Rede über die Parusie
5, 12–20 5	Mahnungen zum Verhalten in der Gemeinde Krankensalbung

Der 1. Petrusbrief (1Petr)

Beim 1Petr. handelt es sich um ein briefliches Rundschreiben, dass vermutlich zur Regierungszeit des Kaisers Domitian (81-96) unter dem Pseudonym „Petrus“ in Kleinasien verfasst wurde.

1, 1f	Präskript
1, 3–12	Proömium
1,13 – 2,10	Das neue Leben der Wiedergeborenen
2,1–10	Das Wesen der Gemeinde
2,9	Priestertum aller Gläubigen
2,11 – 3,12	Die Christen in den menschlichen Ordnungen
2	Anweisung an christliche Sklaven
3	Anweisung an Eheleute
3,13 – 4,11	Verhalten angesichts der Verleumdungen der Heiden
3	Höllenfahrt Christi
4, 12–19	Verfolgung als Anteil am Leiden Christi
5, 1–11	Schlussparänese
5, 12–14	Postskript

Der 2. Petrusbrief (2Petr)

Der 2Petr wurde von einem hellenistisch gebildeten Judenchristen im Namen des Petrus geschrieben. Es handelt sich um ein Testament in Briefform, das etwa 110 in Kleinasien entstand.

1, 1f	Präskript
1, 3–11	Proömium
1, 12–21	Der scheidende Apostel und die Notwendigkeit der Erinnerung
2, 1–22	Auseinandersetzung mit den Irrlehrern
3, 1–13	Die Gewissheit der Parusie
3, 14–18	Schlussparänese; Schlussdoxologie

Die Johannesbriefe

Die Johannesbriefe sind unter dem Namen des Zebedaïden Johannes überliefert worden und entstammen dem Gemeindekreis, in dem auch das Johannesevangelium enstand.

Der 1. Johannesbrief (1Joh)

Der 1Joh ist eine briefartige Homilie, die vor der Endredaktion des Joh enstanden ist. Der Brief nennt weder Absender noch Adressat und ist auf das Ende des 1. Jh. zu datieren.

1, 1–4	Prolog
1,5 – 2,17	Gemeinschaft mit Gott und Gotteserkenntnis
1,5–7	Leben im Licht
2,18 – 3,24	Bewährung des Glaubens in der letzten Stunde
3	Bruderliebe
4,1 – 5,12	Unterscheidung der Geister (Auseinandersetzung mit den Irrlehrern)
4,7–21	Gott ist Liebe
4,16b	„Gott ist Liebe, und wer in der Liebe bleibt, bleibt in Gott, und Gott bleibt in ihm.“
4	Rede über den Antichristen
5, 13	Briefschluss
5, 14–21	Nachtrag

Der 2. Johannesbrief (2Joh)

Der 2Joh ist ein echter Brief eines Presbyters, der nur ein Papyrusblatt umfasste und kurz nach dem 1Joh am Ende des 1. Jh. enstand.

1–3	Präskript
4	Danksagung
5f	Das Gebot der Nächstenliebe

7–11	Auseinandersetzung mit den Irrlehrern
12f	Postskript

Der 3. Johannesbrief (3Joh)

Der 3Joh ist vom selben Verfasser wie der 2Joh und ist an eine Privatperson (Gaius) gerichtet. Der Privatbrief ist als Empfehlungsbrief kurz nach dem 2Joh entstanden.

1f	Präskript
3f	Danksagung
5–8	Bitte um weitere Unterstützung der Missionare durch Gaius
9f	Der Konflikt mit Diotrephes
11	Schlussparänese
12	Empfehlung des Demetrius
13–15	Postskript

Der Judasbrief (Jud)

Der Jud ist unter dem Pseudonym des Herrenbruders Judas von einem Judenchrist verfasst worden. Als Entstehungsort wird Kleinasien um 100 vermutet.

1f	Präskript
3f	Anlass des Briefes
5 – 16	Auseinandersetzung mit den Irrlehrern
17 – 23	Erinnerung und Mahnung der Adressaten
24f	Schlussdoxologie

Die Offenbarung des Johannes (Johannes-apokalypse, Apk)

Die Apk ist durch ihre briefliche Einleitung eine Apokalypse, die als Rundbrief stilisiert worden ist. Der Autor „Johannes“ ist nach eigenem Selbstverständnis ein christlicher Prophet, der Visionen und Auditionen auf der Insel Patmos empfangen hat. In 1,11 werden sieben Gemeinden der Provoinz Asia (Ephesus, Smyrna, Pergamon, Thyatira, Sardes, Philadelphia und Laodizea) als Adressaten genannt. Man datiert die Apk traditionell in den Zeitraum 90–95.

1, 1–20	Bucheinleitung
1,17f	Selbstvorstellung
2,1 – 3,22	Die sieben Sendschreiben
4,1 – 22,5	Die Visionen
ab 4,1	Beginn einer ekstatischen Himmelsreise
4–5	Thronsaalvision
6–7	Sieben-Siegel-Vision
8–11	Sieben-Posaunen-Vision
12	Vision von der Frau und dem Drachen
12,1–14,20	Apokalypse in der Apk Die Gegner Gottes und der Gemeinde und die Ankündigung des Endgerichts
15–16	Sieben-Schalen-Vision
17–18	Strafgericht über die Hure Babylon
20	Das tausendjährige Reich
21,1–22,5	Der neue Himmel und die neue Erde
21–22	Das himmlische Jerusalem
22, 6–21	Buchschluss